Ensino baseado em **projetos**

B745e Boss, Suzie.
     Ensino baseado em projetos : como criar experiências de aprendizagem sólidas e envolventes / Suzie Boss, John Larmer ; tradução: Luís Fernando Marques Dorvillé ; revisão técnica: Thuinie Daros. – Porto Alegre : Penso, 2024.
     xxi, 208 p. : il. ; 23 cm.

     ISBN 978-65-5976-036-7

     1. Educação. 2. Didática. 3. Criatividade. I. Larmer, John. II. Título.

CDU 37.04

Catalogação na publicação: Karin Lorien Menoncin – CRB 10/2147

SUZIE BOSS
JOHN LARMER

Ensino baseado em **projetos**

como criar experiências de aprendizagem sólidas e envolventes

Tradução
Luís Fernando Marques Dorvillé

Revisão técnica
Thuinie Daros
Mestra em Educação pela Universidade Estadual do Oeste do Paraná (Unioeste/PR). Cofundadora e palestrante na Téssera Educação. Diretora de Planejamento de Ensino (Presencial e Híbrido) na Vitru Educação.

Porto Alegre
2024

Obra originalmente publicada sob o título *Project Based Teaching: How to Create Rigorous and Engaging Learning Experiences*, 1st Edition

ISBN 9781416626732

Translated and published by Grupo A Educação S.A. with permission from ASCD.
This translated work is based on Project Based Teaching: How to Create Rigorous and Engaging Learning Experiences by Susie Boss with John Larmer.
Copyrights © 2018 ASCD. All Rights Reserved. ASCD is not affiliated with Grupo A Educação S.A. nor responsible for the quality of this translated work.

Gerente editorial
Letícia Bispo de Lima

Colaboraram nesta edição:

Coordenadora editorial
Cláudia Bittencourt

Editora
Paola Araújo de Oliveira

Capa
Paola Manica | Brand&Book

Preparação de originais
Mirela Favaretto

Leitura final
Netuno

Editoração
Ledur Serviços Editoriais Ltda.

Reservados todos os direitos de publicação, em língua portuguesa, ao
GRUPO A EDUCAÇÃO S.A.
(Penso é um selo editorial do GRUPO A EDUCAÇÃO S.A.)
Rua Ernesto Alves, 150 – Bairro Floresta
90220-190 – Porto Alegre – RS
Fone: (51) 3027-7000

SAC 0800 703 3444 – www.grupoa.com.br

É proibida a duplicação ou reprodução deste volume, no todo ou em parte, sob quaisquer formas ou por quaisquer meios (eletrônico, mecânico, gravação, fotocópia, distribuição na Web e outros), sem permissão expressa da Editora.

IMPRESSO NO BRASIL
PRINTED IN BRAZIL

Autores

Suzie Boss é membro da Faculdade Nacional do Buck Institute for Education (BIE). Escritora e consultora educacional, acredita no poder do ensino e da aprendizagem para melhorar vidas e transformar comunidades, sendo autora e coautora de vários livros sobre educação e inovação, incluindo *Setting the standard for project based learning*, *Real-world projects*, *Bringing innovation to school: empowering students to thrive in a changing world* e *Reinventing project based learning: your field guide to real-world projects in the digital age*. É colaboradora regular da *Edutopia*. Colaborou com o premiado autor Stephen Ritz para contar sua história inspiradora em *The power of a plant*. Seu trabalho foi publicado em periódicos como *Educational Leadership*, *Principal Leadership*, *New York Times*, *Education Week* e *The Huffington Post*. É palestrante e consultora internacional de escolas interessadas em mudar do ensino tradicional para a aprendizagem baseada em projetos enriquecida por tecnologia.

John Larmer é editor-chefe do Buck Institute for Education (BIE). É autor e/ou editor das unidades curriculares do ensino médio sobre governo e economia baseadas em projetos do BIE e foi autor colaborador do *Project based learning handbook*. Coautor do livro *Setting the standard for project based learning*, é escritor e editor da série de *kits* de ferramentas de PBL do BIE, incluindo *PBL starter kit for middle and high school teachers*, *PBL in the elementary grades* e *PBL for 21st century success: teaching critical thinking, collaboration, communication, and creativity*. É coprodutor de oficinas de desenvolvimento profissional e materiais para professores, incluindo rubricas de habilidades do século XXI e exemplos de projetos.

Larmer também é palestrante e consultor sobre desenvolvimento de currículo de PBL. Foi associado sênior de programas na WestEd em São Francisco, Estados Unidos; lecionou, durante 10 anos, língua inglesa e estudos sociais no ensino médio; foi professor fundador de uma pequena escola de ensino médio reestruturada, membro da National School Reform Faculty e facilitador da Coalition of Essential Schools. Tem mestrado em Tecnologia Educacional e Administração Educacional pela San Francisco State University e bacharelado em Ciências Políticas pela Stanford University.

*Aos talentosos e dedicados profissionais da
Faculdade Nacional do Buck Institute for Education*

Agradecimentos

Este livro não teria sido possível sem as contribuições de muitos educadores talentosos e reconhecidos.

John Mergendoller lançou as bases ao destacar a necessidade de se concentrar no papel do professor na aprendizagem baseada em projetos (PBL, do inglês *project based learning*) e colaborar com John Larmer definindo os componentes essenciais da elaboração de projetos do modelo padrão-ouro da PBL (*gold standard PBL*) e as práticas de ensino baseado em projetos. O *feedback* perspicaz de Mergendoller sobre os primeiros esboços deste livro ajudou-nos a manter o foco no que é mais importante para um ensino e uma aprendizagem de alta qualidade.

Dezenas de pessoas compartilharam estratégias práticas, baseadas em extensas experiências em sala de aula. Em particular, estamos em dívida com a Faculdade Nacional do Buck Institute for Education (BIE). Esses educadores, trabalhando em diversos contextos nos Estados Unidos (e em outros países), vivem e respiram PBL todos os dias como professores, instrutores, lideranças educacionais e especialistas em desenvolvimento profissional. Suas sugestões e percepções podem ser encontradas em todos os capítulos.

Os funcionários da BIE deram forma ao livro desde o *brainstorming* inicial até a crítica e a revisão dos rascunhos dos capítulos. Muitas das ferramentas e estratégias apresentadas são o resultado da criatividade e colaboração dessa equipe, particularmente de Sarah Field e Gina Olabuenaga, que gerenciam a criação dos *workshops* PBL 201 do BIE.

Somos especialmente gratos a sete professores que abriram suas salas de aula para observação e reflexão enquanto os projetos estavam em andamento com os alunos. Suas histórias e recomendações são apresentadas ao longo deste livro. Os professores em destaque incluem Telannia Norfar, Ray Ahmed, Rebecca Newburn, Erin Brandvold, Sara Lev, Kimberly Head-Trotter e Cheryl Bautista.

Aprendemos mais sobre o ensino baseado em projetos a partir de dezenas de entrevistas e postagens em *blogs* compartilhados pelos seguintes veteranos da PBL: Feroze Munshi, Sherry Griesinger, Myla Lee, Abby Schneiderjohn, Erin Gannon, Ian Stevenson, Brandon Cohen, Julia Cagle, Tom Lee, Eric White, Krystal Diaz, Jim Bentley, Meghan Ashkanani, Mike Gwaltney, Dara Laws Savage, Mike Kaechele, Kevin Gant, James Fester, Tyler Millsap, Scott Stephen Bell, Kelly Reseigh, Tom Neville, Andrew Miller, John McCarthy, Kristin Uliasz, Erin Starkey, Heather Wolpert-Gawron e Brian Schoch. Nos desculpem por quaisquer omissões.

A equidade é um tema que permeia este livro. Compartilhamos da crença de que todos os estudantes, independentemente do local em que vivem, merecem oportunidades para a aprendizagem significativa e engajadora que ocorre no padrão-ouro da PBL. Agradecemos aos companheiros de viagem, muito numerosos para serem listados aqui, que estão criando oportunidades de aprendizagem transformadoras para os seus alunos.

Finalmente, agradecemos à editora Genny Ostertag e à sua equipe da ASCD por nos estimularem a trazer este livro aos leitores.

Apresentação

O mundo mudou drasticamente na última geração – até mesmo nos últimos 10 anos. As nossas vidas tornaram-se muito mais ligadas por meio da tecnologia, de uma economia global e das mídias sociais. Nossa consciência sobre a complexidade dos desafios que enfrentamos como seres humanos – das alterações climáticas às questões de conflito e distribuição de alimentos – aumentou significativamente. O mundo do trabalho também está mudando rapidamente. Cada vez mais tarefas estão sendo automatizadas – desde a produção até a elaboração de relatórios baseados em dados. Além disso, a colaboração tornou-se a norma; a maioria das pessoas nas empresas da Era da Informação trabalha em equipes e por meio delas. Por fim, o mundo se tornou baseado em projetos. No Estados Unidos, 45% das pessoas trabalham como empregados contratados, passando do projeto de um cliente para o de outro. Espera-se que esse índice aumente para 60% até 2025. Quase todo o trabalho, mesmo em empresas tradicionais, é organizado por projetos. Diante das mudanças drásticas no mundo, seria esperado que as escolas também tivessem mudado. No entanto, em sua maioria, educamos os nossos jovens da mesma forma que fazíamos há mais de 100 anos.

Durante os últimos três anos, tive a oportunidade de fazer às pessoas de todo o mundo – jovens e idosos, educadores e líderes empresariais, lideranças educacionais, gestores e pais – esta pergunta: "Dadas as mudanças no mundo, que habilidades e disposições são necessárias para o sucesso?". Surpreendentemente, não importa onde eu tenha feito a pergunta, entre todos os grupos, encontrei consenso sobre a resposta. Além do domínio do conhecimento e das habilidades acadêmicas, os estudantes precisam de habilidades de sucesso, como colaboração, comunicação (oral, escrita e visual), pensamento crítico e resolução de problemas, gestão de projetos e autorregulação, criatividade e inovação, e de um senso de empoderamento para enfrentar os desafios de suas vidas e do nosso mundo. Os alunos que experimentam o tipo de PBL descrito neste livro estão adquirindo essas habilidades e disposições.

A NECESSIDADE DO ENSINO BASEADO EM PROJETOS

Embora todos concordemos que o mundo mudou, também sabemos que as escolas não mudaram. Diante dessa consciência crescente, começamos a perceber algumas mudanças em vários locais nos Estados Unidos e em nível global. Observamos escolas e comunidades trabalhando em prol de abordagens mais baseadas nos estudantes, que incluem a aprendizagem por investigação, a aprendizagem personalizada, as avaliações baseadas no desempenho e uma enorme onda de interesse e implantação da PBL. Desse modo, o campo respondeu procurando atender à procura por exemplos de projetos e de desenvolvimento profissional de professores baseados na PBL.

Exemplos de projetos de alta qualidade podem ser encontrados em muitos locais e, devido ao excelente trabalho dos meus colegas do BIE e de outras organizações de ensino baseadas na aprendizagem profunda, os professores podem ter acesso a materiais, recursos e oficinas sobre a elaboração de projetos de alta qualidade. Os componentes essenciais da elaboração de projetos no modelo do BIE para o padrão-ouro da PBL, descritos pela primeira vez em *Setting the standard for project based learning* (LARMER; MERGENDOLLER; BOSS, 2015), foram bem recebidos e adotados por educadores nos Estados Unidos e no mundo todo. As práticas de ensino baseado em projetos, também introduzidas naquele livro, tiveram igualmente repercussão no campo. No entanto, mais trabalhos sobre como *ensinar* em uma sala de aula PBL são necessários.

Os educadores precisam de descrições, estratégias e vídeos detalhados para poderem aprender sobre as ações dos professores que levam à implantação efetiva da PBL. Este livro e uma série de vídeos lançados pelo BIE (disponíveis em pblworks.org) atendem a esse apelo destacando o trabalho de sete professores diversos e bem-sucedidos da PBL. Vários outros professores são ouvidos neste livro, muitos dos quais se encontram na Faculdade Nacional do BIE. Esses professores não são necessariamente as "estrelas do *rock*" que você vê em filmes populares, mas pessoas comuns que são, no entanto, inspiradoras em razão de suas habilidades em sala de aula, da profundidade de seus conhecimentos e da paixão por fazer um bom trabalho para todas as crianças.

COMO AS LIDERANÇAS EDUCACIONAIS E OS GESTORES CRIAM AS CONDIÇÕES PARA O ENSINO BASEADO EM PROJETOS

Enquanto o ensino baseado em projetos se baseia naquilo que é essencial para que os professores promovam experiências de aprendizagem de alta qualidade para os estudantes, o trabalho das lideranças educacionais e gestores na criação de condições para que os professores realizem grandes projetos com crianças não pode ser negligenciado. Nas escolas onde observamos uma excelente implantação da PBL, encontramos também os aspectos descritos a seguir.

- **Uma visão clara, coerente e convincente dos novos objetivos para a educação e das novas formas de ensino e aprendizagem.** Os líderes trabalham com a equipe de profissionais e as partes interessadas da comunidade com o intuito de estabelecer uma visão que inclua um perfil de alunos com habilidades de sucesso na contemporaneidade, recorrendo explicitamente a experiências de PBL como método para alcançar esse objetivo.

- **Uma cultura de aprendizagem, inovação e investigação para alunos, professores e lideranças.** As lideranças criam um ambiente seguro para que os professores inovem e assumam riscos. Isso se reflete na prática da PBL na sala de aula. A escola identifica questões sobre o seu trabalho e segue um processo de investigação para respondê-las, semelhante ao modo como os alunos fazem em um projeto.

- **Estruturas escolares reelaboradas e reinventadas.** Por exemplo, o calendário escolar é modificado para que sejam ofertados períodos de ensino maiores e mais flexíveis; os professores podem adotar com maior frequência planejamentos individuais e colaborativos e dispõem de mais tempo de aprendizagem; as escolas dos anos finais do ensino fundamental e as de ensino médio organizam os alunos em grupos de coorte em que equipes de professores compartilham os mesmos estudantes.

- **Desenvolvimento profundo e consistente de capacidades para professores e equipe de liderança.** Todos os professores com os quais aprendemos em *Ensino baseado em projetos* participaram de oficinas de desenvolvimento profissional, formação contínua e oportunidades de planejamento colaborativo para aperfeiçoar o seu ofício.
- **Um compromisso pela melhoria contínua.** Aprende-se a promover a PBL de alta qualidade ao promover a PBL. Estou certo de que todos os professores deste livro lhe diriam que as suas estratégias e sua eficácia melhoraram drasticamente desde a sua primeira unidade PBL. Ao empregarem os componentes essenciais da elaboração de projetos de crítica e revisão, tal como os estudantes fazem em um projeto, eles continuam a melhorar sua prática.

COMO ESTE LIVRO REFLETE O MODELO DE APRENDIZAGEM BASEADA EM PROJETOS DE ALTA QUALIDADE

Em 2018, um comitê de orientação formado por 27 educadores e formadores de opinião com participação na PBL, junto a representantes de organizações que destacam a PBL nos seus programas, finalizou um modelo que descreve como é a PBL de alta qualidade em termos da experiência dos estudantes. O comitê de orientação também incluía representação internacional da Finlândia, do Chile, da Coreia do Sul e da China. O objetivo do modelo era criar um significado comum (que não existia anteriormente) sobre o que é a PBL de alta qualidade, a fim de orientar o trabalho de professores, escolas, acadêmicos, lideranças educacionais, legisladores, jornalistas e fornecedores de currículos e serviços.

O esforço foi facilitado pelo BIE em parceria com a Getting Smart e com o apoio da Project Management Institute Educational Foundation e da William and Flora Hewlett Foundation. O desenvolvimento da estrutura levou 12 meses e foi um processo altamente colaborativo e iterativo, com uma contribuição substancial do público, de professores e de outras organizações.

A seguir, são apresentados os seis critérios do modelo para PBL de alta qualidade que devem estar presentes em algum grau para que um projeto possa ser considerado de alta qualidade. (Visite hqpbl.org para mais detalhes, incluindo as pesquisas que fundamentam esses seis critérios.)

Desafio intelectual e desempenho

Os estudantes aprendem profundamente, pensam criticamente e buscam a excelência. Em que medida eles

- Investigam problemas, perguntas e temas desafiadores ao longo de um período ampliado?
- Concentram-se em conceitos, conhecimento e habilidades centrais para as áreas temáticas e disciplinas intelectuais?
- Experimentam ensino baseado em pesquisas e recebem apoio quando necessário para o aprendizado e o sucesso do projeto?
- Comprometem-se a realizar trabalhos da mais alta qualidade?

Autenticidade

Os estudantes trabalham em projetos que são significativos e relevantes para a sua cultura, suas vidas e seu futuro. Em que medida eles

- Participam de trabalhos que se conectam ao mundo fora da escola e aos seus interesses e preocupações pessoais?
- Utilizam ferramentas, técnicas e/ou tecnologias digitais aplicadas no mundo fora do ambiente escolar?
- Fazem escolhas em relação aos tópicos, atividades e/ou produtos dos projetos?

Produto público

O trabalho dos estudantes é apresentado, discutido e criticado publicamente. Em que medida eles

- Mostram o seu trabalho e descrevem seu aprendizado para seus pares e pessoas além da sala de aula?
- Recebem *feedback* e/ou dialogam com suas comunidades?

Colaboração

Os estudantes colaboram uns com os outros pessoalmente ou telepresencialmente e/ou recebem orientação de mentores e especialistas adultos. Em que medida eles

- Trabalham em equipe para resolver tarefas complexas?
- Aprendem a se tornar membros e líderes de equipe eficientes?
- Aprendem a trabalhar com orientadores, especialistas e membros comunitários adultos, negócios e organizações?

Gerenciamento de projetos

Os estudantes usam um processo de gerenciamento de projetos que lhes permite prosseguir efetivamente do início à conclusão do projeto. Em que medida eles

- Gerenciam a si mesmos e suas equipes de maneira eficiente e eficaz ao longo de um projeto de várias etapas?
- Aprendem a utilizar processos, ferramentas e estratégias de gerenciamento de projetos?
- Usam as perspectivas e processos do pensamento criativo quando adequado?

Reflexão

Os estudantes refletem sobre o seu trabalho e seu aprendizado ao longo do projeto. Em que medida eles

- Aprendem a avaliar e sugerir melhorias no seu próprio trabalho e no dos colegas?
- Refletem, escrevem e discutem sobre o conteúdo, os conceitos e as habilidades de sucesso acadêmicos que estão aprendendo?
- Utilizam a reflexão como uma ferramenta para aumentar a própria capacidade de agir?

Quando o modelo para a PBL de alta qualidade foi anunciado, educadores e organizações em todos os Estados Unidos e em todo o mundo subscreveram o seu compromisso com ele, juntando-se a uma iniciativa que continua ganhando força. Todos os que se comprometem podem ter formas diferentes de transformar a visão descrita pelo modelo em realidade para os estudantes. No caso do BIE, nosso modelo é o padrão-ouro da PBL, como descrito em *Setting the standard for project based learning* e neste livro.

As práticas de ensino e a estrutura dos projetos levantadas aqui resultarão em respostas "sim" a todas as questões apresentadas pelos seis critérios.

A visão do BIE é a de que todos os estudantes, independentemente da sua origem, tenham a oportunidade de experimentar uma PBL de alta qualidade. Acreditamos que, quando bem aplicada, ela serve como uma ferramenta para a equidade educacional ao empoderá-los para aprenderem o conteúdo e as habilidades acadêmicas, bem como as habilidades de sucesso de que necessitarão para enfrentar os desafios pessoais e no mundo. Esperamos que este livro ajude a desenvolver a capacidade dos professores em todos os lugares e em todos os níveis educacionais a fim de elaborarem e promoverem grandes projetos para os seus alunos – incluindo aqueles que estão mais distantes das oportunidades.

Prosseguimos com amor e propósito,

Bob Lenz
Diretor executivo do Buck Institute for Education

Sumário

Apresentação xi
Bob Lenz

Introdução 1
   Práticas de ensino baseado em projetos 4
   Conheça os professores 8
   Características especiais 9
   Apêndice 9

Capítulo 1 Construa a cultura 11
   Por que a cultura da sala de aula é importante para a PBL 13
   Como os professores (e estudantes) moldam a cultura 14
   Quatro estratégias para construir a cultura da PBL 15
   Comece devagar para começar forte 30
   Livro de anotações do facilitador: construtores de cultura 33
   Estratégias para construir a cultura: pontos-chave 35
   Na sua estante de PBL 36

Capítulo 2 Projete e planeje 38
   Começando 39
   Foco nos componentes essenciais do planejamento da PBL
      de alta qualidade 45
   Detalhado, mas flexível 51
   Recursos prontos 58
   Além do básico: planejando para impacto e equidade 60
   Livro de anotações do facilitador: como escutar
      durante um planejamento de PBL 62
   Reutilize e atualize seus próprios projetos 63
   Estratégias para projetar e planejar projetos de alta
      qualidade: pontos-chave 65
   Na sua estante de PBL 65

Capítulo 3 Alinhe aos padrões 67
    Por que alinhar projetos a padrões? 68
    Alinhar-se ao que vale a pena conhecer:
        um bom ajuste para o projeto sobre revoluções 70
    Mantenha o foco 74
    Livro de anotações do facilitador: crie conexões
        entre as disciplinas 75
    Estratégias para alinhar aos padrões: pontos-chave 78
    Na sua estante de PBL 78

Capítulo 4 Gerencie as atividades 80
    Aproveitando ao máximo o trabalho em equipe 82
    Amplie suas estratégias de gerenciamento de projetos 91
    Ferramentas tecnológicas para o gerenciamento do projeto 96
    Aproveitando ao máximo o tempo de aprendizagem 97
    Livro de anotações do facilitador: registrando os materiais
        de aprendizagem 101
    Estratégias para gerenciar atividades: pontos-chave 102
    Na sua estante de PBL 103

Capítulo 5 Avalie a aprendizagem dos estudantes 104
    Por que uma avaliação abrangente é fundamental
        para o sucesso da PBL 105
    Estratégias para alcançar o equilíbrio 106
    Finalmente, avalie a aprendizagem 121
    Livro de anotações do facilitador: *brainstorming* formativo 123
    Estratégias para avaliar a aprendizagem dos alunos:
        pontos-chave 124
    Na sua estante de PBL 125

Capítulo 6 Apoie a aprendizagem dos estudantes.......... 126
    Por que o suporte à aprendizagem dos estudantes
        é essencial para a PBL?... 127
    Oferecendo suporte à Grande Aventura da Califórnia.......... 129
    Diferenciando com conteúdo, processo e produtos............. 132
    Alinhe o suporte aos objetivos de aprendizagem................ 136
    PBL e inclusão: atendendo a todas as necessidades........... 138
    Suportes oportunos.. 144
    Livro de anotações do facilitador: forneça suporte
        à aprendizagem do professor.. 154
    Estratégias para apoiar a aprendizagem dos estudantes:
        pontos-chave... 154
    Na sua estante de PBL... 156

Capítulo 7 Engaje e forme... 158
    Um olhar mais detalhado sobre formação e engajamento.... 162
    Engaje no lançamento do projeto..................................... 164
    Engaje e forme ao longo do meio confuso......................... 169
    Comemore e reflita na linha de chegada........................... 173
    Livro de anotações do facilitador: fazendo as perguntas certas...... 174
    Estratégias para engajar e formar: pontos-chave............... 175
    Na sua estante de PBL... 176

Capítulo 8 Reflexões finais.. 177

Apêndice... 181
    Rubrica de ensino baseado em projetos............................ 181
    Guia de aprendizagem do estudante................................ 188

Referências... 193
    Leituras recomendadas... 197

Índice.. 199

Introdução

*Cada aspecto da mudança escolar depende de professores
altamente qualificados para o seu sucesso.*
Linda Darling-Hammond

Não há dúvida de que a aprendizagem baseada em projetos (PBL, do inglês *project based learning*) está ganhando força como uma abordagem essencial para os modelos de ensino, tanto nos Estados Unidos como em todo o mundo. As razões para introduzi-la são numerosas e podem diferir de um sistema escolar para o outro. No entanto, em uma vasta gama de contextos, há um reconhecimento crescente de que o complexo mundo atual apresenta novas exigências aos estudantes enquanto se preparam para a faculdade, o mercado de trabalho e a cidadania ativa. Essas exigências não serão satisfeitas sem uma mudança fundamental do ensino tradicional, centrado no professor, para um ensino e uma aprendizagem mais inovadores, baseados no aluno.

Para as escolas que estão prontas para fazer essa mudança, a PBL oferece um quadro comprovado que ajuda os estudantes a estarem mais bem equipados para enfrentarem futuros desafios. Por meio de projetos academicamente rigorosos, eles adquirem profundos conhecimentos de conteúdo ao mesmo tempo em que dominam as habilidades de sucesso do século XXI: saber pensar criticamente, analisar informações para confiabilidade, colaborar com diversos colegas e resolver problemas de forma criativa. No processo de envolvimento com a PBL, os estudantes aprendem a elaborar boas perguntas, a ser engenhosos, a gerir o seu tempo, a cumprir prazos autênticos e a persistir por meio de desafios. Quando bem aplicada, a PBL fomenta a autorregulação e a aprendizagem autodirigida. Essas são precisamente as competências que permitirão aos estudantes prosperarem no futuro que ajudarão a moldar.

Com novas exigências aos estudantes, surgem novos desafios para os educadores. Relativamente poucos professores tiveram a oportunidade de vivenciar a PBL como alunos quando eram mais novos, e os programas de preparação docente estão apenas começando a incluir métodos da PBL. Sem experiência prévia ou formação profissional, muitos professores enfrentam uma curva de aprendizado muito acentuada. Eles podem se perguntar se a introdução da PBL significa começar do zero com planejamento de aulas, avaliação e rotinas diárias de sala de aula. Preocupam-se se serão capazes de abordar todo o currículo exigido se reservarem tempo para a PBL. Os recém-chegados à PBL perguntam frequentemente: "O que muda com a PBL? O que permanece igual na minha sala de aula? E como sei se estou executando a PBL corretamente?".

O Buck Institute for Education (BIE) tem ajudado milhares de professores a ganharem confiança com a PBL por meio de oficinas presenciais, e recursos e livros *on-line* têm chegado a um número incontável de educadores em todo o mundo. *Setting the standard for project based learning* (LARMER; MERGENDOLLER; BOSS, 2015) foi escrito em resposta à onda de interesse na PBL. Seu objetivo era ajudar professores e lideranças educacionais a elaborarem e implantarem bem a PBL, independentemente da sua localização ou contexto escolar. Estudantes de todas as localidades e de diferentes origens merecem se beneficiar de experiências de PBL de alta qualidade.

O livro *Setting the standard for project based learning* introduziu um modelo para o padrão-ouro da PBL. Constituído por pesquisas e por extensas contribuições de professores e lideranças educacionais, o padrão-ouro estabelece um alto nível quando se trata de rigor acadêmico. Isso é importante porque uma PBL mal-executada pode ser um desperdício de tempo de aprendizado valioso. Já vimos muitos dos assim chamados projetos que se concentram em atividades divertidas e práticas, mas que não conseguem atingir objetivos de aprendizagem significativos. Quando a PBL é bem executada, por outro lado, o palco é preparado para um mergulho profundo em conteúdos acadêmicos relevantes. A PBL envolve a investigação contínua de questões ou problemas desafiadores. Os estudantes precisam não só aprender conteúdos, mas também ser capazes de aplicá-los. Por definição, o padrão-ouro da PBL é o "prato principal" da aprendizagem – não a sobremesa.

Para alcançar uma aprendizagem consistentemente profunda e significativa, o padrão-ouro da PBL exige sete componentes essenciais de desenho de projeto (ver Figura 0.1):

- Problema ou questão desafiadora
- Investigação contínua
- Autenticidade
- Voz e escolha dos estudantes
- Reflexão
- Crítica e revisão
- Produto público

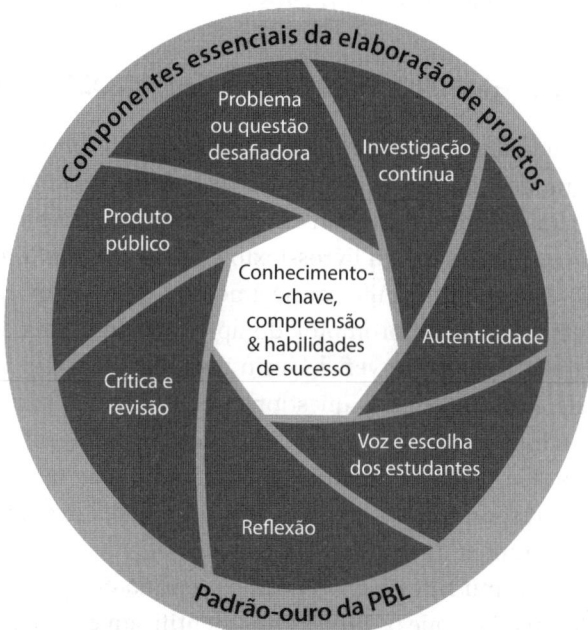

Figura 0.1 Componentes essenciais da elaboração de projetos para o padrão-ouro da PBL.

Enfatizar esses elementos do início ao fim de um projeto ajuda a garantir que a experiência de aprendizagem valerá o investimento tanto de estudantes quanto de professores. Esses elementos preparam o terreno para o sucesso do projeto, quer se utilize PBL o tempo todo ou apenas ocasionalmente durante o ano letivo.

O livro *Setting the standard for project based learning* também introduziu um conjunto de sete práticas de ensino baseado em projetos, mas não as explorou em profundidade. O *feedback* de professores, lideranças educacionais e instrutores indica uma demanda por mais material. Os educadores que mudam para a PBL querem mais exemplos de projetos de alta qualidade em ação. Querem ver não só resultados refinados do aprendizado dos estudantes, mas mais práticas de ensino do dia a dia que os professores utilizam ao longo do caminho para apoiarem e envolverem todos os estudantes nesse tipo de aprendizagem. Querem ouvir as estratégias de outros professores para ganharem tempo e espaço suficiente para a PBL no seu currículo. Este livro e uma série relacionada de vídeos gratuitos fornecem uma visão muito mais detalhada do que está acontecendo nas salas de aula da PBL da perspectiva do professor baseado em projetos (ver pblworks.org).

PRÁTICAS DE ENSINO BASEADO EM PROJETOS

Para que os estudantes sejam bem-sucedidos na PBL, os professores podem ter de fazer grandes mudanças na prática de ensino. Isso é especialmente verdade para aqueles que ensinaram em ambientes tradicionais, confiando sobretudo no ensino direto, em livros-texto e em avaliações. Em vez de ser o perito onisciente que transmite conhecimentos, o professor da PBL é um facilitador bem informado, promotor do aprendizado e guia ao longo do processo de investigação. Em vez de ser o portador de todas as respostas, o professor da PBL encoraja o questionamento ativo, a curiosidade e o aprendizado entre pares, criando ambientes de aprendizagem em que cada aluno tem voz. Ele tem um domínio do conteúdo, mas também se sente confortável em responder às perguntas dos estudantes dizendo: "Não sei, vamos descobrir juntos" (ver Figura 0.2).

Muitas vezes, a mudança para o ensino baseado em projetos acontece gradualmente à medida que os professores identificam e adotam estratégias que ajudam os seus alunos a terem sucesso. A menos que esteja ensinando em uma escola de PBL integral, em que os alunos aprendem consistente-

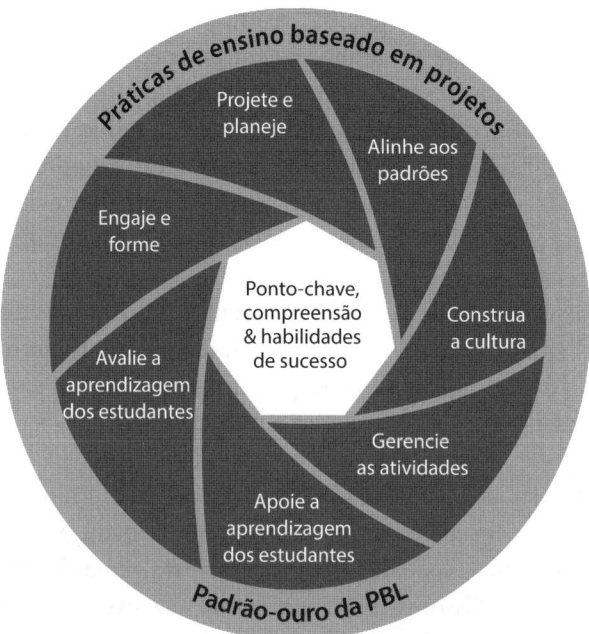

Figura 0.2 Práticas de ensino baseado em projetos para o padrão-ouro da PBL.

mente por meio de projetos em todas as áreas do conhecimento, você provavelmente alternará entre o ensino da PBL e o ensino mais tradicional ao longo do ano letivo. Por exemplo, muitos professores estabelecem um objetivo realista de executarem pelo menos dois projetos por semestre.

A aprendizagem personalizada, uma tendência cada vez mais popular na educação, é compatível com a PBL e com ela compartilha muitas práticas de ensino centradas nos estudantes. Embora a PBL reconheça a importância da voz e da escolha deles, a aprendizagem personalizada coloca ainda mais em destaque os interesses individuais, as competências e as necessidades de desenvolvimento dos alunos (WOLFE; POON, 2015).

As escolas que se concentram na aprendizagem personalizada também tendem a enfatizar uma progressão baseada no domínio de conteúdos e habilidades. Podem fazer uso de perfis individuais que descrevem os pontos fortes e as áreas em desenvolvimento de cada aluno ou podem atribuir credenciais para o domínio de competências específicas. Além disso, os estudantes podem ter tempo inserido nos seus horários regulares de aula para desenvolverem interesses individuais por meio de projetos de interesse ou experiências de "hora do gênio".* A fim de encorajar a personalização, as escolas podem utilizar uma abordagem de aprendizagem combinada – associando instrução presencial com aprendizagem *on-line* – para darem aos alunos mais controle sobre quando, onde e como aprendem. Algumas escolas também estão explorando uma combinação de aprendizagem personalizada e PBL – com alunos que desenvolvem interesses individuais durante parte do dia e participam em projetos mais colaborativos, baseados em padrões, em outros momentos.

Independentemente de os projetos serem desenvolvidos em equipe ou de forma individual, se eles forem de alta qualidade – com professores atentos às práticas de ensino baseado em projetos –, todas essas experiências de PBL têm o potencial de serem pontos importantes do ano letivo para você e seus alunos.

Nos capítulos a seguir, você obterá conhecimento sobre cada uma das sete práticas de ensino baseado em projetos que apoiam o sucesso dos alunos. Para cada prática, você descobrirá uma vasta gama de estratégias práticas e ouvirá os professores refletirem sobre suas experiências em sala de aula. Assim como a voz do aluno é essencial para uma PBL de alta qualidade, a escolha do professor é incorporada em um ensino baseado em projetos eficaz.

Construa a cultura: a cultura da sala de aula transmite uma ética de cuidado, uma ênfase na excelência e um senso de intenção compartilhada. A cultura certa desenvolve a independência dos estudantes, fomenta a colaboração, encoraja uma mentalidade de crescimento, apoia a tomada de riscos, estimula o trabalho de alta qualidade e constrói a inclusão e a equidade. Em muitos aspectos, a cultura é o combustível para a voz e a escolha dos estudantes, a investigação contínua e a persistência. A cultura positiva não se constrói da noite para o dia. É um esforço contínuo para criar uma comunidade inclusiva de estudantes.

Elabore e planeje: a concepção intencional da experiência de aprendizagem prepara o palco para que estudantes e professores capitalizem todo o potencial da PBL. Os componentes essenciais de elaboração do projeto fornecem um plano para o projeto, incluindo o planejamento tanto para a

---

* N. de. R.T.: Programação de um momento para que os estudantes trabalhem em seus projetos pessoais, onde e como quiserem.

avaliação formativa como para a cumulativa. As decisões dos professores na fase de elaboração incluem a curadoria de recursos e, potencialmente, a ligação com especialistas ou parceiros comunitários. Os planos de PBL dão espaço para a voz e a escolha dos estudantes, mas evitam que o projeto se torne pesado.

Adeque aos padrões: ao adequarem os projetos a objetivos de aprendizagem significativos, os professores asseguram que a PBL é academicamente rigorosa e tem ênfase nos padrões prioritários e no pensamento de ordem mais elevada. Além disso, os estudantes compreendem porque estão aprendendo o que estão aprendendo e como a PBL se relaciona com o mundo para além da sala de aula.

Gerencie as atividades: uma experiência de PBL bem gerenciada permite aos estudantes um aprendizado profundo e desenvolve as habilidades de trabalho de equipe e de autorregulação que serão úteis durante a vida. As estratégias de gestão de projetos baseiam-se na produtividade e na eficiência, mas adotar a PBL não significa seguir uma receita. Um projeto bem gerido permite, às vezes, uma aprendizagem "desordenada".

Avalie a aprendizagem dos estudantes: a avaliação assegura que os alunos trabalhem para alcançarem o domínio do tema. Não se trata de fazer "pegadinhas" ou classificações, mas sim de crescimento. A PBL exige um equilíbrio entre avaliação formativa e somativa, incluindo tanto o *feedback* da equipe como o individual. O *feedback* vem de múltiplas fontes, incluindo pares, especialistas e espectadores, juntamente com o professor. Os estudantes têm tempo para melhorar e aprimorar o seu trabalho, com base em um *feedback* abrangente.

Apoie a aprendizagem dos estudantes: o apoio cria condições para que cada aluno possa ter sucesso no projeto e domine os objetivos de aprendizagem. Em uma sala de aula equitativa, as experiências anteriores de aprendizado, a fluência linguística ou os níveis de leitura dos estudantes não são barreiras ao sucesso.

Engaje e forme: as estratégias de motivação e formação revelam o melhor dos estudantes. As estratégias de formação utilizam o questionamento, a modelagem e a reflexão para construir a motivação intrínseca e ajudá-los a alcançarem os seus objetivos de aprendizagem. Uma relação de cuidado e confiança entre professor e alunos é a base para uma PBL de sucesso.

O capítulo final oferece conselhos e reflexões de professores que fizeram a mudança para PBL. Suas experiências mostram-nos que a PBL melhora com a prática. Tornar-se um professor baseado em projetos qualificado não acontece em um projeto; trata-se de um processo contínuo de aprendizado profissional, apoiado por lideranças educacionais, instrutores e colegas docentes eficazes. Embora muitas práticas cotidianas de sala de aula mudem com a passagem para PBL, os professores ficam muitas vezes aliviados ao descobrirem que podem fazer uso eficaz de recursos e estratégias experimentadas e comprovadas no contexto da PBL.

O que não muda com a introdução da PBL é a relevância de um professor que considera interesses e necessidades da vida dos estudantes. De fato, quando os professores começam a implantar a PBL, dizem muitas vezes que, como resultado, passam a conhecer melhor seus alunos. Um refrão comum entre os professores que fizeram a mudança para PBL é "fazer projetos com os meus alunos lembra-me por que, antes de mais nada, entrei no ensino".

CONHEÇA OS PROFESSORES

Professores de todos os Estados Unidos abriram as suas salas de aula para este livro e para a série de vídeos que o acompanha. Eles ensinam em todos os níveis de ensino e áreas de conteúdo e trabalham em escolas que variam muito quando se trata das condições demográficas e socioeconômicas dos estudantes. Você os verá descreverem como utilizam práticas de ensino baseado em projetos específicas para apoiarem o aprendizado dos jovens. Salvo indicação em contrário, as suas histórias são baseadas em entrevistas ou em correspondência pessoal com os autores ou com a equipe de vídeo.

Os professores cujas histórias são apresentadas ao longo deste livro incluem um professor de matemática de uma escola urbana de ensino médio, um professor de anos iniciais do ensino fundamental cujos alunos incluem vários aprendizes da língua inglesa, um professor de ciências de uma escola suburbana dos anos finais do ensino fundamental que quer que os seus alunos se tornem cidadãos bem informados, um professor de química em uma escola de ensino médio em que um elevado percentual de alunos tem necessidades educacionais especiais e muitos mais. Alguns professores trabalham com estudantes que serão os primeiros nas suas famílias a frequentarem a faculdade. Defensores da equidade educacional, esses professores veem a PBL como a melhor maneira de preparar *todos* os alunos para o futuro. Você verá também os instrutores que desempenham papéis de apoio importantes ajudando os professores baseados em projetos a construírem a sua confiança com novas estratégias.

Em diferentes contextos, esses educadores compartilham a crença de que os seus alunos estarão à altura dos desafios da PBL. Grandes expectativas para todos são uma parte integrante da cultura da PBL. Como uma professora de humanidades do ensino médio diz regularmente aos seus alunos: "Eu acredito em vocês".

CARACTERÍSTICAS ESPECIAIS

Este livro também inclui características especiais para aprofundar a sua compreensão a respeito das estratégias das práticas de ensino baseado em projetos a fim de ajudar a PBL a se estabelecer na sua comunidade.

- **Indicadores padrão-ouro:** cada capítulo descreve o padrão-ouro de práticas de ensino baseado em projetos em ação, com indicadores da rubrica de ensino baseado em projetos do BIE (incluída na íntegra no Apêndice).
- **Tente isso:** veja essas descrições de atividades para apoiar a PBL no seu contexto. Experimente essas ideias com os seus alunos e colegas e depois reflita sobre os resultados.
- **Livro de anotações do facilitador:** como os instrutores e lideranças educacionais podem apoiar a PBL? Educadores experientes oferecem sugestões para melhorar a prática e aumentar a confiança dos professores no ensino baseado em projetos.
- **Na sua estante de PBL:** leituras recomendadas são oferecidas para aprofundar a sua compreensão de cada prática de ensino baseada em projetos.

APÊNDICE

O Apêndice inclui dois recursos adicionais que lhe ajudarão a continuar a desenvolver sua capacidade como professor baseado em projetos.

- **Rubrica de ensino baseado em projetos:** a rubrica completa para práticas de ensino baseado em projetos está incluída para referência.

Há, também, um conjunto contínuo de critérios para cada uma das sete práticas para o professor de PBL iniciante, o professor de PBL em desenvolvimento e o professor de PBL padrão-ouro. Destinada a ser uma ferramenta de crescimento profissional, a rubrica é uma ferramenta útil para a autorreflexão, no desenvolvimento profissional, ou como parte de conversas escolares sobre a PBL.

- **Amostra do guia de aprendizado do estudante com respostas:** os professores tomam muitas decisões de elaboração para preparar o terreno para o padrão-ouro da PBL. A fim de ajudar os leitores a visualizarem o planejamento envolvido em um projeto academicamente rigoroso, o Apêndice inclui um guia de aprendizado do estudante com respostas para um dos exemplos de projetos discutidos neste livro (Revoluções em julgamento). Para baixar um modelo em branco e utilizar no planejamento do seu próprio projeto, acesse o material complementar do livro em loja.grupoa.com.br.

1

Construa a cultura

Uma cultura de sala de aula positiva cria uma comunidade inclusiva de alunos para a PBL.

Quando os alunos de ensino médio da professora Telannia Norfar chegam para a aula de pré-cálculo, eles sabem exatamente o que esperar. Instruções claras são projetadas na tela da frente da sala para o iniciador de sucesso do dia. Essa atividade individual de 3 minutos serve como um aquecimento para o seu pensamento para o aprendizado e o trabalho no projeto a ser realizado em seguida.

Um típico iniciador de sucesso pode pedir que os alunos resolvam uma equação e calculem os futuros custos da faculdade. Por exemplo:

Usando uma fórmula para descobrir o custo de Alia frequentar a faculdade, quanto ela terá gastado ao final do curso? Lembre-se de que Alia tem 12 anos agora.

$A(t) = 17.907(1,04)x$

Opções:
A $25.487,20
B $24.507,00
C $23.564,40
D $22.658,10

Não se trata de fazer de conta. Esses estudantes da Northwest Classen High School na cidade de Oklahoma, Oklahoma, estão nos primeiros dias de um projeto no qual aplicarão a sua compreensão de funções exponenciais, logarítmicas e racionais para ajudarem os clientes da vida real a desenvolverem planejamentos financeiros. Eles já conheceram os seus sete clientes cujas necessidades financeiras incluem poupança para a faculdade (no caso da família de Alia), pagamento de uma hipoteca da casa, planejamento para aposentadoria ou uma combinação desses fatores. Os estudantes começaram a resolver a sua questão motivadora: *como podemos conceber planejamentos financeiros para ajudar os nossos clientes a satisfazerem suas necessidades?* Um vídeo complementar sobre a construção da cultura PBL pode ser encontrado em pblworks.org.

Assim que os estudantes completarem o aquecimento, a professora Norfar define o objetivo de aprendizagem para o dia: "Posso criar uma equação com uma variável que represente um modelo financeiro e utilizá-la para resolver uma situação".

Ela pergunta: "O que significa este objetivo? O que significaria saber isto? Como isto nos ajudaria a responder à nossa questão motivadora?" e depois dá instruções para falarem sobre essas questões com seus três colegas de mesa.

Os estudantes se reúnem para uma discussão rápida, conectando o novo conceito aos objetivos do projeto. Em seguida, reúnem-se com toda a turma para ouvir a professora introduzir um novo problema sobre funções exponenciais. Norfar fornece aos seus alunos apenas informação suficiente para que possam começar. Podem escolher trabalhar no problema sozinhos, em colaboração com colegas de turma ou com o apoio de recursos que a professora tenha disponibilizado.

"Você pode não chegar a uma resposta hoje. Pode ser que não chegue a uma resposta amanhã. O que importa é o esforço", recorda Norfar ao circular e observar. Os estudantes sabem que, até o terceiro dia, deverão apresentar à turma o que aprenderam e a estratégia de resolução de problemas.

A conversa começa a ser construída à medida que discutem o problema e comparam estratégias. Norfar faz uma pausa na mesa de uma aluna que está sentada em silêncio. A menina olha para cima e confessa: "Professora Norfar, sou horrível em matemática".

"Você tem uma memória curta", responde ela com um sorriso gentil. "Você diz isso sempre que resolvemos um problema. Lembra-se da última vez quando se esforçou e depois superou a sua confusão? Lembra das nossas normas, que escrevemos juntos? Uma delas era 'todos nós temos uma mentalidade de crescimento'. E lembre-se: estou aqui para vocês."

POR QUE A CULTURA DA SALA DE AULA É IMPORTANTE PARA A PBL

A cultura da sala de aula é multifacetada e de difícil definição, mas é essencial entendê-la corretamente se quiser que todos os alunos se desenvolvam com a PBL. Na escola toda, a cultura engloba valores, crenças, percepções, normas (tanto escritas como não escritas) e relações que regem o funcionamento da instituição (ÇAKIROĞLU; AKKAN; GÜVEN, 2012; KANE et al., 2016). A cultura escolar é também reforçada por normas, expectativas e tradições, incluindo tudo, desde códigos de vestuário, sistemas de disciplina até as comemorações por desempenho. Pesquisadores sabem que os estudantes aprendem melhor quando se sentem seguros (SCOTT; MARZANO, 2014), e uma cultura forte encoraja o esforço, apoia a colaboração, amplia a motivação e concentra a atenção no que é importante para o aprendizado (DEAL; PETERSON, 2009). Uma cultura que fomenta um desempenho elevado assegura que as condições de aprendizado estejam sempre presentes e transmite "[...] uma crença partilhada de que somos parte de algo especial e grandioso" (FISHER; FREY; PUMPIAN, 2012, p. 6-7).

De fato, a cultura está tão entrelaçada com o aprendizado que foi chamada de currículo oculto (JERALD, 2006). Sean Slade (2014), um especialista em atender às necessidades da criança como um todo, argumenta que a cultura é moldada por tudo o que os estudantes veem, ouvem, sentem e com que interagem na escola. Ele explica:

> Alguns minutos após entrar em uma escola ou uma sala de aula você pode dizer, definir, quase sentir o gosto da cultura que permeia esse espaço. É um ambiente aberto, de compartilhamento? Ou é um campo de jogo rígido e disciplinado? É seguro e acolhedor ou intimidante e confrontante? É acolhedor para todas as vozes, ou faz você querer se encolher? Está à espera de ensino e liderança ou é autodirecionado com um propósito comum? (par. 2).

A cultura da sala de aula assume um significado particular na PBL. Quando o objetivo é promover a investigação, assumir riscos, a persistência e a aprendizagem autodirigida, a cultura é importante demais para ser deixada ao acaso. A construção da cultura certa para a PBL requer esforço e atenção contínuos, tanto por parte dos professores como dos alunos. Em vez de ser escondida, uma cultura da PBL precisa ser construída, reforçada e celebrada abertamente.

> **PADRÃO-OURO DE PRÁTICAS DE ENSINO BASEADO EM PROJETOS**
>
> Quando uma cultura positiva para o aprendizado é estabelecida, você deve encontrar evidências no modo como os alunos interagem com você e entre si. Indicadores para a construção dessa cultura incluem os seguintes pontos:
>
> - As normas para orientar a sala de aula são desenvolvidas com os estudantes e automonitoradas por eles.
> - A voz e a escolha dos estudantes são regularmente potencializadas e contínuas, incluindo a identificação de questões e problemas do mundo real que eles querem abordar nos projetos.
> - Os estudantes normalmente sabem o que precisam fazer com um mínimo de orientação por parte do professor.
> - Os estudantes trabalham em colaboração em equipes saudáveis e altamente funcionais, muito semelhantes a um ambiente de trabalho autêntico; o professor raramente precisa se envolver no gerenciamento das equipes.
> - Os estudantes compreendem que não existe uma única "resposta certa" ou forma preferida de fazer o projeto e que não há problema em correr riscos, cometer erros e aprender com eles.
> - Os valores da crítica e revisão, persistência, pensamento rigoroso e orgulho em fazer um trabalho de alta qualidade são compartilhados e os alunos são responsáveis uns pelos outros.
>
> Veja o Apêndice para a rubrica de ensino baseado em projetos completa.

COMO OS PROFESSORES (E ESTUDANTES) MOLDAM A CULTURA

Os professores moldam a cultura tanto de formas óbvias como de formas menos perceptíveis. Na sala de aula de Norfar, por exemplo, a cultura se reflete nos iniciadores de sucesso diários e em outras rotinas, na crença em uma mentalidade de crescimento e mesmo na disposição física da sala, com os alunos sentados em mesas de quatro pessoas para estimular a colaboração. Esses elementos contribuem para uma cultura acolhedora, mas desafiadora academicamente, que é construída sobre uma base de relações de afeto.

"Meus alunos sabem que eu os amo", diz Norfar, e ela regularmente enfatiza essa mensagem com suas palavras, gestos e altas expectativas. Ela também não hesita em adicionar um pouco de humor.

O papel do professor na construção de uma cultura positiva é semelhante a "[...] desenvolver os tipos de atitudes, crenças e práticas que caracterizariam uma vizinhança realmente boa", segundo a especialista em educação Carol Ann Tomlinson (2017, p. 43). As indicações desse tipo de "vizinhança" de sala de aula incluem respeito mútuo, sensação de segurança, expectativa de crescimento e sensação de que "Todos se sentem bem-vindos e contribuem para que todos se sintam bem-vindos" (TOMLINSON, 2017, p. 43).

Para encontrar provas de cultura na sala de aula, o veterano em PBL Feroze Munshi sugere encarar o seu ambiente de aprendizagem como se fosse um antropólogo. Ele encoraja os professores a levarem em conta: "Quais são as atitudes, valores, objetivos e condutas compartilhadas [na sua sala de aula]? Que linguagem é utilizada? Quais são as práticas e rotinas? Que objetos você observa?". Todos esses componentes contribuem para a cultura de aprendizado.

QUATRO ESTRATÉGIAS PARA CONSTRUIR A CULTURA DA PBL

Vamos analisar mais atentamente quatro construtores de cultura que são especialmente importantes para a PBL. Eles envolvem a concentração deliberada em crenças e valores, normas compartilhadas, o ambiente físico e protocolos e rotinas. Para cada um deles, uma vasta gama de estratégias e tradições de sala de aula ajudarão você e seus alunos a construírem e reforçarem uma cultura de PBL positiva.

Lembre-se, também, de que a cultura adequada para a PBL provavelmente não será familiar para alguns estudantes, especialmente se eles tiveram, no passado, apenas a experiência de ensino tradicional ou uma disciplina de cima para baixo. Ao introduzir estratégias mais democráticas, como a criação conjunta de normas da turma, fale com os alunos sobre o objetivo e os benefícios dessas atividades. Reforce a mensagem de que todos na comunidade de aprendizagem desempenham um papel importante na criação e manutenção da cultura.

Embora seja provável que você coloque mais energia na construção da cultura no início do ano letivo, isso tem de ser um esforço contínuo. A construção da cultura não é algo que acontece apenas com um projeto, *slogan* ou atividade de construção de equipe. Ao longo do ano, de um projeto para o outro, você vai querer continuar a reforçar valores, hábitos e rotinas que contribuem para um ambiente de aprendizagem em que todos os estudantes podem ser bem-sucedidos na PBL.

Ray Ahmed, professor de química em uma escola culturalmente diversificada no Brooklyn, Nova York, reconhece que é necessário um esforço para construir e reforçar a cultura de sala de aula certa para que os estudantes tenham sucesso na PBL: "Estamos tentando ensiná-los a serem respeitosos, a ouvirem uns aos outros, a trabalharem juntos e a terem uma mentalidade acadêmica. É mais difícil no final do ano letivo, mas muito mais fácil no início, quando as crianças estão se responsabilizando umas às outras pelas normas".

Crenças e valores: compartilhando o que importa

No final de cada projeto, Rebecca Newburn, uma professora dos anos finais do ensino fundamental de uma escola de Larkspur, Califórnia, pede *feedback* aos seus alunos. Ela os lembra de serem amáveis, específicos e úteis, refletindo as normas da sua turma. "Pergunto-lhes: 'o que foi útil? O que não foi? Como foi o ritmo? Havia atividades práticas demais ou não foram suficientes? O que mais ajudou vocês a aprenderem?'"

Uma vez recebidos os seus questionários, ela dá seguimento enviando *e-mails* aos estudantes de maneira individual. "Eu posso dizer: 'Gosto muito do seu *feedback* sobre o ritmo do projeto. Pode me falar mais? O que teria sido melhor?'"

Muitas vezes, os estudantes ficam surpresos com a sua resposta. "Eles dirão: 'Meu Deus, realmente ouviram!'. Estou mostrando que ouvir o *feedback* deles acrescenta à cultura. Estou mostrando que eles realmente têm uma voz." Ser transparente sobre o que você valoriza ajuda os alunos a lhe verem como um parceiro no aprendizado e um apoiador em seus esforços na PBL. Os professores compartilham as suas crenças e valores com os estudantes diretamente e por meio da ação.

A professora de matemática Telannia Norfar, por exemplo, lembra aos estudantes que acredita que todos eles podem ter êxito – mesmo que não tenham sido bem-sucedidos em matemática no passado. Um de seus lemas é "Todos aqui são brilhantes", e ela fala de expectativas todos os dias, durante todo o ano. Ela também associa os objetivos de aprendizagem aos objetivos de vida dos jovens. Um projeto sobre planejamento financeiro, por exemplo, é prontamente aplicável a estudantes que vão para a faculdade.

Muitos dos estudantes de Norfar serão os primeiros nas suas famílias a frequentarem a faculdade. "Isso significa que não há ninguém na sua família que saiba como tudo isso funciona", diz ela. "Apesar de estarmos ajudando outra família com seu planejamento financeiro para o projeto, também estou ajudando os meus alunos a compreenderem o planejamento da faculdade."

Da mesma forma, a professora de humanidades Erin Brandvold procura oportunidades para "ser apenas superpositiva". Por exemplo, se uma aluna lhe perguntar qual é a escolha de leitura mais fácil, ela responderá: "É aquela em que você está mais interessada. É isso que a vai fazer prosseguir".

Outra crença compartilhada pela maioria dos professores baseados em projetos é que os estudantes merecem saber o propósito do que estão aprendendo. A PBL torna esse "porquê" óbvio ao associar conceitos acadêmicos a contextos do mundo real. Projetos bem elaborados respondem naturalmente à constante pergunta dos alunos: "Quando precisaremos saber sobre isso?". Assegurar-se de que tenham um público autêntico para os seus esforços é outra forma de os professores darem sentido às experiências de aprendizado.

Para o professor de química Ray Ahmed, o objetivo da PBL "é ajudar estrategicamente os estudantes a aprenderem conteúdos acadêmicos fundamentais sobre coisas que lhes interessam". Ao mesmo tempo, ele se preocupa em satisfazer as necessidades sociais e emocionais dos alunos. "É aí que os projetos funcionam bem", diz ele. "Você pode abordar todos os aspectos do aprendizado social, emocional e intelectual por meio de um projeto que os envolva."

Embora esses professores veteranos desejem que a PBL seja envolvente para os estudantes, também reconhecem que essa abordagem de aprendizado não é fácil. Em palavras e ações, os professores baseados em projetos transmitem a sua crença de que os alunos podem estar à altura do desafio e produzir trabalho de alta qualidade para atingirem objetivos exigentes.

Os estudantes de Norfar frequentemente perguntam: "Por que não nos dão simplesmente a resposta?". A resposta da professora reflete as suas crenças e seus valores: "Eu valorizo o que os alunos dizem. Escuto se eles precisam desabafar. Mas depois lhes digo: 'Vocês precisam crescer. Se vocês só aprenderem porque alguém está lhes falando para aprender, vão ter dificuldades quando tiverem que descobrir as coisas por si próprios. Vou apoiar você para que você possa ser bem-sucedido. Talvez você tenha que se esforçar. Não há nada de mal em não conseguir avançar. Basta respirar e depois abordar o problema de uma forma diferente'".

Nos seus comentários, podemos ouvir os valores e as crenças fundamentais que são compartilhados por professores eficazes na PBL – e que são críticos para a construção de uma cultura positiva para o aprendizado.

Normas compartilhadas: criando uma comunidade de aprendizes baseados em projetos

Ao visitar uma sala de aula de PBL, você provavelmente verá *banners*, cartazes ou *slogans* que transmitam as normas da classe. Estas costumam soar diferentes de regras, que tendem a ser geradas por professores e são muitas vezes baseadas no que "deve e não deve ser feito" (p. ex., "ser pontual"; "não falar palavrões"). As regras são sobre execução e controle. As normas, por sua vez, são acordos compartilhados sobre como colegas e professores tratam uns aos outros e o que valorizam como uma comunidade. Na PBL, as normas compartilhadas apoiam uma cultura de aprendizagem que é inclusiva, respeitosa e justa (ver Figura 1.1).

Chegar a um consenso sobre normas constrói uma base forte para a PBL. A participação na definição de normas diz aos estudantes que eles têm voz na forma como a sala de aula funciona. Quando trabalham para defender essas normas, responsabilizam todos, incluindo eles próprios, os seus pares e o professor. Esse processo altera a tradicional dinâmica de poder e promove uma sala de aula mais democrática.

Os alunos trazem uma vasta gama de normas, expectativas e práticas culturais dos seus ambientes domésticos. Os educadores também trazem os seus próprios pressupostos e vieses. O objetivo de criar normas compartilhadas é promover uma cultura de sala de aula que valorize o que cada pessoa traz ao mesmo tempo que estabelece expectativas comuns para o grupo.

Figura 1.1 Construtores de cultura.
Normas compartilhadas e *slogans* positivos são exibidos ostensivamente na sala de aula de Ray Ahmed.
Fonte: Usada com permissão de John Larmer.

Vejamos as normas adotadas nas aulas de matemática do ensino médio de Norfar na Figura 1.2, que reforçam uma cultura de "aprendizagem justa e envolvente". Você perceberá que essas declarações são formuladas de forma clara e positiva tanto para o professor ("Ajude os alunos a entender") como para os alunos ("Defenda suas ideias"), com o objetivo de criar um ambiente de aprendizagem justo e envolvente. Todos tiveram voz na criação das normas e todos são responsáveis pela sua aplicação.

Os professores estabelecem normas de diferentes maneiras, dependendo da idade e do nível de desenvolvimento dos alunos, da sua experiência anterior com as normas e da cultura escolar em geral. As considerações práticas também entram em jogo. Norfar, por exemplo, dá aula para várias turmas todos os dias. No início do ano letivo, ela introduz um miniprojeto que coloca esta questão norteadora: *como podemos criar um ambiente de aprendizagem justo e envolvente para a matemática?* Os alunos de cada turma contribuem para o *brainstorming* sobre normas partilhadas e votam a fim de

NORMAS DE PROFESSORES E ESTUDANTES

A seguir, são apresentadas as normas para professores e estudantes. As normas são o que concordamos em fazer como turma para tornar este um ambiente justo e motivador. Nós vamos conferi-las semanalmente.

Normas para os professores	Normas para os estudantes

1. Ensine de diferentes maneiras.
2. Chame os alunos pelo nome.
3. Se importe com os sentimentos dos estudantes.
   a. Entenda a situação deles.
4. Tenha uma atitude positiva.
   a. Fique calmo.
   b. Use palavras gentis.
   c. Tenha paciência.
   d. Cumprimente e se despeça dos estudantes.
5. Ajude os alunos a entender.
   a. Trabalhe em um ritmo razoável.
   b. Explique claramente.
   c. Apoie diferentes estilos de aprendizado.
   d. Espere o melhor.
   e. Explique novamente se necessário.
6. Frequente a escola na maior parte do tempo.
7. Seja respeitoso.
   a. Forneça a cada um o que ele precisar.
   b. Use linguagem adequada.
   c. Dê espaço se necessário.
   d. Use palavras de apoio ao explicar.
   e. Chame pelo nome.
8. Tenha uma mentalidade de crescimento.
	1. Tenha uma mentalidade de crescimento.
	   a. Acredite que você pode melhorar.
	   b. Avance em caso de falha.
	   c. Continue tentando.
	   d. Fale positivamente das habilidades que precisa desenvolver.
	2. Chame seus colegas pelo nome.
	3. Seja responsável pelo seu trabalho.
	   a. Tenha seu material preparado.
	   b. Defenda suas ideias.
	   c. Seja profissional.
	   d. Cumpra os prazos.
	   e. Participe.
	   f. Seja pontual para a aula.
	4. Escute...
	   a. o professor.
	   b. seus colegas.
	   c. convidados.
	   d. as orientações.
	5. Frequente a escola na maior parte do tempo.
	6. Seja um bom participante de equipe.
	   a. Forneça um *feedback* bom e útil.
	   b. Fique calmo.
	   c. Encoraje os outros.
	   d. Não saia do tema.
	   e. Seja atencioso.
	   f. Use linguagem adequada.
	   g. Comunique-se claramente com alunos e professores.

Figura 1.2 Normas compartilhadas.
A professora e os estudantes se comprometem com esses acordos nas aulas de matemática de Telannia Norfar.

chegarem a um consenso. Norfar sintetiza essa contribuição para obterem um conjunto de normas para todas as turmas (Figura 1.2), incluindo expectativas para os alunos e para o professor.

Se você visitar a sala de aula de Sherry Griesinger em Novi, Michigan, verá um pôster das normas que foram visivelmente geradas pela sua comunidade de alunos do 2º ano. Estas incluem acordos como:

- mantenha todos felizes;
- faça escolhas inteligentes;
- cuide do nosso material e uns dos outros;
- siga as orientações rapidamente.

Os alunos e a professora usam sinais manuais e gestos simples para reforçar suas normas. Por exemplo, uma leve batida com a mão na testa pode significar "Estou fazendo uma escolha inteligente".

Até mesmo os mais jovens estão prontos para estabelecer normas em conjunto. Com os seus alunos de 5 anos do jardim de infância, a professora Sara Lev começa o ano letivo perguntando: "Como devemos tratar uns aos outros? Quais são as nossas esperanças para o ano?". Eles aprendem imediatamente que a sua voz é importante. "É tão diferente do que seria se eu entrasse e estabelecesse as regras", diz Lev. "Estou constantemente perguntando aos alunos o que eles pensam."

Ray Ahmed começa a construir uma cultura positiva na sala de aula com os seus alunos de química logo de início: "Os primeiros dias são todos sobre construir cultura e gerenciar as atividades que eles fazem nas aulas. Se escolher a atividade certa, você concretizará as normas que está tentando estabelecer". Desde o primeiro dia, ele tem estudantes trabalhando em atividades de aprendizagem em pequenos grupos. Ele participa nas suas discussões no papel de facilitador e conversa com os estudantes individualmente sobre o seu progresso. Ele introduz protocolos como o da *gallery walk* para a crítica pelos colegas. "Inicialmente há muita conversa, pensamento e trabalho em conjunto. Estou fazendo um grande reforço de comportamentos positivos. Isso é diferente de dizer que não se pode fazer isto ou aquilo."

Alguns professores constroem as suas normas de classe a partir de uma base de acordos em toda a escola. Embora nem todas as escolas tenham estabelecido acordos a nível escolar, estes são cada vez mais comuns nas escolas que adotaram programas como Intervenções e Apoios Comportamentais Positivos (Positive Behavioral Interventions and Supports – pbis.org) e Sala de Aula Responsiva (Responsive Classroom – responsiveclassroom.org).

Abby Schneiderjohn é uma professora do 4º ano em San Jose, Califórnia. Ela entrou na Escola Steindorf STEAM Elementary no exato momento em que essa escola pública de currículo especializado estava abrindo suas portas, em 2016. Steindorf adotou intervenções e apoios comportamentais positivos como um modelo para toda a escola. Como parte da cultura escolar global, estudantes (e adultos) de todos os níveis escolares compartilham estas três expectativas: "Somos atenciosos e respeitosos. Somos responsáveis pela tomada de decisões. Somos solucionadores de problemas".

Schneiderjohn começou com essas afirmações amplas e depois pediu aos seus alunos que definissem – nas suas próprias palavras – como essas normas funcionariam na sua sala de aula. Escrever em conjunto as expectativas da turma foi uma experiência de colaboração, mas isso foi apenas o início da construção da cultura. O verdadeiro valor vem do reforço das normas ao longo do tempo. "À medida que surgem novas situações, regressamos às nossas normas. Por exemplo, quando recebemos um conjunto de *Chromebooks*, falamos sobre como os utilizaríamos de modo eficaz. Qual é a utilização adequada?" As normas de classe fornecem tanto aos alunos como aos professores um conjunto de princípios orientadores para o aprendizado em conjunto.

> **TENTE ISSO: NORMAS DE TURMA "T"**
>
> Todd Finley (2014), blogueiro de educação e professor de inglês na East Carolina University, detalha esse processo para motivar os estudantes em relação às normas:
>
> 1. Comece explicando por que as normas são importantes para a aprendizagem (compartilhe "o porquê").
> 2. Em seguida, faça os alunos trabalharem em pequenos grupos para criarem os gráficos em T. A coluna da esquerda pede que eles descrevam um exemplo específico de algo que tenha interferido em sua aprendizagem (p. ex., *Quando os colegas riem daqueles que cometem um erro, relutamos em participar de uma discussão na turma*). Na coluna da direita, as equipes sugerem uma norma para evitar que esse problema aconteça (p. ex., *Nós aprendemos com os erros*).

3. Como uma atividade de toda a turma, liste as normas propostas e promova uma discussão. Quais normas ajudam a construir confiança e respeito, incentivam a investigação e promovem o esforço para produzir bons resultados? O que está faltando?
4. Finalmente, faça os alunos votarem as regras a serem adotadas. Compartilhe a lista final como um material de sala de aula, talvez como um pôster feito pelos alunos que todos assinam.
5. Continue a se basear nessas normas ao longo do ano e estimule os alunos a reforçá-las com seus colegas.

Ambiente físico: o material correto é importante

O ambiente físico adequado para PBL envia pistas e sinais sobre a cultura da sala de aula. Algumas pistas são tão óbvias quanto a presença de rodas em cadeiras para incentivar a adoção de assentos flexíveis (se sua escola não investiu em mobiliário flexível, você pode dar um jeito utilizando uma versão de baixo custo, colocando bolas de tênis nos pés das cadeiras para que deslizem silenciosa e facilmente). Outras pistas enviam mensagens mais sutis sobre quem "possui" o espaço. Há superfícies para escrever – como papel de cartaz, quadros brancos ou mesmo janelas – a fim de capturar o *brainstorming* dos estudantes? Eles estão habilitados a usarem a tecnologia quando precisarem durante os projetos ou as ferramentas tecnológicas permanecem principalmente sob o controle do professor? Colocar ferramentas nas mãos dos alunos estimula sua voz e sua escolha, reforçando a parceria entre professor e estudantes.

A sala de aula dos anos iniciais do ensino fundamental de Abby Schneiderjohn é planejada para maximizar a flexibilidade. As cadeiras têm rodas e as mesas são trapézios que podem ser configurados como retângulos de quatro, círculos de seis ou semicírculos de três. "É tudo superflexível", diz ela, o que permite rearranjos rápidos, necessários nas diferentes atividades de aprendizagem durante os projetos.

Isso não significa que estejam brincando de carrinhos de bate-bate. Schneiderjohn é clara e transparente quanto a combinar a configuração física da sala de aula à atividade de aprendizado que ocorre. Quando um projeto exige colaboração, os alunos se sentam em equipes. Quando precisam de tempo individual para pensar, ela sinaliza para que se separem e criem algum espaço entre as mesas. Ela também é atenciosa com aqueles que precisam de mais organização. "Pode ser desafiador para alguns deles se trocarmos as posições com muita frequência."

Embora móveis flexíveis possam ser uma vantagem, eles não são essenciais para a PBL. Mais importante é a mensagem sobre como o espaço apoia o aprendizado orientado pelos estudantes.

A professora de ensino fundamental Erin Gannon sugere a participação dos alunos na configuração da sala de aula como uma atividade de construção de cultura. "Deixe-os decidirem a respeito das necessidades do espaço para que tenham sucesso. Se eles criarem espaços de trabalho que permitam a colaboração e decidirem sobre o lugar em que se sentarão, isso cria um cenário potente no início do ano."

Um ambiente favorável à PBL também torna visíveis e acessíveis os apoios e suportes para a aprendizagem dos alunos. Discutiremos estratégias para oferecer suporte ao aprendizado no Capítulo 5, mas aqui estão três objetos físicos a serem considerados como construtores de cultura.

Mural do projeto: ao dedicar um quadro de avisos ou outro espaço de exibição de destaque ao projeto atualmente em andamento, você cria um local central para gerenciar informações, destacar os próximos prazos e marcos, lembrar os alunos da pergunta motivadora, captar as necessidades e apontar os recursos (ver Figura 1.3). Embora um mural do projeto possa parecer uma ferramenta ideal para concentrar a atenção de estudantes mais jovens, ela é igualmente eficaz com os mais velhos. O facilitador de ensino Ian Stevenson usa um mural do projeto como ferramenta de ensino para alunos do ensino médio. Em vez de uma exibição estática, seu mural é um espaço dinâmico no qual os estudantes inserem novas questões de pesquisa, usam rubricas para avaliar seu aprendizado e gerenciam seu progresso individual e em equipe. Um espaço digital pode servir ao mesmo propósito se todos tiverem acesso imediato à tecnologia.

Iniciadores de frases: a voz e a escolha do estudante são elementos essenciais para uma PBL de alta qualidade, mas nem todos se sentem à vontade para compartilhar seus pensamentos em voz alta. Por diversas razões, alguns precisarão de mais tempo de elaboração ou apoio para participar de discussões ativas. Os iniciadores de frases podem ajudar as discussões a fluírem. Por exemplo, esses iniciadores de frases encorajam a argumentação e o pensamento crítico: "Eu vejo isso de outra forma porque..." ou "Você já

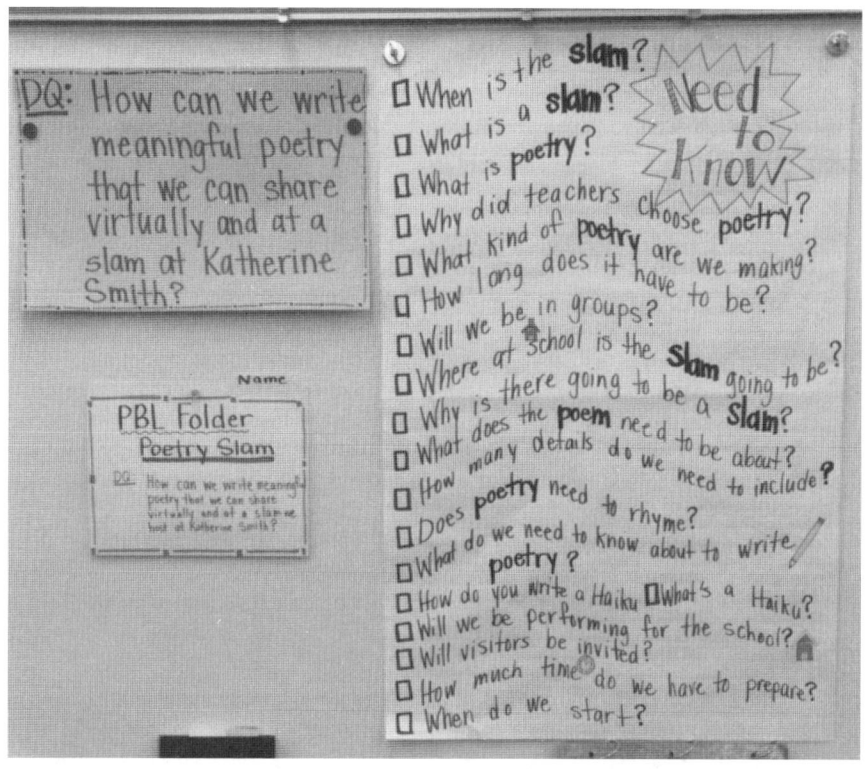

Figura 1.3 Mural do projeto.
Em uma sala de aula dos anos iniciais do ensino fundamental, perguntas e recursos orientam o aprendizado dos alunos em um projeto de língua inglesa e literatura.
Fonte: Usada com permissão de John Larmer.

pensou em...?" ou "Estas são as provas que sustentam minha conclusão...". Para os iniciantes na língua inglesa, os iniciadores de frases reforçam uma cultura de segurança e confiança; os estudantes sabem como se envolver uns com os outros de forma produtiva e adequada.

Evidência de "meio confuso": a PBL é frequentemente descrita – amorosamente – como um aprendizado desordenado. Não esconda a bagunça produtiva que acompanha a elaboração de protótipos e rascunhos. Em vez disso, mantenha-a visível. Use os trabalhos em processo como oportunidades para fazer perguntas, observações e fornecer *feedback* formativo. Haverá muito tempo depois para mostrar seus produtos aperfeiçoados.

> **TENTE ISSO: AUDITORIA DA SALA DE AULA**
>
> Faça uma auditoria de seu ambiente físico em sala de aula em busca de evidências de uma cultura positiva para a aprendizagem. O que você observa quando faz um balanço dos itens a seguir?
>
> - **O que os estudantes veem:** até que ponto as fotos, os cartazes e outras peças de arte refletem bem as culturas dos alunos e suas origens diversas? Você está construindo uma cultura que seja acolhedora para todos? Eles têm escolha sobre o que está sendo exposto? Os artefatos foram comprados pelo professor ou pela escola ou foram feitos ou comprados com contribuições dos alunos?
> - **O que os estudantes estão pensando e dizendo:** as ideias dos alunos são capturadas em suas próprias palavras em quadros brancos ou em painéis de normas compartilhadas? Há alguma evidência de trabalhos em andamento ou apenas produtos refinados em exposição? Você vê quadros de frases ou murais de palavras para apoiar o aprendizado de línguas e as conversas acadêmicas?
> - **Disposição dos assentos:** quão flexível é a configuração de sua sala de aula? Os alunos podem mudar facilmente a disposição dos assentos em diferentes atividades de aprendizado (ou seja, individuais, aos pares, em pequenos grupos)? Os móveis acomodam necessidades especiais, como bancos "oscilantes" que permitem agitação?
> - **Quem é "o dono" do material:** quão acessíveis são as ferramentas, livros e outros recursos que os estudantes precisam para aprender (incluindo tecnologia)?
> - **Aprendizado em curso:** você pode dizer rapidamente em que tipo de projeto a comunidade de alunos está trabalhando? Há sinais de que o objetivo comum é um trabalho de alta qualidade? Por exemplo, você vê rubricas ou outros critérios de excelência? Existem exemplos de trabalho de alta qualidade disponíveis para que os alunos possam usar como modelos para seus próprios trabalhos?
>
> Com base em sua auditoria, considere as mudanças no ambiente físico que você deseja fazer para melhorar a cultura da sala de aula. Para promover a inclusão, como você poderia envolver os estudantes ou suas famílias no processo?

Protocolos e rotinas: hábitos de uma sala de aula centrada nos alunos

Protocolos e rotinas são comuns na educação – e por uma boa razão. Os procedimentos habituais aumentam a eficiência e melhoram o gerenciamento da sala de aula, economizando tempo e atenção para a aprendizagem. Por meio da repetição, as rotinas tornam-se automáticas, exigindo pouca instrução ou supervisão do professor (LEMOV, 2015). Por exemplo, os professores frequentemente têm rotinas para a forma como os alunos entregam os deveres de casa ou como distribuem os materiais.

Os protocolos são processos estruturados que incentivam a escuta e a reflexão ativas enquanto mantêm uma discussão focalizada em um tópico ou problema específico. Utilizados de maneira eficaz, os protocolos asseguram que todas as vozes de um grupo sejam ouvidas e valorizadas (MATTOON, 2015). Isso as torna úteis para a construção de uma cultura colaborativa.

Na PBL, é importante adotar rotinas que reforcem a cultura de aprendizagem voltada para os estudantes. Se você não quer que o professor seja o especialista em todas as coisas da turma, então incentive-os a buscarem uns aos outros como fontes de informação com a rotina "Pergunte a três colegas antes de mim".

Quando os alunos são novos na PBL, eles podem questionar por que a escola "parece diferente". Essa é uma pergunta justa que vai ao âmago da cultura da sala de aula e merece uma resposta cuidadosa. Um veterano em PBL enfatiza a necessidade de ajudar cada nova turma do 4º ano a desaprender rotinas que enfatizam o conformismo e a passividade (p. ex., levantar as mãos e esperar calmamente até ser chamado). Ele encoraja uma sala de aula mais comunicativa em que os alunos conversam e aprendem juntos enquanto se envolvem em projetos. Isso não significa que ele estimule o caos. Com simples sinais manuais, ele ajuda os alunos a reconhecerem quando precisam moderar o nível de ruído ou a transição do trabalho em equipe para uma atividade com toda a turma.

Como rotinas, os protocolos são importantes na PBL. Ao utilizar protocolos como *gallery walks* para focalizar seu *feedback*, os estudantes aprendem a dar e receber críticas e a usar o *feedback* para melhorar seu próprio trabalho em versões posteriores.

> **TENTE ISSO: FAÇA UMA *GALLERY WALK***
>
> Uma *gallery walk* é um protocolo crítico em que os alunos recebem *feedback* dos colegas sobre como melhorar o seu trabalho. Agende uma *gallery walk* em um ou dois momentos durante um projeto como parte do seu plano de avaliação formativa (um conselho: antes de fazer qualquer protocolo de crítica, certifique-se de que os alunos saibam como dar e receber *feedback* crítico. Considere a possibilidade de modelar o processo ou usar *role-plays*, iniciadores de frases e outras atividades para construir e reforçar uma cultura crítica positiva). A seguir são apresentados os passos básicos para uma *gallery walk*:

1. O resultado do trabalho pode ser avaliado nas paredes da sala de aula (ou apresentado digitalmente). Pode ser texto, *storyboards*, protótipos de produtos ou outros artefatos.
2. Escolha o modo de oferecer *feedback*. Os estudantes podem escrever em notas adesivas colocadas perto do trabalho apresentado, escrever em um formulário de *feedback* postado perto do trabalho ou utilizar uma ferramenta digital para escrever comentários e perguntas.
3. Certifique-se de que os alunos saibam o que procurar. Explique os critérios a serem aplicados ou faça-os usarem uma rubrica ou lista de verificação para orientação. Sugira o uso de iniciadores de frases para padronizar o *feedback* (p. ex., "Eu gosto", "Eu desejo", "Eu questiono").
4. Faça-os se moverem *silenciosamente* pela sala (ou passarem por uma tela digital) para oferecerem *feedback*, disponibilizando tempo suficiente para avaliar cada parte do trabalho apresentado.
5. Depois da *gallery walk*, solicite à pessoa ou equipe que criou o trabalho que leia ou reflita sobre o *feedback* recebido. Em seguida planeje as próximas etapas/revisões.

Tempo necessário: aproximadamente 20 a 30 minutos, dependendo de quanto trabalho é apresentado, do nível da avaliação e de quanto tempo é destinado à Etapa 5.

Variações:

- Se o trabalho precisar de uma explicação antes de os outros alunos poderem oferecer *feedback*, peça a um membro da equipe que o desenvolveu para permanecer ao lado do trabalho em vez de se mover pela sala.
- Os alunos que fizeram o trabalho a ser avaliado podem apresentar uma ou duas perguntas sobre as quais eles gostariam de receber *feedback*. Por exemplo, "O nosso produto soa atraente para o nosso público-alvo?" ou "Nós apresentamos evidências convincentes?".

Informações sobre outros protocolos críticos, como os protocolos Charrette e Tuning, podem ser encontradas em pblworks.org.

Além das *gallery walks*, os veteranos em PBL lançam mão de vários protocolos e rotinas que constroem e reforçam uma cultura de sala de aula positiva. Experimente essas ideias (muitas das quais você conhecerá melhor nos capítulos seguintes).

Encontros matinais: estas são oportunidades de baixo risco agendadas regularmente para checar com os alunos no início das aulas. As reuniões matinais (às vezes chamadas de círculos) são úteis para construir o senso de comunidade, fortalecer relacionamentos, ampliar a voz dos alunos e apoiar suas aprendizagens social e emocional (saiba mais sobre as estruturas das reuniões matinais em Responsive Classroom: responsiveclassroom.org/what-is-morning-meeting).

Rotinas de pensamento: rotinas de pensamento, como "pensar, formar pares, compartilhar" ou "ver, pensar, questionar", desenvolvem hábitos mentais importantes na PBL, como curiosidade e compreensão do conteúdo (encontre mais exemplos no Project Zero, de Harvard: https://pz.harvard.edu/thinking-routines).

Aquário: o *fishbowl* (aquário) é um protocolo de discussão que pode ser usado para modelagem, discussões ou *feedback* de colegas. Um pequeno grupo dentro do aquário participa ativamente enquanto um grupo maior ouve e observa a partir de um círculo externo. Os estudantes podem, então, trocar de posição para que todos eventualmente atuem tanto como participantes quanto como observadores (aprenda mais com Facing History & Ourselves: www.facinghistory.org/resource-library/fishbowl).

Fechamentos: rotinas de conclusão de aula oferecem oportunidades de reunir todos para se concentrarem nas realizações e desafios do dia e reforçarem as normas compartilhadas. Durante os projetos, os alunos frequentemente trabalham em diferentes atividades de aprendizado ou em pequenas equipes durante a maior parte da aula. As rotinas de encerramento reúnem todos novamente, mesmo que de forma breve, para se reconectarem como uma comunidade de aprendizagem e anteciparem o que acontecerá a seguir no projeto. A professora Erin Brandvold encerra cada período de aula dizendo: "Você é brilhante. Trabalha duro. É persistente".

Reflexões: os avisos e protocolos de reflexão convidam os alunos a pensarem sobre seu próprio aprendizado. Quando usados de maneira consistente, fazem a reflexão se tornar um hábito da mente. Não surpreende que a reflexão seja um componente essencial do padrão-ouro da PBL.

Comemorações: as comemorações do aprendizado não devem esperar até o final dos projetos. Cumprimentar batendo as mãos, gritando, batendo os punhos e outras rotinas simples celebram as pequenas, porém importantes realizações ao longo do caminho.

Ao introduzir novos protocolos para os estudantes, dedique um tempo para explicar seu objetivo. Por exemplo, uma *gallery walk* oferece a oportunidade de observarem os trabalhos em andamento e darem um *feedback* construtivo que oriente o próximo projeto. Considere o uso de *role-plays* ou do aquário para moldar o modo como um protocolo funciona. Introduza trechos de frases para manter o protocolo focalizado. Incentive-os a compararem e contrastarem respostas eficazes com respostas que não são tão úteis.

Para enfatizar a autenticidade da PBL, ajude os alunos a perceberem que as habilidades que estão desenvolvendo por meio do uso de protocolos – como ser capaz de dar e receber *feedback* crítico ou compreender as perspectivas dos outros – são importantes não apenas na escola, mas também em contextos fora da sala de aula.

COMECE DEVAGAR PARA COMEÇAR FORTE

Começar um novo semestre ou ano letivo com um miniprojeto é um passo inteligente que ajuda os alunos a se acostumarem com os processos e o fluxo da PBL. Em vez de iniciar o ano letivo com tarefas de leitura ou laboratórios, o professor de ciências do ensino médio Brandon Cohen começa com um miniprojeto no qual os estudantes criam seus próprios currículos na forma de infográficos. Esse projeto inicial faz sentido por várias razões. Ele ajuda o professor a construir fortes relações com os alunos, fazendo-os identificarem suas habilidades, pontos fortes e interesses. Depois, "mais tarde no semestre, quando entramos na ciência dura e em projetos mais rigorosos", diz Cohen, "nós já desenvolvemos essa confiança".

O projeto de infográficos também permite que Cohen introduza ferramentas de *software* e ensine os estudantes a veicularem informações de forma gráfica. Ele sabe que os alunos vão precisar dessas habilidades mais tarde quando tiverem que explicar seus produtos científicos ao público. Igualmente importante, o projeto de curto prazo permite que o professor introduza protocolos de crítica e revisão que eles continuarão usando ao longo do semestre. "Isso ajuda a desenvolver as estruturas de nossa turma", explica ele. Os alunos aprendem no início do ano como dar e receber críticas e como usar o *feedback* para melhorar seu trabalho nos projetos subsequentes.

Projetos iniciais relativamente curtos, de pequena escala e de baixo risco "permitem que você trabalhe pesado com os elementos culturais", diz o veterano em PBL Feroze Munshi. Assim como Cohen, Munshi investe tempo no início ensinando os estudantes a dar e receber *feedback* crítico. Ele fomenta uma cultura de trabalho criterioso, incentivando os alunos a refletirem sobre a satisfação de produzir um trabalho de alta qualidade. "Estas são habilidades complicadas que levam tempo para serem desenvolvidas", acrescenta ele. "É meu trabalho ajudar os alunos a se acostumarem com a cultura PBL." Se você construir essa cultura cedo, eles estarão prontos para enfrentar projetos mais longos e de maior conteúdo no final do ano letivo.

Abby Schneiderjohn também usa um projeto inicial como um construtor de cultura com seus alunos de 4º ano. Embora a escola seja relativamente nova, ela está em um prédio antigo. Alguns estudantes se conhecem de escolas anteriores, enquanto outros estão se conhecendo pela primeira vez. "Quero que nos reunamos como uma comunidade desde o primeiro dia", diz ela. "Quero que os alunos voltem para casa naquele dia animados com a escola." Como evento de entrada, ela tem trabalhadores da construção civil mostrando aos seus alunos uma cápsula do tempo que desenterraram durante as reformas. Isso prepara o palco para sua pergunta motivadora: *o que faz de mim um membro único da minha comunidade?* "A partir daí", diz Schneiderjohn, "os alunos se lançam ao aprendizado da história da escola e de si mesmos".

Durante o projeto da cápsula do tempo, os estudantes participam de investigações diárias, atividades de formação de equipes e reflexões pessoais. "Todas essas são atividades que os professores naturalmente fariam no início do ano letivo", diz Schneiderjohn, "mas nós as fazemos no contexto do projeto. Isso faz tudo fluir muito mais suavemente".

Para seu produto final, os alunos utilizam o espaço de criação da escola para desenvolverem artefatos para sua cápsula de tempo que reflitam algo sobre si mesmos. Em seguida, eles apresentam seus produtos aos pais em uma exposição. Os pais lhes dão *feedback*, usando os mesmos iniciadores de frases que os alunos aprenderam a usar para a crítica ("Eu gosto", "Eu desejo", "E se?"). Por meio dessa experiência de curto prazo, tanto os estudantes quanto os pais estão totalmente imersos na cultura da PBL. "É uma ótima maneira de entrar", diz Schneiderjohn.

O exemplo de Schneiderjohn ressalta a importância de investir tempo e vontade na construção da cultura da PBL. Todos os envolvidos na comunidade de aprendizado precisam se sentir bem-vindos e incluídos na criação e no apoio a uma cultura positiva. Isso significa tanto pais quanto professores e alunos. Usar oportunidades para se conectar com os pais – como visitas à escola, palestras e informativos de turma ou páginas da *web* – a fim de ajudar as famílias a entenderem por que a PBL pode parecer e ser sentida de maneira diferente da escola mais tradicional. A seguir, são apresentadas mais duas ideias de miniprojetos para ajudar você e seus alunos a começarem rapidamente.

Resolvendo o caso: quando Julia Cagle e Tom Lee lecionavam em um curso de transição do ensino fundamental para o médio na Morris Innovative High School em Dalton, Geórgia, eles começaram o ano letivo com um grande teatro. Os estudantes chegaram ao *campus* na primeira semana de aula e encontraram um mistério que precisava ser resolvido. Para isso, os alunos tiveram que elaborar perguntas, levar em conta evidências e se juntar aos colegas de turma para comparar conclusões. Não valia a pena sentar-se e esperar por instruções – eles tinham que ser ativos se quisessem descobrir o problema. Enquanto isso, os professores tiveram a oportunidade de se familiarizar com os alunos e observar suas interações uns com os outros. "Esta foi uma maneira legal de se calibrar para a PBL", diz Eric White, que antes era um facilitador de instrução na escola. "Um projeto de indução como este começa com estardalhaço e constrói uma cultura de trabalho em equipe. Vale a pena dedicar esse tempo para introduzir os estudantes nos processos da PBL."

Lip dub: no Applied Technology Center, uma escola de ensino médio da PBL em Montebello, Califórnia, os alunos passaram seus dois primeiros dias do ano letivo trabalhando em uma produção de um vídeo musical *lip dub* para celebrar sua escola. A professora Krystal Diaz atribui aos líderes estudantis o mérito de planejar e organizar o evento. Os alunos abraçaram o *lip dub* como uma forma de construir o orgulho escolar enquanto davam aos estudantes do 9º ano um curso intensivo nos processos da PBL. O miniprojeto foi intencionalmente leve no conteúdo acadêmico, mas pesado na cultura. Em dois dias, os alunos tiveram que passar da formação de equipes e do *brainstorming* para filmagens e edições. Os erros ofereciam oportunidades para a repetição, reforçando uma cultura de assumir riscos e aprender com as falhas. A fim de ajudar os adultos a viabilizarem essa experiência colaborativa, os líderes estudantis produziram uma linha do tempo e um guia de auxílio. O miniprojeto foi estruturado para que a cada estudante fosse atribuído um papel, de acordo com seus pontos fortes. Embora alunos e professores levassem o trabalho a sério, eles não se esqueceram do fator diversão. Segundo Diaz: "Nossa *lip dub* nos deu a chance de nos aproximarmos como escola, uma chance de fazer algo juntos e uma chance de construir uma cultura – uma cultura da PBL".

> **TENTE ISSO: CONSTRUA O ESPÍRITO DE EQUIPE**
>
> As atividades de construção de equipes são mais curtas do que os projetos iniciais, mas oferecem grandes benefícios quando se trata de construir uma cultura de colaboração para a PBL. O professor dos anos iniciais do ensino fundamental Jim Bentley gosta de usar atividades construtoras de equipes como pular cordas ou o popular desafio *Marshmallow* fora do conteúdo acadêmico para que as habilidades de colaboração sejam o foco principal. A criação de um nome ou logotipo para a equipe também pode ser uma atividade eficaz de formação de equipes. A professora do ensino médio Heather Wolpert-Gawron iniciou um novo ano letivo fazendo as equipes de alunos resolverem pistas para abrir uma "caixa de fuga" que ela deixou em cada mesa. "Cada fechadura só pode ser aberta trabalhando em conjunto para resolver uma pista", explicou ela. Além das pistas de abertura, as equipes tiveram que trabalhar juntas para resolver quebra-cabeças relacionados ao conteúdo. (Saiba mais sobre caixas de fuga para ensino em www.breakoutedu.com. Para mais atividades de formação de equipes, veja os problemas de prática criativa na Odyssey of the Mind – www.odysseyofthemind.com – ou jogos rápidos para que os grupos trabalhem bem juntos na Gamestorming – http://gamestorming.com/category/games-for-opening).
>
> Depois de qualquer atividade de construção de equipes, reserve um tempo para que os alunos façam um relatório: o que ajudou ou prejudicou o esforço de sua equipe? Todos na equipe tiveram voz e oportunidade de contribuir com seus talentos? Se eles pudessem fazer o desafio novamente, o que gostariam de fazer de forma diferente?

LIVRO DE ANOTAÇÕES DO FACILITADOR: CONSTRUTORES DE CULTURA

Se você tem acesso a um facilitador em ensino em seu sistema escolar, aproveite este recurso para apoiar seu crescimento na PBL. Por exemplo, convide-o para visitar sua sala de aula. O que ele vê e ouve que indica uma cultura que é acolhedora, que respeita as culturas dos alunos e que incentiva sua voz e suas escolhas? O que está faltando? Um facilitador em ensino ou outro colega que seja experiente em PBL pode trazer um conjunto extra de olhos e ouvidos para ajudá-lo a afinar sua prática.

A técnica em ensino Myla Lee usa observações informais, protocolos estruturados e evidências para encorajar conversas produtivas de formação a fim de ajudar os professores a construírem uma cultura de sala de aula que estimule o pensamento dos alunos e apoie a PBL. Entre as ferramentas do seu *kit* de estratégias estão as descritas a seguir.

Ghost walk: este protocolo está entre os recomendados por Ron Ritchhart, professor de Harvard e autor de *Creating cultures of thinking* (2015). O livro começa com o professor gerando uma lista do que esperava ver como evidência de uma cultura de pensamento. Com essa lista em mãos, Lee caminha pela sala de aula quando não há ninguém presente. Ela tira fotos e faz anotações. Em seguida, ela faz um relatório para o professor sobre as evidências que reuniu. Por exemplo, quanto do material nas paredes foi feito pelos alunos? Esses materiais contam a história do aprendizado em andamento ou apenas mostram o produto lapidado? Em que medida refletem bem as culturas dos alunos? Há mensagens mistas ou confusas?

Coleta de dados: em resposta à solicitação do professor, Lee fará uma breve coleta de dados durante a aula. "Os professores podem querer saber mais sobre os questionamentos dos alunos, então passarei 30 minutos da aula registrando o que eu ouvir. Quem está fazendo as perguntas? Que tipos de perguntas os estudantes fazem? Então terei uma conversa de orientação com o professor. Compartilharei os dados e perguntarei: 'O que você percebe?'. Isso muitas vezes os leva a uma revelação. Eles dirão: 'Uau, eu participei de todas as conversas! Eu fiz todas as perguntas!'"

Observações informais: as visitas informais às salas de aula fornecem a Lee mais informações a serem levadas para as conversas de orientação com os professores. Quanto mais específicas forem suas observações, melhor. Por exemplo, os alunos estão usando protocolos e rotinas de pensamento durante as aulas tradicionais que também poderiam ser úteis na PBL? O professor torna os suportes prontamente disponíveis para apoiar os alunos que estão aprendendo o idioma e reforçar o vocabulário acadêmico?

Eles estão trabalhando bem em grupo ou precisam aprender novas rotinas para apoiar a colaboração antes de se juntarem em um projeto?

Quando se trata de cultura em sala de aula, acrescenta Lee, vale a pena lembrar que PBL não é apenas o que acontece em uma unidade. "É uma cultura que toma forma muito antes de o projeto começar. Quando essa cultura está em vigor, você a vê e sente."

Nem todo professor tem acesso à formação de ensino. Se esse apoio não for fornecido em seu ambiente escolar, pense em convidar colegas professores, líderes de série, de área de conteúdo ou administradores para fornecer *feedback* focado a fim de ajudá-lo a aperfeiçoar sua prática na PBL.

ESTRATÉGIAS PARA CONSTRUIR A CULTURA: PONTOS-CHAVE

Neste capítulo, você leu sobre várias estratégias que lhe ajudarão a construir uma cultura de sala de aula positiva que ajudará todos os alunos na PBL. Quais dessas estratégias já são parte da sua prática? Quais estratégias você já está pronto para introduzir em seguida?

Crenças e valores: o que você faz e diz para encorajar

- Altas expectativas para todos? Como você faz para que os alunos saibam que você acredita no sucesso deles (e os apoiará ao longo dos desafios)?
- Uma cultura de excelência? Como você os encoraja a almejarem um trabalho de alta qualidade e não apenas cumprirem as tarefas?
- Uma mentalidade de crescimento? Como você comunica e padroniza a necessidade de se esforçar para obter resultados?
- Uma comunidade segura e acolhedora? Como você ajuda cada aluno a se sentir incluído e valorizado?

Normas compartilhadas: os alunos têm voz ao criar e reforçar normas para aprenderem juntos? Como você usa as normas compartilhadas não apenas para começar o ano, mas também para manter uma cultura positiva no longo prazo?

Ambiente físico: como você pode aumentar a flexibilidade do espaço físico a fim de permitir que os alunos trabalhem independentemente, em pequenos grupos ou na turma toda? Eles têm pronto acesso às ferramentas e recursos de que precisam durante a PBL? O que está na lista de desejos deles?

Rotinas e protocolos: quais das várias rotinas e protocolos mencionados neste capítulo já são parte da sua prática de ensino? Como você as está incorporando à PBL?

NA SUA ESTANTE DE PBL

Creating cultures of thinking: the 8 forces we must master to truly transform our schools: Ron Ritchhart, pesquisador sênior associado ao Project Zero, da Harvard Graduate School of Education, aprofunda a reflexão sobre o pensamento neste livro prático. Com vinhetas de sala de aula e perguntas de sondagem, ele incentiva os professores a examinarem tudo de perto, desde a linguagem que usam até as rotinas que introduzem para incentivar os estudantes a falarem, perguntarem e outras questões não negociáveis para a PBL.

Culturally responsive teaching and the brain: promoting authentic engagement and rigor among culturally and linguistically diverse students: a autora e educadora Zaretta L. Hammond associa conhecimentos da neurociência a estratégias para um ensino culturalmente responsável. Suas técnicas para eliminar as disparidades começam com a crença de que todas as crianças podem pensar criticamente e aprender profundamente.

An ethic of excellence: building a culture of craftsmanship with students: Ron Berger (bem conhecido entre os usuários de PBL como a estrela do vídeo Borboleta de Austin), o diretor de programas das escolas de aprendizagem expedicionária (EL, do inglês *expeditionary learning*), apresenta um caso convincente em defesa do trabalho criterioso e da qualidade.

Identity safe classrooms: places to belong and learn: as educadoras veteranas Dorothy M. Steele e Becki Cohn-Vargas usam o termo *sala de aula de identidade segura* para descrever ambientes de aprendizagem em que cada criança se sente bem-vinda e ansiosa por aprender, especialmente aquelas que já experimentaram falhas repetidas, disciplina pesada ou estereótipos negativos. Os autores encorajam o estabelecimento de expectativas elevadas para todos os alunos, cultivando a diversidade como um recurso e encorajando os estudantes a fazerem escolhas e assumirem a responsabilidade pelo seu aprendizado.

School climate change: how do I build a positive environment for learning? Este livro de bolso de Peter DeWitt e Sean Slade oferece estratégias práticas para promover a equidade e criar um ambiente escolar seguro e acolhedor.

2

Projete e planeje

O planejamento intencional da experiência de aprendizagem cria condições para que estudantes e professores aproveitem o potencial total da PBL.

Quando a professora Kimberly Head-Trotter elabora projetos para o 6º ano para a disciplina de língua inglesa, literatura e estudos sociais, ela diz: "Estou procurando uma maneira de tornar a aprendizagem compreensível para meus alunos. Se for adequada, eu sei que eles se apropriarão dela". A experiência lhe ensinou que associar projetos à vida dos alunos e à sua comunidade os ajuda a entenderem melhor o propósito da aprendizagem.

É claro que Kimberly também tem em mente os padrões de conteúdo que ela precisa cumprir. "É isso que temos que ensinar", diz ela, naturalmente. Antes, porém, de se concentrar muito no estabelecimento de metas de aprendizagem e no alinhamento aos padrões, a professora sintoniza com os interesses de seus estudantes de Nashville, Tennessee. Ela sabe, por exemplo, por conversas anteriores, que seus alunos da McKissack Middle School estão curiosos sobre a história do movimento dos direitos civis. Seus avós podem ter sido testemunhas – ou mesmo participantes – de eventos importantes que aconteceram em Nashville, dando aos estudantes uma ligação pessoal com a história. "Esse interesse vai mantê-los ao longo do projeto", diz Head-Trotter.

Neste capítulo, veremos como ela passou da faísca de uma ideia sobre o movimento de direitos civis para um projeto academicamente rigoroso que tinha um forte enfoque local. O retrospecto de seu projeto destacará estratégias eficazes que você pode usar para projetar e planejar experiências de PBL de alta qualidade para seus alunos.

COMEÇANDO

Quando os professores são novos na PBL, frequentemente perguntam se o projeto deve começar com os conteúdos padrão ou se é melhor começar com uma ideia convincente que com certeza envolverá os alunos. Descobrir qual vem primeiro pode parecer um pouco como a pergunta sobre "galinha e ovo". A resposta é muitas vezes "um pouco de ambos".

Vamos começar pensando em onde encontrar ideias de projetos promissores. A partir daí, descreveremos o processo de projeto que o levará da inspiração à implantação, prestando muita atenção aos componentes essenciais do projeto.

Como você verá nos exemplos a seguir, o planejamento de projetos melhora com *feedback*, reflexão e revisão – as mesmas práticas que ajudam os estudantes a produzirem trabalhos de alta qualidade durante os projetos.

Um vídeo explicativo sobre a concepção e o planejamento de um projeto pode ser encontrado em pblworks.org.

Onde encontrar boas ideias de projetos

Assim como a PBL oferece espaço para a voz e a escolha aos estudantes, o planejamento do projeto é um convite para que os professores façam escolhas e sejam criativos. Organizar um projeto é uma oportunidade para que você seja um *designer* da experiência de aprendizagem de seus alunos. Para inspirar seu pensamento, considere uma gama de fontes para ideias dignas de um projeto. A seguir, são apresentadas algumas estratégias que têm inspirado outros professores.

Pegue emprestado e adapte: talvez a maneira mais rápida de iniciar o planejamento da PBL seja pegar emprestada uma ideia de outro professor ou programa e adaptá-la ao contexto de sua sala de aula. O BIE mantém uma extensa biblioteca de projetos apenas para este fim, pesquisável por nível de ensino e área de estudo (e você pode visitá-la em pblworks.org). Muitos fornecedores de currículo também produzem planos de projetos prontos. Analise-os com um olhar crítico para ter certeza de que contêm todos os elementos do padrão-ouro da PBL (como descrito mais adiante neste capítulo; veja também a Figura 2.1). Para ver exemplos de PBL em ação, explore a coleção de vídeos do BIE (pblworks.org) ou encontre mais vídeos de PBL em www.edutopia.org (conteúdo em inglês).

Para a professora do 4º ano Meghan Ashkanani, de Novi, Michigan, a possibilidade de pegar emprestado e adaptar uma ideia existente da biblioteca do BIE lhe deu um salto inicial em seu primeiro projeto. Ela se lembra: "Quando percebi que existem exemplos que você pode ajustar, lembro-me de pensar: 'Graças a Deus!'". Ela estava motivada a tentar a PBL porque viu as vantagens para seus alunos, mas admite: "Eu tive medo de fazer isso errado. Não tinha certeza de como criar tudo do zero, o que me pareceu avassalador. Mas ver exemplos condizentes com o que sabemos que precisamos ensinar foi uma grande vantagem". Em particular, ela foi atraída por um exemplo de projeto no qual os estudantes apresentaram suas invenções no estilo "Shark Tank". "Eu pude ver como as peças se encaixavam. Sozinha, eu poderia não ter sido tão criativa."

Remodele: dê uma olhada nas unidades que você ensinou no passado e veja como pode remodelá-las na PBL. Um benefício dessa abordagem é que você já conhece bem o conteúdo e também tem uma boa noção do interesse dos estudantes pelo tópico (ou, talvez, da sua falta de engajamento). Se sua unidade tradicional os deixou fazendo a temida pergunta "Quando precisaremos saber isto?", então talvez seja hora de remodelá-la em um projeto que enfatize as conexões com o mundo real.

Meghan Ashkanani ensinava escrita persuasiva tradicionalmente, fazendo seus alunos do 4º ano escreverem uma carta para seus pais, argumentando porque eles deveriam ganhar um filhote de cachorro. Era uma tarefa muito bonita, e os pais pareciam gostar de receber as cartas, mas a lição não produziu resultados muito significativos. Ninguém conseguiu um filhote!

À medida que se familiarizou com a PBL, Ashkanani reconheceu a oportunidade de remodelar a lição para um projeto mais autêntico. A faísca foi uma discussão de eventos atuais sobre como o *videogame* Minecraft estava sendo usado na educação. Minecraft é um jogo que muitos estudantes gostam de jogar durante seu tempo fora da escola, e todos concordaram que seria legal se pudessem trazê-lo para seu dia escolar.

Com essa inspiração e sua experiência anterior de construir a partir de planos de PBL existentes, Ashkanani estava pronta para planejar um novo projeto que estivesse focado no objetivo de aprendizagem da escrita persuasiva. Entretanto, dessa vez, os estudantes estariam escrevendo para (e falando com) uma audiência mais pública de tomadores de decisão. Sua pergunta de condução era *Como podemos convencer a Associações de Pais e Mestres a investir recursos para compra de licenças escolares para Minecraft: Edição Educação?* Os estudantes fizeram um caso tão convincente, apoiado por pesquisas, que seus argumentos persuasivos obtiveram os resultados desejados.

Escute: as perguntas dos alunos oferecem uma fonte renovável de inspiração para o projeto. A chave é ouvir deliberadamente o que interessa, inspira ou provoca os alunos e depois procurar conexões com seus objetivos de aprendizagem. O que os estudantes trazem à tona durante as reuniões ou em conversas informais? Durante as discussões nas aulas, você ouve perguntas que revelam um desejo de aprofundar-se em um tópico?

No início de sua carreira de professor, Ray Ahmed costumava se intrigar com esta pergunta: "Como levar as crianças a se importarem com as coisas com as quais os adultos se importam?". Com mais experiência, ele percebeu que estava fazendo a pergunta errada. "Deveríamos estar nos perguntando: 'Como engajar os estudantes (academicamente) em torno das coisas com as quais eles se preocupam?'" Essa mudança de pensamento o ajudou a elaborar projetos de química que surgem a partir das comunidades, preocupações e interesses dos estudantes. "Eu costumava sentar-me por semanas durante o verão tentando apresentar ideias de projetos. As crianças surgem com vários projetos melhores do que os meus."

Se você não estiver ouvindo os estudantes fazerem perguntas interessantes, talvez queira estimulá-los a pensar, pesquisando sobre seus interesses ou pedindo-lhes que façam entrevistas uns com os outros. Alguns professores reservam espaço em um quadro branco ou parede para registrar perguntas interessantes dos alunos que podem eventualmente levar a projetos.

Em Rhode Island, os professores do 3º ano Lorie Loughborough e Linda Spinney estavam ministrando uma aula convencional sobre seus símbolos estatais quando um aluno perguntou: "Por que não temos um inseto-símbolo do estado?". Essa pergunta foi o *insight* para fundamentar o início de um projeto no qual os estudantes defendiam que o escaravelho escavador americano, em perigo de extinção, fosse designado como o inseto oficial do estado. Em vez de aprender apenas superficialmente sobre os símbolos do estado, eles mergulharam profundamente em uma investigação sobre *hábitats*, espécies ameaçadas e governo. Eles obtiveram resultados reais, convencendo a legislatura estadual a aprovar uma lei designando seu besouro favorito como o inseto-símbolo do estado.

Da mesma forma, o professor do ensino médio Mike Gwaltney encorajou seus alunos a aprenderem sobre o governo participando ativamente em assuntos cívicos. Eles escolheram questões que queriam influenciar e depois planejaram ações em que usariam os meios do governo para efetuar mudanças. Uma equipe, por exemplo, argumentou perante o conselho municipal – e, eventualmente, perante o legislativo estadual – em prol de uma medida local de controle de armas para aumentar a segurança pública perto das escolas. "Eu não queria que os alunos apenas lessem sobre cidadania", explica Gwaltney. "Eu queria que eles *fossem cidadãos*."

Ensine a partir de manchetes: o que está acontecendo em sua comunidade ou no mundo que mexe com seus alunos? Como esses eventos se conectam ao seu conteúdo? Em vez de parar em uma breve discussão sobre eventos atuais, considere a possibilidade de elaborar um projeto que tenha uma sensação de "retirado das manchetes".

Dara Laws Savage ensina inglês na Early College High School da Delaware State University. Quando surgiu uma controvérsia sobre discriminação racial nas indicações ao Oscar (resumida pela hashtag #OscarsSoWhite), ela sabia que tinha encontrado um gancho para um projeto envolvente. Ela criou o Prêmio Carter como um projeto para homenagear o historiador Carter G. Woodson, que é creditado como o criador do Mês da História Negra. Savage desafiou seus alunos a produzirem seus próprios pacotes de indicação, baseados no Oscar, usando escrita, videoclipes e pensamento crítico para apoiar as indicações em várias categorias de realizações.

Associe os projetos à cultura popular: que livros seus alunos estão lendo por prazer? Quais filmes ou músicos são os favoritos atualmente? Conectar projetos aos interesses culturais dos estudantes é um caminho bem testado para o engajamento. Os professores têm aproveitado obras populares como *Jogos vorazes*, por exemplo, para elaborarem projetos voltados ao crescimento do totalitarismo e aos conflitos na história mundial.

Responda a demandas reais: talvez seus alunos possam atender a uma necessidade real identificada por um parceiro ou colaborador. Seu "cliente" pode ser uma organização sem fins lucrativos, uma agência governamental local, uma empresa, ou mesmo um professor ou sala de aula de outra turma.

Jim Bentley é professor dos anos finais do ensino fundamental em Elk Grove, Califórnia. Vários anos atrás, ele começou a usar projetos de *storytelling* digitais para ensinar ao longo do currículo. Seus alunos se tornaram tão hábeis em fazer documentários e filmes instrucionais que agora recebem pedidos da comunidade para produzir curtas-metragens e anúncios de serviço público (leia mais sobre como ele administra esses projetos ricos em conteúdo no Capítulo 4).

Alunos de ensino médio na Iowa BIG em Des Moines, Iowa, se associam rotineiramente com parceiros locais em projetos que potencializam os interesses dos estudantes, a resolução de problemas da comunidade e o conteúdo acadêmico. Como resultado dessas autênticas parcerias, eles criaram um currículo de terapia de dança para promover a inclusão de pessoas com deficiências, investigaram o uso de drones na agricultura e elaboraram um plano para remodelar o terreno de um frigorífico abandonado para uso recreativo.

Construa com base em seus interesses: a sintonia com os interesses dos estudantes é uma boa fonte de ideias de projetos, mas não deixe de lado seus próprios interesses como outra fonte de inspiração na PBL.

A professora do ensino médio e blogueira Heather Wolpert-Gawron (2014) compartilha esta dica de projeto PBL: "Quero ficar entusiasmada com o que estou prestes a apresentar às crianças [...] Planeje sobre o que você ama [...] e de acordo com os interesses da faixa etária que você ensina". Ela com frequência começa com uma ideia que considera inerentemente interessante, como a ciência dos super-heróis, procurando depois por conexões com os padrões de conteúdo.

Da mesma forma, o professor de ensino médio Mike Kaechele planejou um ambicioso projeto interdisciplinar sobre o futuro de sua cidade natal de Grand Rapids, Michigan, depois de se interessar pelos esforços liderados pelos cidadãos para restaurarem as corredeiras do rio homônimo da cidade. Era uma questão sobre a qual seus alunos nem sequer estavam cientes até que ele os mergulhou em um projeto localmente relevante que incorporou história, ciência ambiental, língua inglesa e literatura.

Planeje com os alunos: começando com os problemas ou desafios que seus alunos querem enfrentar, trabalhe com eles para codificar projetos que incorporem metas de aprendizagem acadêmica. É assim que o professor do ensino médio Ray Ahmed elabora projetos de química de segundo semestre que sejam significativos para os jovens e que também estejam alinhados a padrões de graduação de alto nível. Durante o primeiro semestre, quando está introduzindo os alunos nos processos da PBL, ele assume mais a liderança na concepção de projetos. "No início do ano, eu inclino a balança a meu favor em relação a quem está fazendo as grandes perguntas", diz ele. Mas, no segundo semestre, "as crianças estão prontas para fazerem as perguntas sozinhas". Elas têm a ideia, a implementam e defendem o que encontraram diante de um painel de especialistas". Entre seus projetos recentes estão: como limpar um derramamento de petróleo local com dispersantes não tóxicos, como evitar a oxidação da maquiagem e como escolher qual pesticida usar para controlar o florescimento de algas em um lago local. Com os estudantes conduzindo a aprendizagem, Ahmed encara seu papel como incorporar o conteúdo de química aos seus projetos. "Eu conheço o conteúdo. É meu trabalho garantir que o conteúdo aplicável esteja nos projetos deles."

Associe-se a um projeto existente

Em vez iniciar sozinho seu primeiro esforço na PBL, considere as vantagens de se juntar a um projeto existente. Isto permite começar com planos que já foram desenvolvidos e depois os aperfeiçoar para atender a seu contexto. Você também terá acesso a um ou mais colaboradores que podem compartilhar a sabedoria quando se trata de implantação de projetos.

Você pode se juntar a projetos em curso nos seguintes endereços eletrônicos:

- **e-NABLE** (www.enablingthefuture.org): esta é uma comunidade de educadores e defensores da STEM (do inglês *science, technology, engineering and mathematics*) que orienta estudantes no uso de impressoras 3D para fins humanitários. Os jovens projetaram e construíram mãos protéticas para crianças que precisam delas, usando a plataforma e-NABLE para conectar os estudantes de *design* com os destinatários que precisam dos dispositivos. O *site* inclui recursos para apoiar a aprendizagem tanto para alunos quanto para professores.

- **iEARN** (International Education and Resource Network, www.iearn.org): trata-se de uma rede sem fins lucrativos que envolve alunos e professores de 140 países em projetos colaborativos. Os professores podem participar de projetos existentes ou postar seus próprios projetos e convidar outros a participarem deles.
- **CIESE** (Center for Innovation in Engineering and Science Education, https://www.ciese.org): esta organização coordena projetos colaborativos que envolvem estudantes na coleta de dados em tempo real para uma variedade de investigações científicas com foco em terremotos, poluição do ar e muito mais.
- **Out of Eden Walk** (learn.outofedenwalk.com): em 2013, o jornalista da National Geographic Paul Salopek iniciou uma caminhada pelo mundo, traçando a história da migração humana e reunindo histórias ao longo das 21 mil milhas e 10 anos de viagem. Ele chama sua abordagem de "jornalismo lento". Os educadores estão aproveitando suas observações multimídia para uma variedade de projetos sobre migração humana, narração de histórias, compreensão intercultural, conflitos globais e muito mais. O Project Zero, de Harvard, criou uma comunidade de aprendizagem *on-line* chamada Out of Eden Learn, em que educadores podem conectar seus alunos em "festas itinerantes" e trocar perspectivas sobre suas próprias viagens de aprendizagem.

FOCO NOS COMPONENTES ESSENCIAIS DO PLANEJAMENTO DA PBL DE ALTA QUALIDADE

Assim que você tiver o núcleo de uma ideia para um projeto, é hora de tomar as decisões de planejamento que darão estrutura a ele. Os componentes essenciais do projeto (ver mais adiante neste capítulo) orientam essas decisões. Antecipar a aprendizagem futura o ajudará a mapear detalhes importantes. Ao mesmo tempo, você quer permanecer flexível o suficiente para permitir modificações assim que o projeto estiver em andamento. Pense em seu plano como um rascunho em vez de instruções passo a passo.

Os projetos variam muito quando se trata de área temática e nível de série. Alguns projetos são interdisciplinares; outros se concentram em um único tema. Eles podem durar algumas semanas ou continuar por vários meses. Professores de diversas origens são capazes de usar a mesma estrutura PBL para planejamento e colaboração de projetos, independentemente da área de conteúdo ou complexidade.

> **PADRÃO-OURO DE PRÁTICAS DE ENSINO BASEADO EM PROJETOS: PROJETE E PLANEJE**
>
> Quer você esteja começando com uma ideia de projeto própria, adaptando um plano existente ou criando códigos com estudantes, você precisa se concentrar nas principais decisões-chave de planejamento a fim de preparar o cenário para resultados de alta qualidade. Os indicadores de projeto e planejamento da rubrica de ensino baseado em projetos padrão-ouro incluem os seguintes pontos:
>
> - O projeto inclui todos os componentes essenciais da elaboração como descrito na rubrica de planejamento.
> - Os planos são detalhados e incluem suporte e avaliação da aprendizagem dos estudantes e um calendário de projetos que permanece flexível para atender às suas necessidades.
> - Os recursos para o projeto foram antecipados ao máximo e organizados com bastante antecedência.
>
> Veja o Apêndice para a rubrica de ensino baseado em projetos completa.

No centro do planejamento da PBL estão os objetivos de aprendizagem dos estudantes. O que eles devem saber ou ser capazes de fazer até o final do projeto? Responder a essa pergunta ajudará a identificar os conhecimentos-chave e a compreensão que você deseja que os alunos adquiram.

As experiências da PBL desafiam os estudantes a pensarem profundamente e lutarem contra a incerteza, portanto, você deve visar a objetivos acadêmicos que sejam suficientemente rigorosos. Se você poderia ensinar o conteúdo em uma aula rápida ou se os alunos poderiam pesquisar uma resposta no Google, então não vale a pena o tempo e o investimento necessários para um projeto significativo.

Junto aos objetivos de domínio do conteúdo, considere as habilidades de sucesso que os estudantes também desenvolverão ou aprofundarão por meio de sua experiência de PBL. Os jovens que são capazes de pensar criticamente, resolver problemas, colaborar e gerenciar sua própria aprendizagem estão bem equipados para futuros desafios na faculdade, na carreira e na cidadania. A PBL oferece oportunidades para aprimorar essas habilidades de sucesso, que os alunos continuarão a usar muito tempo após o término de um projeto.

Solicitar *feedback* dos colegas no início do processo de planejamento melhorará seu projeto final. Protocolos Tuning, *gallery walks* e planejamento conjunto ao seu departamento ou equipe de mesma série são estratégias testadas e comprovadas para solicitar *feedback* crítico. O compartilhamento informal também é valioso para ajudá-lo a refinar os detalhes do projeto ou preparar o terreno para a colaboração com outro professor.

A fim de ajudar os estudantes a alcançarem as metas de aprendizagem significativas que você identificou, concentre-se nos componentes essenciais da elaboração do projeto durante o planejamento.

Problema ou questão desafiadora: nem muito difícil, nem muito fácil, o desafio ou problema certo coloca os estudantes no limite de sua zona de conforto e os faz exercitar seu raciocínio. Perguntas abertas e problemas mal-estruturados permitem muitas respostas ou soluções "corretas" possíveis.

Investigação contínua: desde o lançamento do projeto até a reflexão final, os estudantes se engajam em uma profunda investigação para produzir seu próprio sentido. Isso significa que eles precisam fazer perguntas, conduzir pesquisas, realizar investigações e avaliar provas para chegar a respostas. Uma pergunta motivadora coloca toda a experiência da investigação em foco e leva aos objetivos de aprendizagem. Perguntas adicionais geradas por alunos, chamadas de obrigatórias (ou seja, "O que *precisamos* saber para responder à pergunta motivadora?"), ajudam a sustentar a investigação ao longo de todo o projeto.

Autenticidade: ao tornar a aprendizagem tão aplicável ao mundo real quanto possível, você aumentará a aposta quando se trata de engajamento estudantil. Procure conexões com o mundo real, incluindo

- Contexto. O tema ou desafio não é falso ou simulado; os alunos fazem prontamente conexões com o mundo além da sala de aula.
- As tarefas realizadas pelos estudantes, as ferramentas que eles utilizam e os padrões em que se baseiam. Eles refletem como as pessoas resolvem problemas e geram soluções no mundo real.
- Impacto do seu trabalho. Os estudantes percebem que seus esforços fazem a diferença.
- Conexões aos interesses, preocupações, valores e cultura dos alunos.

Voz e escolha dos estudantes: eles tomam decisões e expressam e defendem opiniões ao longo do projeto.

Reflexão: os alunos são estimulados a pensar sobre sua própria aprendizagem ao longo dos projetos. As sugestões de reflexão os encorajam a pensar em quaisquer obstáculos que estejam enfrentando, desafios que tenham superado e na qualidade do trabalho que estão produzindo.

Crítica e revisão: os estudantes melhoram seu trabalho (e aprofundam sua aprendizagem) engajando-se em ciclos de crítica e revisão durante o caminho para os produtos finais. A avaliação formativa de múltiplas fontes (incluindo professores, colegas e especialistas externos) fornece informações úteis e práticas para ajudá-los a refinarem seus produtos.

Produto público: no auge de um projeto, os alunos compartilham seu produto final, solução ou argumento com um público que vai além da sala de aula. Uma audiência pública é outro aspecto de autenticidade; os estudantes ficam mais motivados a produzirem trabalho de alta qualidade quando sabem que seus esforços terão um impacto no mundo real. Compartilhar seu trabalho com um público pode assumir muitas formas, incluindo publicação (*on-line* ou impressa), fóruns públicos, sessões de apresentação e demonstrações. Todas estas são formas autênticas de compartilhar ideias no mundo além da sala de aula.

Para ver como esses componentes essenciais da elaboração de projetos moldam o processo de planejamento, vamos pegar a história de Kimberly Head-Trotter e o projeto sobre a Marcha em Nashville.

Head-Trotter sabia que queria aumentar o interesse dos alunos pelo movimento dos direitos civis para ajudá-los a atingirem os objetivos acadêmicos e a construírem habilidades de sucesso. Para esse projeto, ela se concentrou em um padrão ELA* que estimula os estudantes a examinarem os eventos históricos por meio de textos. Ao ter alunos trabalhando em equipe, ela também planejou desenvolver suas habilidades de colaboração – que era a habilidade de sucesso em que ela se concentraria.

---

* N. de R.T.: ELA é a sigla para *english language arts*, que em português pode ser traduzido como "língua inglesa e literatura". Essa expressão é comumente utilizada no contexto educacional para se referir às disciplinas relacionadas ao ensino e à aprendizagem da língua inglesa, incluindo leitura, escrita, gramática, literatura e comunicação oral. Nesse contexto, ELA se refere a um padrão específico dentro dessa área de estudo, o qual está sendo utilizado como base para a realização de um projeto.

Com esses objetivos de aprendizagem em mente, o próximo desafio de Head-Trotter foi encontrar o texto certo para embasar a aprendizagem para seus diversos alunos. Para gerar ideias, ela fez um *brainstorming* com a bibliotecária da escola. Diversos títulos surgiram em sua conversa, mas um se destacou.

Em um livro de memórias em quadrinhos chamado *March*, o congressista John Lewis compartilha seu relato pessoal sobre o movimento de direitos civis. Quando Head-Trotter pensou sobre essa seleção, ela refletiu: "Muitos dos meus alunos gostam de histórias em quadrinhos. Eu sei que eles vão gostar disso. No caso daqueles com dificuldades de leitura, os desenhos vão ajudá-los. Meus leitores proficientes vão ser capazes de lidar com este texto e procurar atentamente por informações históricas. Esta escolha vai me permitir diferenciá-los".

A partir daí, Head-Trotter analisou o que os estudantes poderiam produzir para um produto final que demonstrasse evidência de aprendizagem. Ela se fez uma série de perguntas, como "O que os alunos poderiam criar que ao

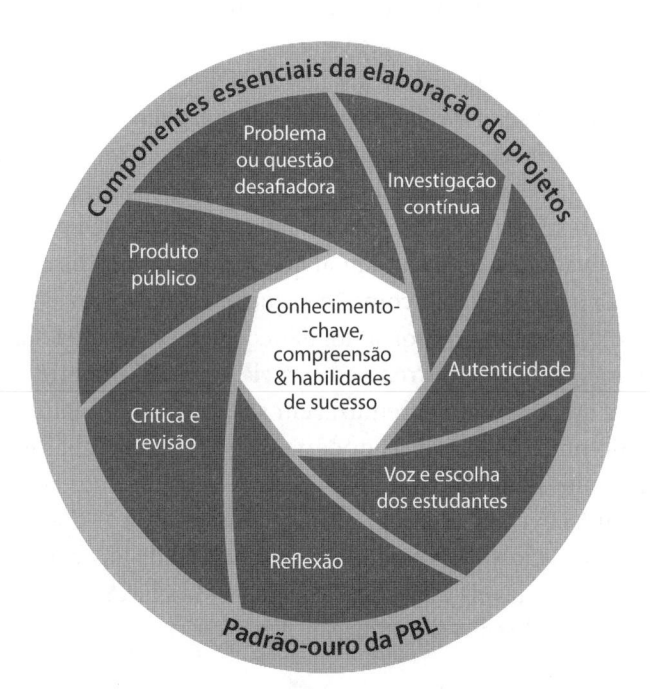

Figura 2.1 Componentes essenciais da elaboração de projetos para padrão-ouro da PBL.

mesmo tempo desse-lhes um grau de voz e escolha? Como poderiam usar as habilidades de colaboração, juntamente com a reflexão e a revisão, para apoiarem uns aos outros durante todo o projeto?".

Mais uma vez, o *brainstorming* com uma colega a levou a uma boa ideia. A especialista em mídia da escola lhe falou sobre uma ferramenta chamada ThingLink para anotar conteúdo digital, que permitiria que os estudantes aplicassem o que aprenderam sobre a história ao estudar *March* e criassem uma visita virtual ao movimento de direitos civis em sua própria comunidade. Selecionando imagens, escrevendo textos e combinando essas informações com localizações geográficas, eles poderiam contar a história da Marcha de Nashville por justiça, incluindo os protestos pacíficos e a dessegregação escolar. Seu trabalho seria acessível a qualquer pessoa com um *smartphone*, conectando-os a um público legítimo.

A criação da visita guiada aos locais históricos de Nashville também serviria como uma avaliação somativa da aprendizagem dos estudantes. Como artefatos de aprendizagem, os produtos digitais dos alunos mostrariam se eles tinham cumprido o padrão ELA sobre o exame de eventos históricos por meio de textos. Head-Trotter elaborou uma pergunta para se concentrar nos objetivos de aprendizagem e dar aos alunos um incentivo à ação como historiadores locais: *como nós podemos, como historiadores, projetar um aplicativo de museu virtual de direitos civis que preservará a influência de Nashville no movimento de direitos civis?*

Head-Trotter estava pronta e trabalhando na elaboração do projeto. Assim que ela teve clareza sobre os principais objetivos de aprendizagem, a pergunta motivadora e o produto final que forneceria provas de aprendizagem, ela tinha o que descreve como "o esqueleto" do projeto.

Seu próximo desafio no projeto foi dar corpo a esse esqueleto, pensando em mais perguntas. Que outros padrões ela também poderia abordar no projeto? Que atividades de aprendizagem se encaixariam naturalmente no calendário do projeto? Como ela poderia planejar uma avaliação formativa para garantir que atenderia às necessidades de seus diversos alunos? Como ela poderia iniciar com alto engajamento, começando no primeiro dia, e sustentar a investigação durante todo o projeto? Ainda havia muito planejamento pela frente, mas ela estava certa de que a Marcha em Nashville levaria seus alunos a uma direção significativa.

> **TENTE ISSO: CONSULTE ESPECIALISTAS DURANTE O PLANEJAMENTO DO PROJETO**
>
> Projetos interessantes muitas vezes colocam os estudantes em papéis específicos no mundo real. Por exemplo, uma pergunta motivadora pode levantar as seguintes questões: *como podemos, como cientistas ambientais, criar um hábitat para a vida selvagem em nosso parquinho? Como podemos, como artistas, chamar a atenção para as questões sociais que afetam nossa comunidade? Como podemos aplicar a química para melhorar a qualidade da água potável local?*
> Porém, e se você mesmo tiver pouca experiência nesses papéis? Especialistas cujo trabalho esteja relacionado ao seu tópico ou área de conteúdo podem oferecer um *feedback* útil durante a elaboração do projeto. Ao convidar especialistas, você garante que o projeto desafie os estudantes a resolverem problemas da mesma forma que os profissionais o fazem.
> Para entender melhor como os especialistas trabalham, faça perguntas específicas para informar seu plano de projeto. Por exemplo:
>
> - Como você decide que questões ou problemas resolver?
> - Como você conduz a pesquisa ou reúne evidências?
> - Quais ferramentas são úteis no seu trabalho?
> - Qual é o papel da colaboração na sua área?
> - Quais são os padrões de qualidade na sua disciplina? Como você define excelência?
> - Como os especialistas na sua área compartilham ou publicam seus resultados?
>
> Onde você vai encontrar especialistas para entrevistar? Para se conectar com especialistas de conteúdo de diversas áreas, comece com a comunidade de pais. Pergunte sobre suas profissões, bem como sobre seus *hobbies*. Expanda sua rede de especialistas alcançando as empresas locais, faculdades e universidades próximas e organizações sem fins lucrativos. Não deixe de lado os clubes universitários e as organizações profissionais como fontes de especialização.
> Quanto mais você trouxer as maneiras de pensar e trabalhar dos especialistas para a PBL, mais autênticos se tornarão os seus projetos.

DETALHADO, MAS FLEXÍVEL

Quanto planejamento diário deve ser feito em seu projeto de PBL? Por um lado, você não quer produzir um plano de aula roteirizado que deixe pouco espaço para a voz ou escolha dos alunos. Por outro lado, você quer considerar cuidadosamente o suporte, o plano de avaliação e o calendário para seu projeto antes de iniciá-lo. Ter essas peças no lugar o preparará para administrar a aprendizagem às vezes confusa que acontece em uma sala de aula voltada para os estudantes.

Ao planejar o projeto Marcha em Nashville, por exemplo, Kimberly Head-Trotter considerou as atividades de aprendizagem nas quais todos os seus alunos participariam, começando com um evento de lançamento. Para isso, ela planejou uma viagem de campo à Biblioteca Pública de Nashville para visitar uma exposição sobre direitos civis e explorar o material principal com a ajuda de um historiador. "É uma maneira de deixar os estudantes tão entusiasmados com o projeto quanto eu", diz ela, "colocando a história na palma de suas mãos".

Head-Trotter também sabia que estaria trabalhando com alunos que tinham habilidades mistas como leitores. Seu plano incluía suportes para ajudar todos a terem sucesso. No início do projeto, ela planejava ler partes do texto em voz alta para todos os estudantes a fim de modelar uma boa leitura. Mais tarde, planejou formar pares de leitores com diferentes habilidades para atividades específicas de alfabetização. "Se eu tiver um leitor com dificuldades, posso ter outro aluno lendo para ele em uma atividade de leitura em pares." Ela também planejou ter gravações de áudio disponíveis àqueles que precisavam de outros meios de acesso ao conteúdo.

Da mesma forma, quando Telannia Norfar elaborou um projeto de geometria para o ensino médio sobre o planejamento de uma casa para um cliente com exigências especiais e sua família, ela considerou as necessidades de aprendizagem de seus diversos alunos. Para ajudar os alunos de língua inglesa a discutirem matemática, ela preparou uma lista de trechos de frases para que enquadrassem suas ideias. Além disso, elaborou uma lista de especificações de projeto para ajudar os alunos com necessidades educacionais especiais a se concentrarem nas exigências do projeto.

"Eu pensei que tinha planejado todos os suportes de que eles precisariam", diz Norfar, "mas ainda não era suficiente". Os estudantes começaram o projeto cheios de entusiasmo com o desafio, "mas quando chegaram à matemática, eles caíram como dominós!". A partir de sua avaliação formativa, Norfar pôde ver que muitos estavam tendo dificuldade com conceitos básicos de matemática. "Estes eram conceitos que eles conheciam, mas não usavam há algum tempo. Eles precisavam de uma atualização."

Ela rapidamente "trocou de marcha", oferecendo uma escolha para a revisão dos conceitos matemáticos. Eles podiam obter ajuda do professor ou de qualquer um dos dois alunos que Norfar havia identificado como monitores, em razão de terem uma boa compreensão dos conceitos matemáticos. Norfar teve que rever o calendário do projeto (Figura 2.2) a fim de dar tempo para a revisão, mas foi um tempo bem gasto para a aprendizagem dos alunos (leia mais sobre fornecer suporte à aprendizagem no Capítulo 6). Para um projeto diferente com seus alunos do pré-cálculo, Norfar teve que modificar ligeiramente seu plano quando percebeu que alguns deles estavam tendo dificuldades para trabalhar de forma independente. Ela acrescentou uma ferramenta de planejamento semanal que pedia a cada um que descrevesse seu papel na equipe e as tarefas que precisavam ser feitas naquela semana. Ao mesmo tempo, seu plano de projeto manteve flexibilidade para aqueles que mostraram maior independência.

"Se os estudantes aprenderam o que precisavam aprender e cumpriram os grandes prazos com antecedência, ótimo! Eles poderiam usar o tempo extra para se concentrarem no que precisavam fazer em outras áreas. Eu não passo tarefas apenas para deixá-los ocupados", diz ela. "Estes são alunos que estão próximos de se formar. É uma habilidade de vida saber como usar bem o seu tempo."

> **TENTE ISSO: PLANEJE UM CALENDÁRIO DE PROJETOS**
>
> Um calendário de projetos em geral se assemelha a qualquer outro calendário para planejar aulas ou unidades – mas inclui várias características que refletem a natureza da PBL:
>
> - Um evento inicial no(s) primeiro(s) dia(s).
> - Tempo para formar equipes e organizar tarefas no início do projeto.
> - Tempo de trabalho independente intercalado entre aulas e atividades.
> - Muito tempo para a crítica e a revisão do trabalho.
> - Tempo suficiente para que os estudantes pratiquem habilidades de apresentação antes de tornarem seu trabalho público.
> - Tempo ao final de um projeto para reflexão e celebração.

Calendário do projeto				
Projeto: Projeto de finanças			**Limite de tempo:** 18 dias	
Segunda-feira	Terça-feira	Quarta-feira	Quinta-feira	Sexta-feira
		Semana 1		
Objetivo(s) Posso analisar partes de uma tarefa complexa e identificar modalidades de acesso em busca de uma solução. **Atividades/aulas** Evento inicial: introdução do cliente. Após estruturação das temáticas, passa-se para a formação das equipes para atuação nos projetos. Os alunos preenchem um formulário de resolução de problemas usando o modelo de liberação gradual para apoiar colegas com dificuldade de leitura e ELLs.* Os estudantes reveem os modelos de planejamento financeiro e elaboram perguntas para as famílias e para o planejador de investimento. **Avaliações/artefatos** Perguntas geradas pelos alunos, formulário de resolução de problemas e discussão sobre dificuldades e sucessos no processo de resolução de problemas.	**Objetivo(s)** Posso indicar diferentes veículos de investimento, juros e os aspectos básicos de um planejamento financeiro. **Atividades/aulas** Apresentar aos alunos o planejador financeiro, que explica os conceitos básicos do planejamento financeiro. Perguntas e respostas breves após a apresentação. Um organizador gráfico é fornecido para fazer anotações. Equipes do projeto fazem acordos para concluir tarefas. **Avaliações/artefatos** *Ticket* de saída. Perguntas atualizadas para as famílias.	**Objetivo(s)** Posso indicar diferentes veículos de investimento, juros e o aspecto básico de um planejamento financeiro. **Atividades/aulas** As equipes reveem os planejamentos do planejador financeiro e usam o protocolo de avaliação baseado em ponto de vista para selecionar um formato adequado ao planejamento financeiro da família. As equipes completam um Protocolo de Charrette usando o formato escolhido e ajustam o planejamento de acordo com o *feedback* que recebem. Os alunos analisam o planejamento escolhido e atualizam suas perguntas para as famílias. **Avaliações/artefatos** Perguntas atualizadas para as famílias. Preenchimento do formulário de formato do planejamento financeiro.	**Objetivo(s)** Posso fazer perguntas úteis. **Atividades/aulas** Apresente os estudantes às famílias. Alunos escolhidos de acordo com suas habilidades de comunicação entrevistam as famílias enquanto outros fazem anotações. Os estudantes atualizam o formulário de resolução de problemas. **Avaliações/artefatos** Discussão do processo de entrevista, preenchimento do formulário de entrevista, anotação no diário e atualização do formulário de resolução de problemas.	**Objetivo(s)** Posso criar uma equação com uma variável que representa um modelo financeiro e usá-la para resolver uma situação. Posso buscar e utilizar uma estrutura em equações financeiras. **Atividades/aulas** Os alunos trabalham em uma investigação sobre a fórmula básica de juros compostos com a ajuda de uma calculadora TI-Nspire. **Avaliações/artefatos** Investigação. Reflexão em equipes e discussão na turma sobre as habilidades colaborativas.

Figura 2.2 Amostra do calendário do projeto. (*Continua*)

---

* N. de R.T.: ELLs é a sigla para *english language learners*. Trata-se de uma prática de apoio pedagógico fornecida a estudantes estrangeiros com o intuito de ajudá-los a compreender as especificidades da língua e da cultura inglesas.

Ensino baseado em projetos 55

Semana 2				
Segunda-feira	Terça-feira	Quarta-feira	Quinta-feira	Sexta-feira
Objetivo(s) Posso criar uma equação de uma variável que representa um modelo financeiro e utilizá-la para resolver uma situação. Posso buscar e utilizar uma estrutura em equações financeiras. Posso representar funções graficamente e interpretar características-chave. **Atividades/aulas** Os alunos concluem a investigação iniciada no dia anterior. A turma discute como os cálculos se relacionam aos planejamentos financeiros que eles devem criar. O professor modela o cálculo de outras fórmulas financeiras. Os alunos praticam usando problemas com fórmulas semelhantes às das famílias. **Avaliações/artefatos** Preenchimento da planilha de cálculos financeiros.	**Objetivo(s)** Posso criar uma equação de uma variável que representa um modelo financeiro e utilizá-la para resolver uma situação. Posso buscar e utilizar uma estrutura em equações financeiras. Posso representar funções graficamente e interpretar características-chave. **Atividades/aulas** O professor faz uma revisão sobre as normas de um seminário. Os alunos fazem um seminário socrático sobre cálculos financeiros. Iniciadores de frases e organizadores gráficos são usados para apoiar a discussão. **Avaliações/artefatos** Preenchimento do diário e respostas do seminário.	**Objetivo(s)** Posso criar uma equação de uma variável que representa um modelo financeiro e utilizá-la para resolver uma situação. Posso buscar e utilizar uma estrutura em equações financeiras. Posso representar funções graficamente e interpretar características-chave. **Atividades/aulas** O professor modela um exemplo de um relatório matemático financeiro. Os alunos trabalham no seu primeiro esboço de um relatório financeiro. Fazem um elogio, uma pergunta e uma sugestão sobre o esboço de outro colega da equipe. **Avaliações/artefatos** Preenchimento do formulário elogio-pergunta-sugestão.	**Objetivo(s)** Posso criar uma equação de uma variável que representa um modelo financeiro e utilizá-la para resolver uma situação. Posso buscar e utilizar uma estrutura em equações financeiras. Posso representar funções graficamente e interpretar características-chave. **Atividades/aulas** Os alunos concluem seu relatório financeiro usando o *feedback* recebido no dia anterior. As equipes do projeto se encontram para rever o progresso na conclusão das tarefas. **Avaliações/artefatos** Relatório financeiro.	**Objetivo(s)** Posso escrever um planejamento explicativo para ajudar uma família a entender como alcançar seus objetivos financeiros. **Atividades/aulas** O professor explica como trabalhar em equipe para escrever um planejamento usando seu relatório financeiro. Os alunos trabalham no seu planejamento financeiro. **Avaliações/artefatos** Pergunta de saída. Reflexão em equipes e discussão em turma sobre as habilidades colaborativas.

Figura 2.2 Amostra do calendário do projeto. *(Continua)*

	Semana 3				
Segunda-feira	Terça-feira	Quarta-feira		Quinta-feira	Sexta-feira
Dia flexível	**Objetivo(s)** Posso escrever um planejamento explicativo para ajudar uma família a entender como alcançar seus objetivos financeiros. **Atividades/aulas** Os alunos trabalham em seu planejamento financeiro. O planejador financeiro encontra-se com cada equipe para dar *feedback* sobre o seu progresso. **Avaliações/artefatos** Pergunta de saída.	**Objetivo(s)** Posso ouvir/ler os planejamentos dos outros, fazer perguntas esclarecedoras e oferecer sugestões para melhorá-los. **Atividades/aulas** O professor modela uma versão adaptada de um protocolo Tuning usando o protocolo aquário. Os alunos executam o protocolo Tuning. **Avaliações/artefatos** Pergunta de saída e preenchimento do diário.		**Objetivo(s)** Posso escrever um planejamento explicativo para ajudar uma família a entender como alcançar seus objetivos financeiros. **Atividades/aulas** As equipes revisam suas propostas com base no *feedback* recebido com o protocolo Tuning. As equipes reveem o progresso no cumprimento das tarefas do projeto. **Avaliações/artefatos** Planejamento financeiro. Reflexão em equipes e discussão em turma sobre as habilidades colaborativas.	**Objetivo(s)** Posso escrever um planejamento explicativo para ajudar uma família a entender como alcançar seus objetivos financeiros. Posso explicar meu planejamento financeiro para a família usando suporte matemático. **Atividades/aulas** As equipes revisam suas propostas com base no *feedback* recebido com o protocolo Tuning. As equipes começam a praticar a apresentação do planejamento para a família. **Avaliações/artefatos** Planejamento financeiro.

Figura 2.2 Amostra do calendário do projeto. *(Continua)*

Ensino baseado em projetos **57**

		Semana 4		
Segunda-feira	Terça-feira	Quarta-feira	Quinta-feira	Sexta-feira
Dia flexível	**Objetivo(s)** Posso explicar meu planejamento financeiro para a família usando suporte matemático. **Atividades/aulas** As equipes praticam a apresentação do seu planejamento para a família. Apresentam para a turma, para o planejador financeiro ou para a professora Norfar e revisam sua apresentação com base no *feedback* recebido. **Avaliações/artefatos** Observação das apresentações.	**Objetivo(s)** Posso explicar meu planejamento financeiro para a família usando suporte matemático. **Atividades/aulas** As equipes fazem as apresentações para as famílias, seguidas de celebrações e reflexões finais sobre habilidades colaborativas e sobre o projeto como um todo. **Avaliações/artefatos** Apresentações. Autoavaliação e avaliação pelos pares das habilidades colaborativas.		

Figura 2.2 Amostra do calendário do projeto. (*Continuação*)
Fonte: Usada com permissão de Telannia Norfar, Northwest Classen High School, Oklahoma City, OK.

RECURSOS PRONTOS

De que recursos os estudantes precisarão durante o projeto? Esses recursos estão prontamente disponíveis ou exigirão algum trabalho para serem localizados? A etapa de planejamento é o momento de antecipar recursos que serão essenciais para o sucesso do projeto. Isso inclui ferramentas tradicionais, como materiais de leitura, bem como tecnologias e especialistas externos.

Para o projeto Marcha em Nashville, Kimberly Head-Trotter sabia que uma ferramenta tecnológica específica – ThingLink (thinglink.com) – seria essencial para produzir um mapa digital de Nashville que pudesse ser acessado a partir de dispositivos móveis. A ferramenta permitiria aos estudantes serem criadores de conteúdo, anotando locais importantes durante o movimento de direitos civis, e então compartilhar seu produto com uma audiência pública. Entretanto, Head-Trotter não era especialista no uso dessa ferramenta.

Parte de seu planejamento foi recrutar o especialista em mídia da escola para apoiar os estudantes no uso da tecnologia. Isso significava que Head-Trotter não precisava ser uma especialista digital. Os alunos podiam trabalhar em seus mapas na biblioteca com o especialista em mídia disponível para apoio, de acordo com a sua necessidade.

Ao pensar nos recursos necessários para seu projeto, pense tanto nas "coisas" que os estudantes precisarão quanto nas pessoas que podem fornecer apoio, conselhos ou informações. Por exemplo:

- As ferramentas tecnológicas podem entrar em ação ao longo de um projeto. Considere os objetivos de aprendizagem que você quer alcançar – como pesquisa usando fontes primárias, simulações científicas ou escrita colaborativa – e então procure por ferramentas digitais que preencham o propósito. Para planejar a integração significativa da tecnologia, procure o apoio do especialista em mídia, bibliotecário ou técnico em tecnologia instrucional da escola.

- Os especialistas em conteúdo muitas vezes desempenham um papel fundamental durante a PBL. Os estudantes podem precisar se relacionar com especialistas durante a pesquisa ou para obter *feedback* técnico sobre seus protótipos ou soluções propostas à medida que aperfeiçoam e revisam seu trabalho. Para encontrar especialistas dispostos, procure a comunidade de pais, empresas, organizações sem fins lucrativos ou faculdades. Seja claro sobre o que você está pedindo aos especialistas e mantenha o investimento de tempo deles limitado.

- Os problemas autênticos muitas vezes se conectam a diversas áreas de conteúdo. Pense em oportunidades de aprendizagem interdisciplinar durante a concepção do projeto. Procure contatar os professores de outras disciplinas durante o planejamento do projeto. Você pode trabalhar em equipe, mesmo que seja apenas durante parte de um projeto. Por exemplo, se um projeto de estudos sociais exigir a elaboração de pesquisas e análise de dados, pode ser uma oportunidade para os estudantes aplicarem também o que estão aprendendo em matemática ou estatística. Da mesma forma, procure conexões com língua inglesa e literatura para um projeto científico que envolva a redação de um resumo de pesquisa.

- Dependendo do projeto, os alunos podem querer aproveitar os espaços de criação, laboratórios científicos e estúdios de arte ou de produção de música/vídeo para desenvolver seus produtos ou protótipos. Se sua escola não tiver essas instalações, você pode conectar os estudantes a recursos da comunidade que os tenham, como bibliotecas públicas.

TENTE ISSO: DECIDA COMO ENVOLVER OUTROS ADULTOS EM UM PROJETO

Para um projeto relativamente simples ou para seu primeiro projeto, se for novo na PBL, você pode decidir não incluir nenhum outro adulto. Entretanto, para aumentar o rigor e a autenticidade do projeto, ampliar a motivação dos estudantes e fazer conexões reais com a aprendizagem, envolver adultos de fora da sala de aula realmente ajuda. Eles podem ser outros professores ou funcionários da escola, pais ou – para um impacto ainda maior – outros membros da comunidade, especialistas, profissionais e representantes de organizações.

Há várias maneiras de envolver adultos:

- **Especialistas no conteúdo:** traga palestrantes convidados – ou conecte-se a eles *on-line* – para oferecer informação ou ensinar aos alunos uma habilidade específica que é necessária para o projeto.

> - **Mentores:** os mentores são semelhantes aos palestrantes convidados ou especialistas, mas trabalham mais estreitamente com os estudantes durante um período de tempo mais longo. Vários mentores podem ser incluídos, trabalhando com diferentes indivíduos ou equipes.
> - **Público ou membros do painel:** convide outros adultos para ouvirem e assistirem os estudantes tornarem seu trabalho público, seja na finalização de um projeto ou como avaliação formativa quando estão criando produtos e desenvolvendo respostas a uma pergunta motivadora. Ao atuar como membros da audiência, especialistas adultos podem fazer perguntas para sondar a compreensão dos estudantes e os processos de trabalho e desempenhar um papel na avaliação do trabalho dos alunos.
> - **Clientes ou usuários do produto:** adultos externos – ou as organizações que eles representam – podem fornecer o foco para todo um projeto (começando com o evento de entrada), pedindo aos alunos que façam algo ou resolvam um problema. Por exemplo, no projeto de microcasas da professora Cheryl Bautista, ela recrutou membros da comunidade para dizerem aos alunos quais eram suas necessidades e, mais tarde, ouvirem as propostas de microcasas criadas pelos estudantes.
>
> Quando você convidar adultos para participarem de um projeto, tenha essas dicas em mente:
>
> - Envolva os alunos, se for apropriado e viável, em encontrar adultos de fora e pedir sua ajuda.
> - Certifique-se de que o convite é específico sobre sua tarefa e sobre quanto tempo devem dedicar.
> - Pergunte a seus colegas, amigos e membros da comunidade de pais sobre contatos que eles possam ter com outros profissionais adultos, especialistas e organizações. Não tenha medo de estender a mão, mesmo sem um contato, pois a maioria das pessoas tem prazer em ajudar se puder!

ALÉM DO BÁSICO: PLANEJANDO PARA IMPACTO E EQUIDADE

Decisões adicionais de planejamento ajudam a fomentar objetivos importantes de equidade e impacto na PBL. Telannia Norfar considera todos os componentes essenciais do projeto ao planejar, mas ela não para por aí. Três outras considerações são fatores em seu processo de planejamento, especialmente quando ela está elaborando projetos para estudantes que estão abaixo do nível da série, têm experiências limitadas ou são aprendizes da língua inglesa. Como ela explica,

Primeiro, eu sempre quero expor meus alunos a alguma parte da matemática que seja aplicável a uma carreira que eles possam vir a ter. No pré-cálculo, eles aprendem sobre o trabalho dos planejadores financeiros e começam a se ver nessa função. Em geometria, uma conexão óbvia na carreira é o campo do *design*. Ao projetar uma casa, os estudantes terão que aplicar conceitos de geometria e verão que têm potencial para serem arquitetos.

Em segundo lugar, não quero que o conhecimento limitado dos alunos seja uma barreira. Isso significa que o projeto tem que ser acessível a todos. Quer as crianças morem em apartamentos ou em casas, todas elas vivem em residências. Elas têm alguma ideia a respeito. Não temos que desenvolver muitos conhecimentos sobre o que significa um "lar".

Em terceiro lugar, ao trabalhar com alunos de níveis de habilidade mistos, quero que todos sejam capazes de se engajar. Todos eles precisam ser capazes de ter um lugar no qual possam se basear e crescer.

Do mesmo modo, o professor Ray Ahmed quer que seus alunos – a maioria dos quais vive na pobreza e muitos dos quais têm deficiências – aprendam a defender-se por si mesmos. "Percebemos como comunidade que nossos filhos não sabem como se defender. Isso os tem impedido de ter sucesso no ensino médio, na faculdade e fora da escola. Precisamos ensiná-los [a se defenderem] no contexto de uma sala de aula." Ahmed usa a conferência como uma estratégia de suporte da PBL para encorajar os alunos a se expressarem.

"Quando as crianças vêm à conferência, sabem que será baseada em uma pergunta, problema ou desafio que elas tenham identificado. Elas pensaram em algumas soluções, mas precisam de ajuda para desenvolvê-las." Com a repetição da prática, a confiança dos estudantes aumenta. "Vemos os alunos indo para a faculdade com mais confiança para conversar com seus professores se estiverem com dificuldades. Eles praticaram isso enquanto crianças e passaram a valorizar o fato de terem essa capacidade." (Leia mais sobre o uso que Ahmed faz das conferências no Capítulo 6.)

Para a professora do ensino médio Rebecca Newburn, mais uma questão entra em jogo. Ela quer que os alunos saiam dos projetos de ciências sentindo-se capacitados para tomarem decisões sábias no futuro. Ela quer que eles saibam como ter um efeito sobre questões que lhes afetam.

"Eu poderia explicar em uma palestra por que a mudança climática é uma questão importante", diz ela, "mas é provável que os alunos não prestem atenção. Quero que eles se conectem com o assunto e façam perguntas mais profundas. O que isso tem a ver com a maneira como vivo minha vida? Que escolha posso fazer que fará a diferença"?

Ao final de um projeto, Newburn procura evidências de compreensão duradoura da ciência. Ela também quer que os estudantes sejam capazes de identificar que ações podem tomar. "Eles podem não se lembrar de todos os detalhes sobre energia térmica", reconhece ela, "mas entendem bem o quadro geral para fazer boas perguntas e pensar criticamente".

LIVRO DE ANOTAÇÕES DO FACILITADOR: COMO ESCUTAR DURANTE UM PLANEJAMENTO DE PBL

Fornecer *feedback* prático aos professores durante a fase de projeto e planejamento é um papel útil para facilitadores de ensino. James Fester, professor da PBL que se tornou facilitador, trabalhou com a professora do ensino médio Rebecca Newburn para ajudá-la a pensar em seus planos para um projeto ambicioso sobre mudança climática.

Ele compartilhou algumas observações sobre como essa colaboração – e seu questionamento – levou a um projeto mais bem concebido:

> Como facilitador, muitas vezes não sou um especialista no assunto. Eu era professor de história. O que eu sei sobre matemática ou ciência? E Rebecca é claramente uma especialista em seu conteúdo. Juntos, podemos esclarecer os detalhes. Sabemos que se seu plano fizer sentido para mim, fará sentido para seus alunos.

> Cada vez que nos sentamos para trabalhar juntos, eu perguntava: "O que você quer que os alunos saibam ao final do dia (ou ao final do projeto)?". Então, juntos, podíamos procurar maneiras práticas de ajudá-los a compreenderem e chegarem a conclusões *por conta própria*. Como ela vai mantê-los envolvidos na aprendizagem por meio de pesquisas, descobrindo coisas? Eu continuo fazendo essa pergunta porque esse é o ponto ideal para a PBL.

> Um de seus objetivos era que os estudantes pudessem discutir mais sobre ciência. Pensamos em protocolos de discussão que os façam usar uma

linguagem acadêmica. Ela teve a ideia de colocar pequenas tendas sobre as mesas com trechos de frases. Isso foi brilhante! Se você quer que as crianças tenham boas discussões, ofereça a elas o que precisam para se manterem concentradas.

Outra ideia sobre a qual falamos é garantir que o projeto atenda às necessidades específicas dos alunos do ensino médio. Você realmente tem que pensar em seu público-alvo. Quais são suas necessidades de desenvolvimento? Sabemos que os estudantes do ensino médio valorizam a socialização. Portanto, qualquer protocolo que os faça falarem, conversarem sobre conteúdos e serem interativos é não apenas importante, mas realmente essencial para a aprendizagem nessa idade. Sem esses estímulos, eles encontrarão outras coisas sobre as quais conversar.

Olhamos para o calendário de projetos dela e conversamos sobre quando foi a última vez que os jovens tiveram a oportunidade de se levantar e conversar com alguém. Quando você planejou que eles compartilhassem oralmente o que está acontecendo durante a sua aprendizagem? Continuamos revisando o plano para incorporar essas atividades regularmente.

O planejamento colaborativo desse tipo não requer grandes blocos de tempo. Fester e Newburn conseguiram fazer progressos significativos ao encontrar oportunidades de 15 minutos para miniconsultas e usar o tempo de forma eficiente. "Ao final de cada sessão, falaríamos sobre nossas etapas de ação. O que cada um de nós precisava fazer antes de nos reunirmos novamente?", Fester recorda. "Isso provou ser uma norma-chave para nossa parceria."

REUTILIZE E ATUALIZE SEUS PRÓPRIOS PROJETOS

Os professores que são novos na PBL frequentemente se perguntam se terão que começar do zero com o planejamento de projetos a cada ano letivo. A resposta curta é não. Muitos projetos são perenes e adequados para serem usados repetidas vezes. Outros talvez precisem ser atualizados para que o conteúdo permaneça oportuno e relevante. Os veteranos da PBL fazem com que seja uma prática refletir sobre seus projetos e convidar os colegas e alunos a opinarem sobre como torná-los melhores da próxima vez.

Dois professores de PBL veteranos de Davis, Califórnia, decidiram que "bom" não era suficiente. Depois de darem uma olhada crítica em um projeto interdisciplinar popular chamado América em Guerra, eles o remodelaram para aprofundarem o entendimento acadêmico e expandirem as conexões com a comunidade. "Ele passou de um projeto bom, mas pequeno e de foco restrito para algo grande e amplo", reflete Tyler Millsap, que ensina inglês e história na DaVinci Charter Academy.

Inicialmente, o projeto desafiou os estudantes a analisarem romances de guerra e aplicarem sua compreensão da história dos Estados Unidos para criar pilotos para o "próximo grande filme de guerra". O professor de inglês Scott Stephen Bell viu oportunidades para introduzir novos romances resultantes dos recentes conflitos no Iraque e no Afeganistão. As escolhas de leitura contemporânea – como *Generation kill*, *Jarhead* e *The watch* – provaram ser atraentes e permitiram uma diferenciação baseada em níveis de leitura.

Apesar do alto engajamento dos alunos, os professores se preocupavam que o aspecto histórico do projeto fosse muito tênue. "Falaríamos geralmente sobre política externa e as causas de conflitos", diz Millsap, "mas não havia um propósito condutor".

A oportunidade de remodelar o projeto surgiu quando Millsap telefonou para um congressista local sobre um assunto não relacionado: "Seu assistente me contou sobre o Projeto de História dos Veteranos na Biblioteca do Congresso e disse que o congressista estava interessado em ter alunos do ensino médio entrevistando veteranos locais para obter suas histórias. Perguntou, então, se nós estaríamos interessados". Depois de uma pausa para considerar quanto trabalho adicional isso poderia implicar, Millsap concordou – e nunca voltou atrás.

"Essa foi uma das maiores peças do projeto", diz ele. "Os estudantes fazem parceria com veteranos militares dos Estados Unidos, realizam uma entrevista e criam um documento de fonte primária que vai para a Biblioteca do Congresso. Saber que eles têm um público verdadeiro é muito importante para os alunos."

Se você estiver remodelando um projeto de anos anteriores, faça a si mesmo as seguintes perguntas:

- O que deu certo na implementação mais recente desse projeto? Mesmo se você planejar fazer mudanças ou modificações, certifique-se de identificar os aspectos bem-sucedidos que deseja manter.

- Quais foram os pontos fracos no passado? Como você pode solucionar problemas específicos com suportes adicionais, avaliação mais formativa ou diferentes atividades de aprendizagem?
- O conteúdo precisa ser renovado para ser mais atual ou relevante para a vida dos estudantes?
- Existem oportunidades para fazer conexões com a comunidade que aumentarão o engajamento dos jovens?
- Você vê oportunidades para tornar o projeto mais interdisciplinar? Você tem um colega de outra área de conteúdo que deseja trabalhar na equipe?

ESTRATÉGIAS PARA PROJETAR E PLANEJAR PROJETOS DE ALTA QUALIDADE: PONTOS-CHAVE

Neste capítulo, você encontrou várias estratégias e recursos para ajudá-lo a projetar e planejar projetos eficazes. Pense bem nos seguintes pontos:

- Como os componentes essenciais de projeto para o padrão-ouro da PBL mudam ou influenciam seu pensamento sobre o planejamento do ensino? Quais componentes já são evidentes em sua sala de aula? Quais exigirão mais atenção?
- Quais das estratégias para encontrar ideias para projetos fazem mais sentido para você?
- O quanto você está à vontade para envolver os alunos no planejamento de projetos?
- Onde você encontrará oportunidades para convidar os colegas a opinarem sobre os projetos que está planejando? Como poderia aproveitar estratégias como *gallery walks* ou protocolos de crítica de colegas para estimular *feedback* sobre seus planos?

NA SUA ESTANTE DE PBL

PBL starter kit: to-the-point advice, tools and tips for your first project in middle or high school (2ª ed.) e *PBL in the elementary grades: step-by-step guidance, tools and tips for standards-focused K–5 projects*: essas duas publicações do BIE fornecem aos leitores conselhos práticos e ferramentas para planejar e promover a PBL, com ênfase nos elementos essenciais para a concepção do projeto. John Larmer é o principal autor de *PBL starter kit*; Sara Whallerman e John Larmer são os principais autores da versão para os anos iniciais do ensino fundamental.

Real-world projects: how do I design relevant and engaging learning experiences? Nesse pequeno livro, Suzie Boss delineia estratégias para aumentar a autenticidade dos projetos a fim de ampliar o engajamento dos estudantes na aprendizagem.

Students at the center: personalized learning with habits of mind: Bena Kallick e Allison Zmuda esclarecem as discussões sobre aprendizagem personalizada, concentrando-se em quatro atributos: voz do estudante, criação conjunta, construção social e autodescoberta. Exemplos ilustram como projetar experiências de aprendizagem que os alunos acharão pessoalmente significativas.

3

Alinhe aos padrões

Alinhe os projetos a objetivos acadêmicos significativos para garantir que a PBL seja o "prato principal" da aprendizagem, e não a sobremesa.

Por mais de uma década, Erin Brandvold vem lecionando em escolas que adotam a PBL. "Eu me sinto privilegiada", diz ela. "Até minha diplomação para ser professora era em ambientes PBL." Atualmente ela leciona história mundial na Impact Academy of Arts and Technology em Hayward, Califórnia. A escola atende a uma população diversificada, incluindo muitos alunos que crescem na pobreza. A maioria dos graduados será a primeira pessoa de suas famílias a frequentar a faculdade.

Brandvold pode ver como uma prática de ensino baseado em projetos em particular tem ajudado a melhorar os resultados de seus alunos – todos eles estão vinculados à faculdade. "Há vários anos, costumávamos fazer apenas projetos legais. Os alunos gostavam deles, mas às vezes nos perguntávamos: o que estávamos realmente ensinando? Quais eram as ideias e as habilidades que eles precisavam conhecer e ser capazes de fazer? Com o tempo, melhoramos a concepção de projetos para mostrar as coisas que valem a pena serem conhecidas."

Um bom exemplo é um projeto de história mundial do 1º ano do ensino médio chamado Revoluções em Julgamento. Ao planejar o projeto de seis semanas, Brandvold analisou cuidadosamente as metas de aprendizagem relacionadas tanto ao conteúdo histórico sobre revoluções quanto às normas do núcleo comum estadual sobre reivindicações e contrarreivindicações. Durante todo o projeto, desde seu lançamento até o julgamento simulado que serviu como um evento culminante, ela deliberadamente alinhou as atividades de aprendizagem e avaliações a esses padrões-alvo. Isso deu aos estudantes uma compreensão clara do que precisavam aprender e por que vale a pena conhecer essas ideias.

Um vídeo sobre o alinhamento de projetos às normas pode ser encontrado em pblworks.org.

POR QUE ALINHAR PROJETOS A PADRÕES?

Quando os professores alinham a PBL aos padrões, eles garantem que a experiência de aprendizagem vai valer o investimento de tempo. O rigor acadêmico é incorporado desde o início, especialmente se os educadores alinharem os projetos aos padrões prioritários. Isso significa que, em vez de almejar metas de aprendizagem de nível inferior que poderiam ser abordadas em uma ou duas lições, os projetos devem alinhar-se a padrões que levam a grandes ideias, envolvem complexidade e exigem pensamento de ordem superior.

O foco em padrões de alta prioridade permite construir uma compreensão aprofundada e conceitual em vez de se apressar para cobrir uma lista de fatos pontuais que os estudantes podem rapidamente esquecer. Padrões prioritários (às vezes chamados de "padrões de poder") costumam incorporar metas de aprendizagem relacionadas. Saber escrever um ensaio eficaz, por exemplo, exige domínio de vocabulário, ortografia e gramática (AINSWORTH, 2003). Um projeto que enfatiza a redação de ensaios também ensinará essas habilidades relacionadas. Da mesma forma, um projeto matemático que constrói a compreensão das propriedades dos quadriláteros pode não abordar cada forma de quatro lados que exista sob o sol. Vá em frente e "esqueça o losango", aconselha o especialista em avaliação Douglas Reeves, mantendo seu foco nos padrões prioritários (AINSWORTH, 2003).

Embora a escola de Erin Brandvold lhe dê uma grande liberdade quando se trata de planejamento curricular, muitos professores de PBL devem seguir um enfoque e uma sequência determinados pelo estado. Alguns municípios também fazem regularmente testes de referência, que se concentram em metas específicas de aprendizagem, a cada nove semanas. A integração da PBL com as escolas municipais pode ser feita, mas requer um planejamento cuidadoso.

A Lanier High School no condado de Gwinnett, Geórgia, é um bom exemplo. Os alunos que fazem parte do Centro de *Design* e Tecnologia (CDAT) da escola não só lidam com projetos ambiciosos, muitas vezes com parceiros comerciais, mas também devem fazer testes estaduais e municipais. Com o criterioso alinhamento aos padrões feito pelos professores do CDAT, os alunos pontuam consistentemente em altos níveis nos testes padronizados e se orgulham de realizações no mundo real, como ganhar patentes para suas invenções ou créditos cinematográficos por seu papel na criação de animações de vídeo para produções profissionais.

O alinhamento aos padrões se sobrepõe naturalmente a outras práticas de ensino baseado em projetos, especialmente "projete e planeje" (Capítulo 2). Entretanto, o foco deliberado nas normas não acontece apenas na fase de projeto. A questão condutora, a rubrica do projeto, o evento de entrada, o suporte, os produtos públicos e o plano de avaliação estão todos alinhados aos padrões-alvo.

PADRÃO-OURO DE PRÁTICAS DE ENSINO BASEADO EM PROJETOS: ALINHE AOS PADRÕES

Quando os projetos são cuidadosamente alinhados aos padrões, você verá evidências de que os professores estão claramente comunicando as metas de aprendizagem e ajudando os alunos a alcançá-las. Os indicadores da rubrica de ensino baseado em projetos padrão-ouro para alinhamento aos padrões incluem os seguintes pontos:

- Os critérios dos produtos são claramente e especificamente derivados dos padrões e permitem a demonstração do domínio do tema.
- O apoio da aprendizagem dos alunos, os protocolos de crítica e revisão, avaliações e rubricas referem-se consistentemente e apoiam o alcance de padrões específicos por parte dos estudantes.

Veja o Apêndice para a rubrica de ensino baseado em projetos completa.

ALINHAR-SE AO QUE VALE A PENA CONHECER: UM BOM AJUSTE PARA O PROJETO SOBRE REVOLUÇÕES

Vamos analisar mais detalhadamente como Erin Brandvold alinha os projetos aos padrões para alcançar uma aprendizagem significativa para seus alunos.

Antes de iniciar qualquer planejamento de projeto, Brandvold primeiro analisa todos os padrões de conteúdo e habilidades que seus alunos precisam dominar. "Eu me pergunto: 'Como vou ensinar essas habilidades e conceitos ao longo do ano?'. Em seguida, faço um mapa retroativo de todo o ano escolar a partir dos padrões, identificando o conteúdo e as habilidades que preciso ensinar."

Esse mapa de conteúdo de todo o ano ajuda Brandvold a se concentrar na direção que ela precisa seguir com seus alunos. Como mencionado, alguns municípios fazem este mapeamento curricular para professores, mandando uma meta e uma sequência. Quer você mesmo esteja mapeando o currículo ou seguindo a orientação de seu município, seu objetivo é o mesmo: procurar oportunidades de PBL significativas ao longo do ano acadêmico, alinhando os projetos aos padrões.

Os alunos do 1º ano do ensino médio de história mundial de Brandvold se concentram na ideia central de poder e resistência global. Isso significa examinar "como experimentamos o poder em nossa vida diária e como participamos e respondemos a esse poder", explica Brandvold. O conteúdo do curso ajuda-os a explorarem diferentes formas de poder em todo o mundo e como as pessoas têm resistido ao poder ao longo da história. Por meio de sua exploração do conteúdo, os estudantes "desenvolvem habilidades de pesquisa independente, pensamento crítico e comunicação verbal e escrita e se tornam leitores confiantes que podem analisar e avaliar diversos textos".

Com essa perspectiva geral em mente, a professora Brandvold está pronta para alinhar os projetos a metas de aprendizagem mais específicas. Com base em seu mapa curricular, por exemplo, ela sabe que se concentrará na escrita argumentativa durante o segundo semestre. Isso faz o projeto sobre revoluções ser uma boa escolha.

"Eu tinha feito este projeto no passado utilizando um debate como produto final. Ao mudá-lo para terminar em um julgamento simulado, pensei que os estudantes teriam que usar habilidades argumentativas para analisar mais profundamente as diferentes perspectivas", explica ela. Para acrescentar autenticidade, ela traz especialistas jurídicos para falar sobre como eles se preparam para os julgamentos. "Usando essa lente de especialista, os estudantes devem ser capazes de construir argumentos mais fortes baseados em provas."

O projeto desafia os estudantes a apresentarem o caso cidadãos *versus* revoluções como um desempenho de seu entendimento. A fim de se prepararem para o julgamento simulado, eles precisam refletir sobre as razões pelas quais as revoluções acontecem e depois apresentar um argumento convincente sobre quem se beneficia das revoltas políticas. Para o evento culminante, alguns estudantes são advogados e outros depõem como testemunhas. No entanto, todos precisam apresentar uma argumentação eficaz.

Para esclarecer os objetivos de aprendizagem embutidos no projeto, Brandvold reescreveu os padrões na forma de frases "eu posso" para enfatizar o domínio pessoal. Por exemplo, alguns dos objetivos alinhados ao núcleo comum de padrões estaduais são os seguintes:

- Posso introduzir reivindicações precisas.
- Posso distinguir os argumentos de argumentos alternativos ou opostos.
- Posso desenvolver argumentos e contra-argumentos facilmente.
- Posso apontar os pontos fortes e as limitações dos meus argumentos/contra-argumentos.
- Posso usar palavras, frases e orações para esclarecer a relação entre argumento(s) e contra-argumentos.
- Posso antecipar o nível de conhecimento e as preocupações do público.
- Posso fornecer uma conclusão que segue e apoia as informações apresentadas.

Outros objetivos alinhados ao conteúdo de história mundial são os seguintes:

- Posso usar a estrutura da revolução para determinar as causas das revoluções.
- Posso comparar a Revolução Russa com outra revolução.
- Posso analisar o efeito das ditaduras nas pessoas.

- Posso analisar os motivos por trás das ações revolucionárias.
- Posso determinar a eficácia das revoluções na melhoria de vida dos cidadãos.

Antes de introduzir esses objetivos de aprendizagem em suas aulas, Brandvold queria ter certeza de que os alunos estavam totalmente engajados no tópico. Para aumentar o interesse deles, ela lançou o projeto sobre revoluções com uma simulação com duração de uma semana, chamada Nação X.

"Os alunos chegaram no primeiro dia e encontraram a sala de aula montada de maneira diferente", explica ela. "Havia uma cadeia, uma loja e áreas reservadas para os trabalhadores. Os alunos eram colocados em grupos de três ou quatro, que eram desiguais. A realeza tinha um sofá e privilégios especiais e recebia grandes pilhas de dinheiro (falso), enquanto os trabalhadores tinham apenas poucas provisões. Com o cenário montado para o conflito, os estudantes eram desafiados a criarem uma sociedade justa e funcional."

Entre suas quatro turmas da disciplina de história mundial, diferentes episódios se desdobraram naquela semana. Uma turma conspirou uma tentativa de assassinato. Em outra, o líder abdicou completamente da autoridade. Uma turma parecia estar progredindo quando os alunos convocaram uma reunião da cidade para acordar regras, mas depois, segundo Brandvold, "todos começaram a falar ao mesmo tempo e ficaram frustrados".

Do ponto de vista do professor, a experiência do evento imersivo de entrada cumpriu seu propósito. Os estudantes estavam claramente engajados na atividade e tinham novos conhecimentos sobre a agitação social, política e econômica que pode levar a revoluções. Ao final da simulação, eles foram capazes de refletir sobre a experiência e chegar a uma definição concisa de *revolução*. Eles também tinham uma série de perguntas sobre como as sociedades se reconstroem após os levantes.

Brandvold esperou até a segunda semana do projeto – após a conclusão da simulação – para apresentar a questão condutora: *como podemos, como historiadores, determinar a eficácia de uma revolução na melhoria da vida dos cidadãos?*

O projeto se desenvolveu tanto com tarefas individuais quanto em equipe. Brandvold se certificou de que os alunos compreendessem os objetivos de aprendizagem. Para dividir as grandes metas em partes gerenciáveis, ela afixou um resultado de aprendizagem específico para cada dia em sala de aula. Por exemplo, este resultado é da segunda semana do projeto, quando os alunos estavam construindo conhecimento básico: *eu posso identificar as condições, crenças e gatilhos de uma revolução*. Ao final da terceira semana, depois que os alunos passaram um tempo considerável em sala de aula aprendendo a obter documentos e avaliar provas, o resultado foi: *eu posso escrever um argumento e fundamentá-lo com provas convincentes*.

Ao final de cada aula, os alunos pontuaram de 1 a 4 sobre o quanto haviam atingido o resultado daquele dia. Essa autoavaliação formativa ajudou Brandvold a planejar aulas de acompanhamento adaptadas às necessidades específicas de aprendizagem (leia mais sobre as avaliações desse projeto no Capítulo 5).

O uso que Brandvold faz dos objetivos diários reflete sua própria crença de que a aprendizagem deve ter um propósito. Quando os alunos são informados sobre os objetivos de aprendizagem, ela diz, "você evita a questão de 'Por que estamos fazendo isto?'. Os estudantes podem ver como essas metas diárias estão ligadas a seu produto final. Quando você coloca os objetivos de aprendizagem em contexto, fica mais claro para os estudantes o propósito do que estamos fazendo".

TENTE ISSO: DETERMINE EM QUAIS PADRÕES FOCAR

Os professores que utilizam PBL durante todo ou na maior parte do tempo encontram maneiras de incluir a maioria dos padrões que precisam ensinar dentro dos projetos. Já os professores que usam PBL menos extensivamente podem não incluir certos padrões nos projetos e, em vez disso, os ensinam por meio de outras estratégias. Decidir quais padrões ensinar em um projeto depende muito de seu próprio contexto escolar, da perspectiva pessoal, dos alunos, do nível de ensino ou curso e de outros fatores. Não há regra estrita, portanto, tente o seguinte processo de reflexão:

1. Faça uma tabela com essas três figuras:
   - Importante e adequado para ser abordado em um projeto.
   - Importante, mas não adequado para ser abordado em um projeto.
   - Não importante e não adequado para ser abordado em um projeto.
2. Insira cada padrão que você precisa ensinar durante um trimestre, semestre ou ano letivo escolar em uma das três categorias, levando em conta as seguintes perguntas:

- É um padrão *importante*? Seu distrito ou estado o identifica como um "padrão-chave"? Ele é fundamental para a aprendizagem na área do tema? É um conceito central ou transversal (p. ex., sentido numérico nas séries iniciais; modelagem matemática, reflexão sobre sistemas ou interpretação de textos informativos nas séries finais)?
- É *adequado* ensiná-lo por meio de um projeto? São necessários conhecimento e pesquisa profundos? É complexo (p. ex., separação de poderes em uma democracia, um ecossistema) ou é relativamente simples? Requer tempo significativo para aprender, ao contrário de algo que poderia ser aprendido em uma ou duas aulas? Por exemplo, os procedimentos de segurança de laboratório em ciências, embora importantes, provavelmente não seriam apropriados para PBL. Nem aprender o que é um losango, embora esse conceito pudesse ser incluído em um projeto matemático mais amplo.

3. Analise quanto tempo e peso serão dados a cada padrão incluído em um projeto.
   - Este padrão estará no *primeiro plano* do projeto? Várias lições ou atividades serão dedicadas a ele? Os estudantes vão passar um tempo considerável aprendendo este padrão? Ele será trabalhado durante todo o projeto? Será um foco de crítica, reflexão e avaliação?
   - O padrão pode ser aprendido durante o projeto de modo relativamente rápido? Pode ser incluído em outras aulas ou em parte da avaliação de um produto do projeto – mas não em uma parte importante?
   - O padrão deve estar no *segundo plano* do projeto? Ainda é possível esperar que os estudantes pratiquem ou demonstrem o padrão, mas não se concentrem nele explicitamente durante o projeto?

MANTENHA O FOCO

Os professores que são novos na PBL frequentemente perguntam como podem incentivar a pesquisa dos alunos, mas ainda assim manter o foco nos objetivos de aprendizagem. O que acontece se as perguntas ou ideias dos estudantes os afastam dos padrões-alvo?

A professora de matemática Telannia Norfar orienta intencionalmente os alunos em direção aos padrões, assegurando que cada atividade de aprendizagem em um projeto se conecte aos objetivos de aprendizagem desejados. "Quero ter certeza de que os padrões apareçam repetidas vezes", diz ela. "E isso é tão fácil de *não* ser feito se você não tomar cuidado!"

Por exemplo, em seu projeto de geometria sobre *design* de casas, os estudantes sabiam que precisavam fazer um plano para apresentar aos seus clientes. Alguns queriam começar com uma ferramenta *on-line* que teria produzido bons resultados. "Vai *parecer* que eles fizeram algo maravilhoso, mas onde está a matemática nisso? A ferramenta faz todos os cálculos para você em segundo plano", diz Norfar. Para garantir que os alunos estivessem atingindo seus objetivos de aprendizagem, ela os mandou fazerem seus primeiros esboços à mão. "É lá que veremos a matemática", explica ela. Mais tarde no projeto, depois que os estudantes demonstraram sua competência matemática, eles tiveram a opção de usar uma ferramenta *on-line* para produzir os projetos finais.

Evitar o "arrastamento do escopo" é outra estratégia para prevenir que os projetos se tornem de difícil execução. Em vez de empilhar mais e mais padrões à medida que o projeto se inicia, mantenha o foco nos objetivos de aprendizagem que você quer enfatizar. Ajude os estudantes a verem como a questão de condução e o produto final se alinham a essas metas de aprendizagem. Cada vez que você retornar à lista de conhecimentos necessários para uma discussão em turma, por exemplo, peça aos alunos que considerem se suas perguntas são essenciais para responder à pergunta motivadora.

Às vezes, pode ser necessário controlar as ideias dos estudantes que os levam para longe dos objetivos do projeto. Alguns professores usam um "estacionamento" em um quadro branco ou no quadro do projeto para captar perguntas ou sugestões que valem a pena investigar – mas não neste momento!

As sugestões de reflexão também podem ajudar a manter o foco nos objetivos de aprendizagem. Por exemplo, você pode fazer os alunos refletirem sobre seu progresso em direção ao domínio ou à compreensão de habilidades específicas usando a rubrica do projeto como referência. Uma professora dos anos iniciais do ensino fundamental faz seus alunos colorirem a rubrica para mostrarem seu progresso ao longo do tempo – passando do amarelo (para iniciantes) ao laranja (para em desenvolvimento) até o verde (para proficiência).

LIVRO DE ANOTAÇÕES DO FACILITADOR: CRIE CONEXÕES ENTRE AS DISCIPLINAS

Os problemas do mundo real tendem a ser complicados. Muitas vezes, as soluções exigem que especialistas de diferentes disciplinas reúnam seus pensamentos, aprimorando ou às vezes desafiando as ideias uns dos outros.

Para tornar a PBL mais autêntica, faz sentido procurar conexões interdisciplinares de conteúdo.

Começar a planejar projetos colaborativos pode ser um desafio, reconhece o instrutor James Fester. Especialmente no ensino médio, os professores costumam ser especialistas em suas próprias áreas, mas podem ter dificuldade para encontrar conexões baseadas em padrões com outras áreas temáticas.

Para dar início ao planejamento interdisciplinar de projetos, são apresentados a seguir três métodos testados e comprovados (FESTER, 2017).

Fazer mapas mentais: este método é especialmente eficaz para professores que já fazem parte de uma equipe de colaboração ou sabem com quem querem se unir em um projeto. O processo começa com cada professor criando um mapa mental dos principais temas e padrões que ele ensina ao longo do ano em um grande cartaz (ver Figura 3.1). Esses cartazes são então pendurados na parede, e cada professor narra seu percurso de estudo, um padrão de cada vez. Enquanto um professor fala, os outros escutam e procuram conexões com suas próprias áreas temáticas. Sempre que ouvem algo semelhante ao que fazem, eles marcam ou fazem silenciosamente anotações no pôster do orador a fim de registrar a conexão. Após cada professor ter tido a oportunidade de descrever seu cartaz, a equipe já tem várias anotações que revelam pontos de conexão, os quais podem, então, ser usados como pontos de partida para a realização de um grande projeto.

Gallery walk **de questões motivadoras** este método funciona especialmente bem em reuniões de equipe ou com professores que ainda não têm uma equipe indicada ou um parceiro de projeto. Ele começa com a escrita de 15 a 20 perguntas motivadoras em um grande cartaz. Pendure-os nas paredes do espaço de reuniões criando uma galeria. Os professores são então solicitados a realizar uma *gallery walk* silenciosa na qual leem cada pergunta motivadora, analisam possíveis conexões com sua própria área de estudo e escrevem as conexões no cartaz como uma forma de compartilhá-las com o resto da turma.

Se os professores não observarem nenhum alinhamento evidente aos seus padrões, eles podem oferecer revisões à pergunta motivadora para torná-la mais relevante ao seu campo de estudo. Eles então passam para o próximo cartaz e repetem o processo. Ao final desse protocolo, os profes-

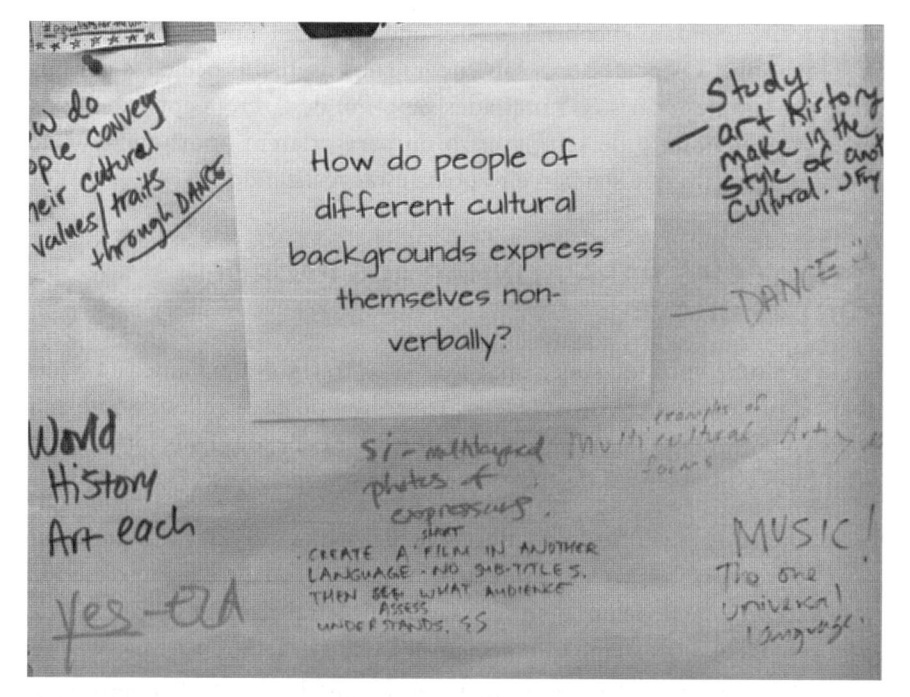

Figura 3.1 Mapa mental para fazer conexões intercurriculares.
Fonte: Usada com permissão de James Fester.

sores revisitam os cartazes com perguntas que consideraram particularmente relevantes e discutem as conexões e os possíveis pontos de entrada para o planejamento do projeto.

Dica: ideias para perguntas condutoras podem ser geradas por professores, estudantes, facilitadores de ensino ou retiradas de bibliotecas de projetos para inspiração.

Linha do tempo: esse protocolo de planejamento foi projetado para equipes menores ou pares de professores que procuram oportunidades de planejamento interdisciplinar em uma parte específica do ano letivo, como o último semestre. Ele começa com cada professor pegando uma pilha de notas adesivas e escrevendo um calendário, com uma nota adesiva representando cada dia (ou semana). Essas notas são então afixadas em uma parede ou mesa em uma longa linha, enquanto o professor parceiro faz o mesmo. Por fim, os dois calendários estão em paralelo um ao outro. Depois que os calendários são afixados, os professores olham para o calendário do seu parceiro e tentam encontrar lugares onde seu conteúdo potencialmente se sobreponha. Os professores são encorajados a procurar lugares para os quais possam deslocar suas notas adesivas a fim de fazerem conexões mais fortes com o assunto de seu parceiro ou para criarem oportunidades de apoiar um projeto que seu parceiro possa estar realizando.

ESTRATÉGIAS PARA ALINHAR AOS PADRÕES: PONTOS-CHAVE

Neste capítulo, você leu sobre uma série de estratégias para ajudá-lo a alinhar os projetos aos padrões. Dedique um tempo para refletir sobre sua prática atual e pense nas oportunidades de fazer conexões mais fortes entre os padrões e os objetivos de aprendizagem de seus projetos:

- Qual é o grau de flexibilidade que você tem quando se trata de padrões? Você mesmo faz o mapeamento do currículo, ou deve seguir o escopo e a sequência de um distrito ou escola inteira? Como as diretrizes da escola ou do sistema influenciam seu planejamento na PBL?
- Quando você olha para as metas de conteúdo para todo o ano escolar em sua disciplina ou série, onde vê as melhores oportunidades para projetos que podem abordar as ideias centrais de sua área de conteúdo?
- Quando você analisa seu mapa curricular, onde vê as melhores oportunidades para projetos interdisciplinares?
- O quão explícito você é ao explicar as metas de aprendizagem aos alunos? Como uma maior clareza sobre as metas diárias pode ajudar seus alunos a gerenciarem sua aprendizagem?

NA SUA ESTANTE DE PBL

Learning targets: helping students aim for understanding in today's lesson: Connie M. Moss e Susan M. Brookhart explicam como os objetivos de aprendizagem podem ser usados por professores, alunos e líderes escolares para criar uma cultura de realizações. Elas oferecem estratégias para planejar objetivos de aprendizagem diários a fim de encorajar o estabelecimento de metas e a autorregulamentação dos alunos.

Prioritizing the common core: identifying specific standards to emphasize the most: Larry Ainsworth guia os leitores por meio do desafio de determinar quais padrões enfatizar no ensino e na avaliação para ajudar os alunos a dominarem conceitos importantes em um nível profundo.

Planejamento para a compreensão (2ª ed.): Grant Wiggins e Jay McTighe foram pioneiros no conceito de "planejamento retrospectivo" ou "começando com o final em mente" quando se trata de planejamento didático. Sua estrutura UbD,* baseada em anos de trabalho de campo e *feedback* de professores, é consistente com as melhores práticas de planejamento de PBL.

---

* N. de R.T.: UbD é a sigla para *understanding by design*, que em português pode ser traduzida como "compreensão por *design*".

4

Gerencie as atividades

Uma prática de PBL bem gerenciada permite que os alunos se aprofundem na aprendizagem e desenvolvam as habilidades de sucesso que lhes ajudarão tanto no projeto quanto na vida.

O professor Jim Bentley e seus alunos da Foulks Ranch Elementary School em Elk Grove, Califórnia, conquistaram uma merecida reputação como cineastas. Quando as autoridades municipais de sua cidade natal precisam de filmes instrutivos para educar a comunidade sobre reciclagem, elas têm repetidamente "contratado" os alunos de Bentley como produtores. Em reconhecimento ao esforço envolvido, a cidade concede à escola bolsas de estudo voltadas para a prestação de serviços.

Durante o ano letivo de 2016-2017, os estudantes do 6º ano de Bentley assumiram a tarefa de criar sete vídeos curtos para educar a comunidade empresarial local sobre uma nova lei estadual que exigia a reciclagem de resíduos orgânicos. A lei estava sendo implantada gradualmente; até 2020, a maioria dos proprietários de pequenas empresas e gerentes de apartamentos precisaria ter um programa de reciclagem para redirecionar restos de alimentos e outros resíduos orgânicos dos aterros sanitários locais.

Projetos autênticos como esse proporcionam vários ganhos. Ter um cliente real garante alto engajamento e prepara o terreno para uma aprendizagem memorável. Com a garantia de um público, os estudantes (e seus professores) estabelecem um alto padrão de qualidade, criatividade e produtividade. Bentley é capaz de alinhar projetos de filmes a padrões rigorosos em todo o currículo, incluindo ciências, alfabetização, matemática, estudos sociais e tecnologia.

Um vídeo complementar sobre gerenciamento de atividades pode ser encontrado em pblworks.org.

Para garantir que os alunos entreguem produtos de alta qualidade dentro do prazo – e maximizar as oportunidades de aprendizagem ao longo do caminho –, Bentley precisa ser hábil no gerenciamento de projetos. "Meu trabalho é garantir que isso não seja apenas uma atividade", explica o professor veterano de PBL. "Preciso trazer as ideias centrais [das áreas de conteúdo], trabalhar com sete equipes diferentes produzindo sete filmes diferentes e cumprir um cronograma bastante ambicioso."

Os projetos que Bentley e seus alunos realizam são reconhecidamente complexos e demorados, o que reflete a profunda experiência do professor com PBL. Seria prudente que os estudantes iniciantes começassem com projetos menos ambiciosos (que foi exatamente como Bentley construiu sua própria confiança como professor baseado em projetos). Ainda assim, mesmo os projetos que exigem menos tempo e talvez abordem apenas uma área de conteúdo requerem atenção cuidadosa ao gerenciamento para manter a experiência de aprendizagem no caminho certo.

Desenvolver seu *kit* de ferramentas de estratégias de gerenciamento de projetos ajudará você e seus alunos a fazerem o processo e a logística da PBL funcionarem sem problemas, para que possam dedicar mais atenção às metas de aprendizagem. Para entender melhor como as práticas de ensino baseado em projetos apoiam o gerenciamento bem-sucedido de projetos, vamos examinar mais de perto as principais estratégias e ferramentas.

PADRÃO-OURO DAS PRÁTICAS DE ENSINO BASEADO EM PROJETOS: GERENCIE AS ATIVIDADES

Durante uma experiência de PBL bem gerenciada, os professores mantêm a aprendizagem no rumo certo de várias maneiras. Os indicadores para gerenciar atividades da rubrica de ensino baseado em projetos padrão-ouro incluem os seguintes pontos:

- A sala de aula apresenta uma mistura adequada de tempo de trabalho individual e em equipe, incluindo ensino para grupos inteiros e pequenos grupos.

- Equipes bem equilibradas são formadas de acordo com a natureza do projeto e as necessidades dos alunos, com as devidas voz e escolha deles.
- As ferramentas de gerenciamento de projetos (calendário de grupo, contratos de equipe, registros de aprendizagem, etc.) são usadas para apoiar o autogerenciamento e a independência do aluno, bem como a colaboração.
- As rotinas e normas da sala de aula são seguidas de forma consistente durante o tempo de trabalho do projeto a fim de maximizar a produtividade.
- Programações realistas, *checkpoints* e prazos são definidos, mas flexíveis; nenhum gargalo impede o fluxo de trabalho.

Veja o Apêndice para a rubrica de ensino baseado em projetos completa.

APROVEITANDO AO MÁXIMO O TRABALHO EM EQUIPE

Por definição, a maioria dos projetos envolve algum nível de colaboração. Os alunos se envolvem em atividades de aprendizagem entre pares e fornecem *feedback* uns aos outros, mesmo que estejam trabalhando em produtos individuais. A ênfase em equipes na PBL é intencional, pois elas aproveitam o poder social da aprendizagem. No entanto, não se trata de trabalho em equipe somente pelo trabalho em equipe. A colaboração faz parte da natureza da PBL, refletindo como a solução de problemas se desdobra em áreas diversas como saúde, engenharia, publicações e no setor sem fins lucrativos. À medida que a complexidade aumenta, a colaboração entre especialistas se torna cada vez mais importante.

Os alunos dos dias de hoje entrarão em uma economia em que a colaboração é o novo normal. Para enfrentar desafios complexos em nosso mundo interconectado, eles precisarão saber como lidar com diferenças culturais, entender perspectivas diversas e fazer conexões entre disciplinas. As equipes se tornaram a unidade fundamental de organização em todos os lugares, desde *start-ups* até agências governamentais e escolas (DUHIGG, 2016).

A excelência no trabalho em equipe é uma meta que vai muito além da sala de aula. A gigante de tecnologia Google, por exemplo, tentou fazer a engenharia reversa da equipe perfeita com uma investigação chamada Projeto Aristóteles. Os membros da equipe da Google ficaram surpresos ao saberem que não existe uma fórmula mágica para misturar personalidades ou habilidades a fim de aumentar a produtividade da equipe. Em vez disso, como mostra o relato a seguir, as respostas se alinham às práticas de ensino baseadas em projetos eficazes – especialmente a construção de cultura:

Os pesquisadores concluíram que o que diferenciava as equipes "boas" dos grupos disfuncionais era a forma como os colegas de equipe tratavam uns aos outros. Em outras palavras, as normas corretas poderiam aumentar a inteligência coletiva de um grupo, enquanto as normas erradas poderiam prejudicar uma equipe, mesmo que, individualmente, todos os membros fossem excepcionalmente inteligentes (DUHIGG, 2016, documento *on-line*).

Além disso, as equipes com melhor desempenho tendiam a compartilhar duas características. Em primeiro lugar, todos tinham o mesmo tempo de exposição nas discussões de equipe (algo que os protocolos de PBL também enfatizam). Em segundo lugar, as boas equipes demonstravam um alto grau de sensibilidade social. Essa é uma "[...] maneira elegante de dizer que elas eram hábeis em intuir como os outros se sentiam com base em seu tom de voz, suas expressões e outras pistas não verbais" (DUHIGG, 2016, documento *on-line*). A atenção a esses sinais ajudou a criar segurança psicológica para que os membros da equipe se sentissem livres para falar e assumir riscos. O mesmo acontece nas salas de aula de PBL, em que todos os alunos sabem que têm voz e que suas ideias serão tratadas com respeito.

Os estudantes que são novos na PBL às vezes perguntam: "Por que não posso trabalhar sozinho?". Esteja pronto para explicar seu argumento sobre por que o trabalho em equipe é essencial para o sucesso do projeto. Aqui estão alguns exemplos de cenários de projetos que requerem colaboração:

- Um projeto pode exigir especialização. Ele pode ser grande ou complicado demais para ser realizado por uma única pessoa. Isso prepara o terreno para que os alunos assumam funções especializadas em uma equipe, contribuindo com seus pontos fortes para o esforço compartilhado (consulte o *box* Tente isso nas páginas 86-87, "Faça os alunos assumirem funções nas equipes do projeto").
- As perguntas motivadoras são deliberadamente abertas e não podem ser respondidas por uma rápida pesquisa no Google. Na verdade, é provável que haja várias soluções ou produtos finais "certos". Isso significa que os alunos podem formar equipes que melhor atendam aos seus interesses, reforçando a voz e a escolha deles.
- Criatividade e competência cultural podem ser essenciais para o sucesso do projeto. Os alunos chegarão a soluções melhores ao trazerem

perspectivas, empatia e percepções diversas para um problema ou desafio. Esse é outro motivo do mundo real para a colaboração.

Ao projetar e planejar um projeto (como discutido no Capítulo 2), você deve considerar como e por que os alunos vão colaborar. Você designará equipes ou os estudantes escolherão seus próprios parceiros? Há prós e contras em ambas as abordagens, como mostrado na Figura 4.1.

Outro aspecto a considerar é *quando* formar as equipes. Em alguns projetos, o trabalho em equipe começa logo após o início do projeto. Isso lhe dá tempo para ensinar, reforçar e avaliar as habilidades de colaboração durante todo o projeto. Em outras situações, talvez você queira que os alunos façam uma pesquisa inicial e desenvolvam o entendimento individualmente antes de decidir sobre o tópico específico que desejam investigar com maior profundidade. As equipes então se formariam naturalmente em torno desses tópicos, dando aos alunos mais voz e escolha. Ambas as estratégias têm seu mérito; a principal ação pedagógica é adequar a estratégia da equipe às necessidades do projeto e à prontidão para trabalharem em equipe.

Quando o projeto estiver em andamento, é hora de monitorar e ajustar seu plano de colaboração. Se os alunos estiverem acostumados a trabalhar individualmente, é provável que precisarão da sua ajuda para aprender a colaborar, negociar, chegar a um consenso e compartilhar a carga de trabalho. É por isso que gerenciar a dinâmica da equipe é um aspecto crucial do ensino baseado em projetos.

Quando seus alunos estão lidando com projetos mais complexos de química, o professor Ray Ahmed os lembra por que a colaboração eficaz é essencial para obter os resultados desejados. Para um projeto sobre a qualidade da água, por exemplo, cada integrante de uma equipe realizou os mesmos experimentos de laboratório, mas usou um inibidor de corrosão diferente do que os outros colegas estavam usando. "Quando estão coletando os dados, eles têm que ser precisos", explica Ahmed. "Devem ser exatos e trabalhar juntos como uma equipe, pois cada aluno contribui com resultados para o restante do time. Há quatro fontes diferentes de dados que devem analisar. Eles não podem simplesmente fazer o que querem; precisam deixar de lado suas próprias necessidades e dizer: 'Esta é a meta de longo prazo da nossa equipe e é assim que vamos fazer isso'. Eles precisam colaborar."

A fim de desenvolver habilidades de colaboração com seus alunos do ensino fundamental, Sara Lev começou com uma atividade de aquecimento.

Abordagem para formar equipes	Prós	Contras
O professor decide	• Economiza tempo. • Reduz as discordâncias e ressentimentos. • Permite que o professor equilibre equipes para o crescimento dos alunos e o alcance de efetividade máxima. • É autêntico; a maioria das equipes do mundo real não é escolhida pelos próprios membros.	• Alguns estudantes podem ficar insatisfeitos com sua equipe. • Os alunos podem perder o sentido de autonomia e comprometimento. • Eles não têm a oportunidade de aprender a escolher os colegas de equipe com sabedoria.
O professor decide ouvindo a opinião dos alunos	• Minimiza discordâncias e ressentimentos. • Ainda permite que o professor equilibre as equipes para o crescimento dos estudantes e o alcance de efetividade máxima. • Os estudantes têm algum sentimento de autonomia e comprometimento. • Eles têm alguma oportunidade de aprender a escolher os colegas de equipe com sabedoria.	• Exige mais tempo do professor. • Pode ser difícil atender todas as preferências dos alunos. • Alguns deles ainda podem ficar insatisfeitos com sua equipe.
O professor gerencia o processo para que os alunos decidam	• Quase elimina as discordâncias. • Os estudantes têm um sentimento de autonomia e comprometimento. • Os alunos têm a oportunidade de aprender a escolher os colegas de equipe com sabedoria.	• Potencialmente demora mais tempo se os alunos precisam aprender a escolher as equipes. • A cultura de sala de aula precisa ser correta para evitar problemas com "panelinhas" e estudantes socialmente marginalizados. • Existe algum potencial para ressentimentos. • Não é aconselhável para crianças muito novas. • Os alunos podem não reconhecer as capacidades necessárias para que a equipe seja efetiva.

Figura 4.1 Prós e contras de várias abordagens de formação de equipes.

Antes que seus alunos de 5 anos se juntassem para trabalhar em um projeto com seus colegas de turma, eles colaboraram com amigos do 5º ano. O desafio da equipe era construir algo original a partir de materiais reciclados. Mais tarde, Lev fez um resumo da experiência apenas com seus estudantes. Eles analisaram uma rubrica de colaboração especialmente adaptada para jovens alunos que usa emojis em vez da linguagem de avaliação habitual (a rubrica de colaboração para o ensino fundamental está disponível, em inglês, em my.pblworks.org/node/11282).

Lev explica: "Conversamos sobre como poderíamos melhorar nossa capacidade de fazer parte de uma equipe. E se for difícil compartilhar suas ideias? E se um colega de equipe quiser ir para o recreio em vez de contribuir? Onde todos nós poderíamos encontrar espaço para crescer?". Quando os alunos autoavaliaram suas habilidades de colaboração, Lev ficou admirada com sua honestidade: "Nem todos deram a si mesmos rostos sorridentes!". Juntos, eles desenvolveram um entendimento compartilhado de colaboração que foi levado diretamente para o trabalho de PBL.

> **TENTE ISSO: FAÇA OS ALUNOS ASSUMIREM FUNÇÕES NAS EQUIPES DO PROJETO**
>
> As equipes de projeto geralmente funcionam melhor quando os membros têm funções determinadas. Para os mais velhos, as funções podem ser determinadas pela equipe, com ou sem o professor. Para os mais jovens, o professor deve definitivamente ajudar a decidir as funções. A seguir são apresentadas algumas sugestões que podem auxiliar na designação de funções:
>
> - Solicite que os estudantes preencham um perfil. Há muitas maneiras de fazer isso, mas uma que tem sido usada de forma eficaz é o processo SING, desenvolvido pela professora de PBL Kelly Reseigh para as escolas públicas de Denver, no qual os alunos preenchem as respostas (com a ajuda do professor, se necessário) para as solicitações em quatro quadrantes de um gráfico:
>   – Quais são seus pontos fortes (do inglês *s*trengths)?
>   – Quais são seus **i**nteresses?
>   – Quais são suas **n**ecessidades?
>   – Quais são suas metas (do inglês *g*oals)?
>
> A Figura 4.2 mostra um exemplo dos anos iniciais do ensino fundamental e a Figura 4.3 mostra um exemplo dos anos finais do ensino fundamental. Use os resultados do processo SING para colocar os alunos em equipes ou para ajudar os estudantes mais velhos a comunicarem suas decisões sobre as equipes que desejam formar.

- Decida se deseja ter as mesmas funções em todos os projetos ou funções diferentes dependendo do projeto. Como alternativa, você pode ter uma mistura de ambos, já que um projeto pode exigir, por exemplo, um produtor de vídeo, mas outro projeto não.
- Para evitar a estratégia de "dividir e conquistar" que equipes podem adotar em vez de colaborar verdadeiramente, pense em funções nas quais os alunos sejam encarregados de *delegar* trabalho em vez de fazer tudo sozinhos. Em vez das funções tradicionais de trabalho em grupo, como líder de equipe, anotador, pesquisador, escritor e artista, considere funções do mundo real, como gerente de projeto, engenheiro ou historiador líder, gerente de comunicações, diretor de mídias sociais e diretor de criação. Essa abordagem também ajuda a evitar os problemas que podem surgir quando uma equipe tem um "chefe" que pode assumir uma parte excessiva do trabalho ou não liderar a equipe de forma eficaz.
- Especifique as tarefas que cada função deve realizar – um processo que pode ser feito com os alunos. No trabalho em grupo convencional, um pode ser escolhido como o artista responsável pela criação de ilustrações. Por outro lado, em uma equipe de projeto PBL, essa função pode ser chamada de diretor criativo e ser responsável por garantir que os padrões criativos sejam atendidos, supervisionar o processo criativo, verificar a qualidade dos suportes visuais e garantir que todas as opções criativas sejam apresentadas.

Figura 4.2 Funções da equipe em um projeto de anos iniciais do ensino fundamental.
Fonte: Usada com a permissão de Sara Lev.

Pontos fortes	Interesses
• Criar conexões entre os membros de um grupo. • Assegurar que todas as vozes sejam ouvidas. • Ser flexível. • Ser confortável para descobrir novas ferramentas tecnológicas.	• Compreender as perspectivas e experiências dos outros. • Projetar caminhos/soluções únicos. • Integrar artes visuais ao trabalho.
Necessidades	**Metas**
• Processar ideias falando com os outros. • Criar um espaço seguro para desafiar ideias. • Identificar o propósito/resultados claros.	• Aprender a equilibrar colaboração e eficiência. • Melhorar a organização e a gestão do tempo. • Fornecer *feedback* construtivo aos membros da equipe.

Figura 4.3 Quadro SING (pontos fortes [do inglês *strengths*], **i**nteresses, **n**ecessidades e metas [do inglês *goals*]) para criar perfis de aprendizes.
Fonte: Usada com permissão de Kelly Reseigh, Denver Public Schools.

A seguir são apresentadas estratégias adicionais que ajudarão os estudantes a aprenderem a trabalhar bem juntos. Quando os alunos aprendem a colaborar efetivamente, eles são capazes de produzir resultados de qualidade maior do que seriam capazes de alcançar individualmente.

Comece com determinação: independentemente de você mesmo ter formado as equipes ou de ter dado a opção de escolherem parceiros, é importante garantir que as equipes tenham um bom começo. Uma atividade de formação de equipe pode ajudar, especialmente se os alunos ainda não se conhecerem bem. Tarefas de baixo risco, como a criação de um nome ou logotipo para a equipe, podem ajudá-las a formar uma identidade comum. Introduza iniciadores de conversa ou realize pesquisas que ajudem os estudantes a reconhecerem os pontos fortes que cada pessoa traz para a equipe.

Encoraje a responsabilidade: um contrato ou acordo de equipe que descreva os deveres dos membros ajudará a desenvolver a responsabilidade. Na verdade, escrever um acordo de equipe pode ser uma boa atividade de formação de equipe. Se os alunos forem novatos na PBL, você pode dar a eles um modelo de contrato ou compartilhar exemplos que outras pessoas tenham escrito. Incentive-os a usarem uma linguagem clara e simples (sem "juridiquês"!). Consulte a Figura 4.4 para visualizar um exemplo.

Modelo de comportamentos desejados: modele o que significa ser um membro eficaz de uma equipe. Por exemplo, você pode colaborar com especialistas em ensino, funcionários da biblioteca ou especialistas em mídia para planejar e implantar projetos. Destaque a experiência que cada pessoa traz e permita que os alunos vejam como a colaboração produz melhores resultados.

Destaque exemplos reais de colaboração: ajude os alunos a reconhecerem o valor do trabalho em equipe em exemplos fora da escola. Procure evidências de colaboração em notícias sobre descobertas científicas, solução de problemas comunitários ou até mesmo eventos esportivos. Se estiver planejando viagens de campo ou entrevistas com especialistas, incentive os alunos a perguntarem a eles sobre o papel da colaboração no seu trabalho.

PROJETO DE CONTRATO DE EQUIPE	
Nome do projeto:	
Membros da equipe:	
NOSSO ACORDO	
☐ Todos prometemos ouvir as ideias uns dos outros com respeito. ☐ Todos prometemos fazer nosso trabalho da melhor maneira possível. ☐ Todos prometemos fazer nosso trabalho dentro do prazo. ☐ Todos prometemos pedir ajuda se precisarmos dela. ☐ Todos prometemos que_____	
Se alguém de nossa equipe quebrar um ou mais dos nossos acordos, a equipe poderá ter uma reunião e solicitar à pessoa que siga nosso acordo. Se a pessoa ainda continuar a quebrar os acordos, pediremos ao nosso professor para ajudar a encontrar uma solução.	
Data:_____	
Assinatura dos membros da equipe: _____ _____ _____	_____ _____

Figura 4.4 Amostra de contrato de equipe.

Assim que as equipes do projeto são formadas, Erin Brandvold pede aos alunos que elaborem contratos de equipe. "Eles concordam com três a cinco coisas que prometem fazer, como levar todos os materiais, cumprir os prazos e permanecer na tarefa. Eles também criam suas próprias consequências", diz ela, caso um colega deixe a equipe na mão. Os estudantes mantêm a honestidade entre si, às vezes de forma divertida. "Vejo um aluno no fundo da sala fazendo flexões e pergunto o que está acontecendo. Ele me dirá: 'Ah, eu estava fora da tarefa. Essa é a minha consequência.'"

Durante todo o projeto, as normas e rotinas da turma reforçam uma cultura de colaboração. As solicitações de reflexão e outras técnicas de avaliação formativa exigem que os alunos avaliem a dinâmica da equipe e façam sugestões de melhoria. Considere as seguintes dicas de veteranos em PBL.

Misture as dinâmicas: realizar projetos em equipe não significa que os alunos estejam sempre trabalhando nos mesmos grupos pequenos. Algumas atividades de aprendizagem, como os seminários socráticos, envolvem toda a turma. As miniaulas podem reunir estudantes de várias equipes diferentes que precisam de instrução adicional ou de suporte (leia mais sobre suporte no Capítulo 6). Alunos mais introvertidos apreciarão as oportunidades de fazerem uma pausa nas demandas sociais do trabalho em equipe e trabalharem por conta própria durante parte do projeto.

Comece e termine o tempo de trabalho do projeto com verificações de equipe: essas são oportunidades para as equipes definirem metas, relatarem o progresso, fazerem perguntas de esclarecimento e lembrarem umas às outras dos futuros prazos. Reservar tempo para as equipes se reagruparem, mesmo que brevemente, reforça a boa comunicação e mantém todos concentrados nas metas compartilhadas.

Reflita sobre o trabalho em equipe: em momentos importantes durante um projeto, incentive os alunos a refletirem sobre como a equipe está trabalhando em conjunto. Se a colaboração for uma das principais metas de aprendizagem do projeto, certifique-se de ter uma rubrica ou outro conjunto de critérios para ela e utilize-a para as solicitações de reflexão. Todos os membros da equipe sentem que têm voz? Como a equipe demonstra que acolhe os dons e talentos de cada um? Como a equipe poderia melhorar a colaboração? Ao final do projeto, peça aos alunos que reflitam sobre como o trabalho em equipe ajudou ou prejudicou seus resultados. Com base nessa experiência, como eles gostariam que o trabalho em equipe fosse diferente da próxima vez?

AMPLIE SUAS ESTRATÉGIAS DE GERENCIAMENTO DE PROJETOS

Ao desenvolver uma série de estratégias de gerenciamento de projetos, você terá mais condições de acompanhar as partes móveis dos projetos e, ao mesmo tempo, manter o foco nas metas de aprendizagem. Seja estratégico também ao ajudar os alunos a desenvolverem suas próprias ferramentas e estratégias de gerenciamento de projetos, pois elas lhes serão úteis não apenas na PBL, mas também na vida.

Empregue ferramentas e rotinas que ajudem os alunos no processo de aprendizagem por projetos. Ferramentas como calendários, registros de equipe e rastreadores de tarefas ajudam os alunos a planejarem, organizarem e reconhecerem seu progresso. Essas ferramentas têm uma finalidade diferente das rubricas e de outras ferramentas de avaliação que visam à compreensão (e que também são extremamente importantes na PBL). As ferramentas de gerenciamento de projetos estão relacionadas à produtividade e ao autogerenciamento. Elas ajudam a esclarecer o que foi realizado até o momento, o que precisa ser feito em seguida, até quando e quem está fazendo o quê.

No entanto, uma palavra de cautela: enfatizar o gerenciamento de projetos não significa que os alunos estejam seguindo instruções passo a passo ou aprendendo no mesmo ritmo. Tampouco são deixados à própria sorte para irem do início ao fim. Em vez disso, as ferramentas e rotinas de gerenciamento de projetos ajudam os estudantes a se manterem organizados e informados para que possam conduzir com sucesso uma parte maior do seu próprio aprendizado. Seu *kit* de ferramentas fornece um sistema de alerta antecipado se os projetos estiverem saindo dos trilhos.

Participar das muitas partes de um projeto pode ser um desafio para os estudantes. Um projeto por si só gera uma quantidade substancial de "coisas", como perguntas sobre os conhecimentos necessários, recursos selecionados, notas de pesquisa, diários e muito mais. Para ajudar seus alunos de matemática na organização, Telannia Norfar mantém uma pasta do projeto na mesa de trabalho de cada equipe. "Eu a reabasteço toda semana", diz ela, acrescentando novas tarefas e atualizações de calendário. Os estudantes sabem que podem consultar a pasta a fim de encontrar o que precisam para prosseguir no projeto. Da mesma forma, Rebecca Newburn usa um *website* para abrigar todas as tarefas do projeto e recursos selecionados de que seus alunos dos anos finais do ensino fundamental possam precisar.

Muitos professores que aplicam a PBL estabelecem um mural na sala de aula para compartilhamento de informações sobre o projeto a fim de exibirem a pergunta motivadora, o calendário do projeto, os conhecimentos necessários e outros componentes. Não se trata de uma exibição estática, mas que está sempre atualizada à medida que o projeto se desenvolve.

Um centro digital de projeto serve ao mesmo propósito e tem a vantagem adicional de estar sempre acessível quando os estudantes estiverem *on-line*. Para os pais, um centro digital de projeto oferece uma janela para a aprendizagem dos alunos à medida que se desenvolve, com informações práticas como prazos futuros, necessidades de recursos, viagens de campo e outros detalhes logísticos.

Nas aulas, os alunos podem usar o mural ou o centro do projeto para consultarem suas próprias perguntas sobre o conhecimento necessário para ajudá-los na pesquisa. Sua lista provavelmente se expandirá à medida que se aprofundarem. Eles podem acrescentar novas perguntas que desejam investigar e riscar aquelas que já abordaram. Ao manter essa informação acessível, o mural do projeto ajuda os estudantes não apenas a continuarem organizados, mas também a conduzirem mais de sua própria aprendizagem.

Os murais do projeto são diferentes dos quadros de avisos tradicionais; eles se concentram na aprendizagem que está acontecendo *em tempo real* – não são vitrines para produtos finais exemplares. Eles dão aos estudantes pronto acesso a ferramentas e suportes imediatos para a aprendizagem, sendo tão úteis para os estudantes do ensino médio quanto para os do ensino fundamental (para saber mais sobre como os murais do projeto apoiam o ensino baseado em projetos, veja o livro de anotações do facilitador no final deste capítulo).

As rotinas oferecem mais ferramentas para reforçar a gestão eficaz de projetos como parte da cultura da sala de aula. Como lembra Doug Lemov (2015, p. 353), uma rotina de sala de aula é "[...] um procedimento ou sistema que se tornou automático, que os alunos executam sem muita supervisão, sem cognição intencional (em outras palavras, como um hábito) e/ou por sua própria vontade e sem que o professor os estimule (por exemplo, tomar notas durante a leitura)".

Algumas rotinas aumentam a eficiência de tarefas regulares, como entregar os deveres de casa ou fazer a chamada. Na PBL, as rotinas também podem ajudar os estudantes a administrarem sua própria aprendizagem e estimular um pensamento mais profundo. Rotinas de pensamento visível, desenvolvidas pelo Project Zero de Harvard, são utilizadas por muitos professores da PBL. Essas rotinas baseadas em pesquisa "[...] guiam livremente os processos de pensamento dos alunos e incentivam o processamento ativo. São miniestratégias curtas e fáceis de aprender que estendem e aprofundam o pensamento dos alunos e se tornam parte do tecido da vida cotidiana da sala de aula" (PROJECT ZERO, [201-], documento *on-line*). Embora as rotinas de pensamento sejam úteis para a investigação de suportes, elas também podem ajudar os estudantes a administrarem mais sua própria aprendizagem, dando-lhes estruturas confiáveis para avançarem em seus projetos.

Por exemplo, o professor Raleigh Werberger confiou em uma rotina chamada ver/pensar/questionar ao longo de um projeto interdisciplinar ampliado (que ele descreve em detalhes em *From project-based learning to artistic thinking: lessons learned from creating an unhappy meal*). A rotina encoraja a observação atenta e a investigação de suportes, levando os alunos a pensarem em três questões: *o que você vê? O que pensa sobre isso? O que isso o leva a questionar?*

O uso regular do ver/pensar/questionar inspirou curiosidade em seus estudantes escritores durante todo o projeto e os ajudou a organizar o fluxo de trabalho de seus projetos. Como Werberger (2016, p. 49) explica,

> Este formato – a introdução de uma rotina de pensamento para estimular observações e perguntas no início de cada novo tópico, a formulação de uma investigação baseada em pesquisas a partir dessas observações e perguntas e as rodadas subsequentes de redação, crítica e reescrita – tornou-se essencialmente a fórmula de trabalho para o resto do ano letivo.

É preciso tempo e esforço para estabelecer rotinas em sala de aula para apoiar a PBL, reconhece Erin Brandvold, "mas é importante gastar esse tempo para que os alunos possam pensar e resolver problemas sem você".

Para ajudar seus alunos a administrarem mais sua própria aprendizagem, ela introduz ferramentas como organizadores gráficos para auxiliá-los com pesquisas e listas de verificação (*checklists*) que os lembram dos passos para completar tarefas importantes. "Você precisa deixar as instruções claras", acrescenta ela, "para que não tenha que continuar explicando. Isso permite que os estudantes entrem no trabalho mais rapidamente". Se lhe fizerem uma pergunta operacional e ela souber que a resposta está bem na frente deles em um folheto, ela poderá dizer: "Eu acredito em você. Você pode descobrir por si mesmo".

Pense no que ocorre quando os alunos desenvolvem uma rotina para conduzir reuniões efetivas como forma de solucionar os problemas da equipe. Algumas etapas simples mantêm a discussão focada em chegar a soluções em vez de se transformar em uma sessão de reclamações. Essa rotina é utilizada por um professor dos primeiros anos do ensino fundamental para ajudar seus alunos a administrarem o trabalho em equipe durante os projetos:

1. **Qual é a nossa pauta?** Qual é a questão, preocupação ou oportunidade específica sobre a qual precisamos conversar? (Dica: não realizar reuniões somente em nome de ter reuniões!)

2. **O que sabemos sobre isso?** Os membros da equipe têm uma discussão respeitosa, sendo abertos a todas as perspectivas enquanto mantêm o foco no tópico da pauta?

3. **Quais são as nossas próximas etapas?** Já resolvemos o problema nós mesmos, ou precisamos da ajuda do professor? Quem vai fazer o quê na sequência?

O estabelecimento de uma nova rotina como esta requer uma prática deliberada. Você pode querer primeiro modelar uma reunião de equipe usando o protocolo aquário ou fazer um *role-play* para demonstrar bons e maus modos de fazer uma reunião. Quando os alunos começarem a realizar suas próprias reuniões em equipe, junte-se a eles como observador e ajude-os a se concentrarem novamente em sua pauta caso a reunião comece a sair do caminho.

Os professores dos anos iniciais do ensino fundamental geralmente usam a rotina "pergunte a três outras pessoas antes de mim" para encorajar os estudantes a se voltarem uns para os outros e obterem respostas em vez de confiar no professor como a única fonte de informação. Uma professora em Memphis, Tennessee, inventou sua própria versão dessa rotina para ajudar seus alunos do 9º ano a se tornarem mais confiantes no gerenciamento do processo da PBL. O instrutor Ian Stevenson descreve como essa rotina mudou gradualmente a cultura da sala de aula dessa professora:

Seus alunos eram novos na PBL. Eles estavam acostumados a receber todas as informações de seus professores anteriores. Para incentivar mais autodeterminação, essa professora não queria ser a primeira a quem os alunos recorriam toda vez que tinham uma pergunta sobre seu projeto. Ela introduziu esta simples rotina: se você tem uma dúvida, primeiro pergunte a alguém em sua mesa. Se isso não ajudar, pergunte a alguém em outra mesa. Depois faça uma pausa e tente responder a pergunta você mesmo, refletindo sobre as informações que recebeu. Se você estiver inseguro, então venha conversar comigo.

A professora percebeu rapidamente que uma rotina como esta tem que estar presente na sala de aula o tempo todo para que possa fazer a diferença. Ela fez um cartaz descrevendo as três etapas e o colocou em um lugar de destaque na sala de aula [ver Figura 4.5]. Durante minhas observações, ela me pediu para prestar atenção na frequência com que os encaminhava para o cartaz, em vez de apenas responder às suas perguntas. Foi preciso um esforço de sua parte para não dar-lhes apenas respostas rápidas. Ela se esforçou para encaminhá-los ao cartaz e perguntou: "Onde você está no processo?".

> **O que fazer quando me sinto confuso?**
>
> **Etapa 1:** Fazer a mim mesmo perguntas esclarecedoras.
>
> **Etapa 2:** Fazer perguntas esclarecedoras a um colega próximo.
>
> **Etapa 3:** Me fazer perguntas esclarecedoras NOVAMENTE!
>
> **Etapa 4:** Fazer perguntas esclarecedoras a um facilitador (prepare-se para fazer conexões com sua própria aprendizagem).

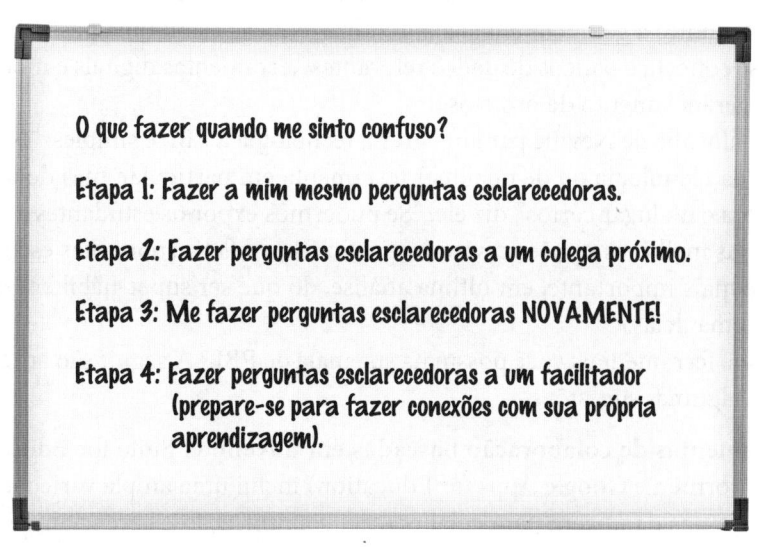

Figura 4.5 O que fazer quando me sinto confuso.
Fonte: Usada com a permissão de Ian Stevenson.

A resposta dos estudantes foi interessante. No início, houve muitos resmungos. Alguns reclamaram: "Você nunca nos ajuda!". No entanto, aos poucos, eles perceberam que podiam ajudar uns aos outros com algumas das questões logísticas. Assim que isso aconteceu, a professora começou a receber perguntas mais profundas dos alunos. Suas perguntas mudaram de questões logísticas para conteúdo. À medida que essa rotina foi se consolidando, os alunos começaram a perceber que a aprendizagem podia parecer, soar e significar algo diferente do que tinham experimentado antes. Talvez eles precisassem se esforçar mais, mas isso compensava no final.

FERRAMENTAS TECNOLÓGICAS PARA O GERENCIAMENTO DO PROJETO

Tom Neville, professor de história dos anos finais do ensino fundamental, utiliza a tecnologia para promover a colaboração dos estudantes na PBL, às vezes a distância. O Monuments Project (www.monumentsproject.org), em andamento, envolve estudantes de vários países realizando pesquisas históricas e contando as histórias de veteranos norte-americanos da Primeira Guerra Mundial que estão enterrados no exterior. A fim de ajudar os estudantes a gerenciarem sua aprendizagem, ele criou uma pasta *on-line* que se conecta a bancos de dados relevantes, ferramentas digitais e modelos para gerenciamento de projetos.

A filosofia de Neville para integrar a tecnologia à PBL é simples. "Não se trata da tecnologia ou de qualquer ferramenta em particular, mas de usá-la na hora e no lugar certos", diz ele. "Se pudermos expor os estudantes a algumas das melhores opções disponíveis e fazê-los refletir sobre suas escolhas, isso é mais importante, em última análise, do que ser super-hábil em qualquer uma delas."

Que ferramentais você possui na sua mala de PBL? A seguir são apresentadas algumas sugestões.

Ferramentas de colaboração baseadas em nuvem: G Suite for Education (anteriormente Google Apps for Education) inclui uma ampla variedade de ferramentas da nuvem para colaboração, comunicação e gerenciamento de projetos, incluindo um calendário, documentos e formulários colaborativos e o Google Classroom (https://edu.google.com/k-12-solutions/g-suite).

Microsoft 365 também possui ferramentas *on-line* para a criação de conteúdo, colaboração e gerenciamento de equipes.

Sala de aula digital: as plataformas de gerenciamento de aprendizagem permitem aos professores criarem salas de aula digitais personalizadas com recursos que se adequam às necessidades específicas do projeto, como calendários, grupos, anúncios, recursos de classificação, portfólios e muito mais. Exemplos incluem Edmodo (www.edmodo.com) e ClassDojo (www.classdojo.com).

***Wikis*:** portais que podem ser facilmente editados por vários autores, os *wikis* são úteis para criar, compartilhar e gerenciar o conteúdo durante os projetos. Exemplos incluem PBworks (www.pbworks.com/education) e Google Sites (https://sites.google.com).

Rastreadores de projetos: Slack (https://slack.com) e Trello (https://trello.com) são dois exemplos de ferramentas usadas tanto no ensino quanto por profissionais para acompanhar o progresso de projetos em equipe e facilitar a colaboração.

Quadros de aviso digitais: são úteis para avaliação formativa, *brainstorming* e compartilhamento de recursos. Um exemplo popular é o Padlet (http://padlet.com).

APROVEITANDO AO MÁXIMO O TEMPO DE APRENDIZAGEM

Quando exploramos estratégias para projetar e planejar projetos de alta qualidade no Capítulo 2, discutimos a sabedoria de começar com o final em mente. Essa é uma maneira confiável de focar em metas de aprendizagem importantes e de construir rigor acadêmico em seu plano de projeto. Como parte do planejamento, você também pensou em um evento culminante com uma audiência pública, compartilhamento de uma publicação ou *website* ou outra demonstração de aprendizagem. Isso dá aos estudantes não apenas um público verdadeiro, mas também um prazo real. Uma vez lançado o projeto, a contagem regressiva para a apresentação começa. Como você garantirá que todos dominem os objetivos de aprendizagem até a conclusão do projeto?

Quando se trata de gerenciar o tempo, você quer estar atento ao calendário do projeto enquanto ajuda os estudantes a desenvolverem suas próprias estratégias de gerenciamento do tempo. Tarefas marcantes os ajudarão a verem como até mesmo grandes projetos se desdobram em uma série de etapas menores. Dar prazos realistas, mas rigorosos, para esses marcos os ajudará a aprenderem a cumprir os miniprazos e a evitarem uma crise de última hora.

Você também quer manter o calendário flexível e fazer ajustes com base no que está acontecendo na aprendizagem. Telannia Norfar, por exemplo, havia planejado que seus alunos de geometria passassem por pelo menos duas rodadas de sessões práticas com seus colegas antes de apresentarem seus planos finais de *design* da casa aos seus clientes. No entanto, ela percebeu que os estudantes precisavam de mais tempo do que havia previsto para lidar com os conceitos de matemática. Ela ajustou o calendário, reservando mais tempo para miniaulas e revisão de conteúdo, mesmo que isso significasse apenas uma rodada de ensaios.

Dicas de gerenciamento de veteranos em PBL lhe ajudarão a dispor de mais tempo para aprendizagem aprofundada.

Remova gargalos: o professor de ciências do ensino médio Brandon Cohen estrutura projetos para incluir trabalhos tanto com toda a turma quanto em pequenos grupos. Seu objetivo como gerente de projetos é poder afastar-se para trabalhar com poucos alunos – talvez mostrando-lhes como usar equipamentos ou ferramentas de laboratório – e saber que o restante da turma permanecerá focado no trabalho em questão. "Isso requer uma cultura de confiança, e também significa que os estudantes precisam conhecer a tarefa. O que é isso? Por que estamos fazendo isso? O que devemos fazer e quando?" Uma de suas estratégias de gestão é garantir que ele nunca seja um gargalo para o progresso dos estudantes. "Se um aluno precisa da minha atenção e eu não posso dá-la naquele momento, ele tem outros caminhos. Pode ser pedir ajuda a um colega ou mudar para outra tarefa até que eu esteja disponível."

Diferencie quando necessário: alguns estudantes precisarão de apoio ou estrutura adicional à medida que aprendem a administrar seu tempo e fluxo de trabalho. Atenda às necessidades daqueles com dificuldades de atenção e outras necessidades educacionais especiais, ajudando-os a trabalharem em partes gerenciáveis do projeto, a manterem-se concentrados e a anteciparem o que está por vir. Ajude os estudantes a desenvolverem mais independência, adquirindo suas próprias estratégias de autorregulação (para uma discussão mais detalhada sobre suportes na PBL, veja o Capítulo 6).

Siga o fluxo: estratégias de avaliação formativa (que serão discutidas em detalhes no Capítulo 5) são essenciais para verificar a compreensão dos estudantes ao longo de todo o projeto. No entanto, como verificar a produtividade sem interromper o fluxo deles? Uma estratégia útil que James Fester descobriu quando estava ensinando nos anos finais do ensino fundamental é colocar um miniquadro branco em cada mesa e fazer os alunos escreverem algumas palavras que descrevem no que estão trabalhando. Ele compara isso a uma abordagem que observou em museus, onde especialistas colocam uma placa para informar aos visitantes curiosos: "Aqui está o que estou fazendo hoje". Para o professor, essa abordagem "torna mais fácil ver em que os alunos estão trabalhando e onde eu poderia ajudar". No entanto, ele não leva o crédito pela ideia. "Veio de uma aluna que se cansou de minhas interrupções. Um dia, ela colocou em sua mesa uma nota adesiva que dizia: 'Estou fazendo...'. Eu pensei: que ideia brilhante!"

Use o tempo do trabalho em equipe estrategicamente: quando as equipes de alunos estiverem trabalhando de maneira produtiva em projetos, use esse tempo de aula para observações e verificações. Esse é o conselho do veterano em PBL Kevin Gant (2017), que sugere que o tempo de trabalho oferece aos professores a oportunidade de se reunirem com as equipes de modo rotativo, observarem a colaboração em grupo, participarem de conversas em pequenos grupos ou oferecerem minilições para a aprendizagem de suporte. "[...] planejar tempo de trabalho em grupo com a pergunta: 'O que eu [o professor] farei simultaneamente?' Se você não tiver um plano [...]", acrescenta ele, "[...] seu tempo não será tão bem gasto" (GANT, 2017, documento *on-line*).

Não economize na reflexão: encontrar tempo para a reflexão pode ser um desafio durante o alvoroço de um projeto. Resista à tentação de eliminar essa etapa. Alguns minutos no final de um período de aula podem ser suficientes para que os alunos parem e façam um balanço de sua aprendizagem. Onde eles estão enfrentando dificuldades? O que está indo bem no projeto? Misture os avisos de reflexão e os métodos para evitar respostas rotineiras. Por exemplo, solicite que os alunos se entrevistem, compartilhem um *tweet* ou usem *emojis* para refletirem sobre como estão se sentindo em relação ao projeto.

Crie intervalos: a fadiga pode fazer o progresso se perder, especialmente em projetos mais longos e mais complexos. É por isso que Jim Bentley projeta tarefas com seus estudantes cineastas. "Durante uma sessão de trabalho de projeto, podemos trabalhar em uma parte específica do projeto durante 45 minutos, e voltar a ela mais tarde no dia. Depois de fazer algo intenso como críticas de roteiro, podemos mudar a velocidade e trabalhar em diagramação de sentenças por um tempo. É bom fazer uma pausa mental."

Inverta sua sala de aula: no modelo de sala de aula invertida, os professores substituem as aulas em sala de aula por gravações em vídeo, que os alunos veem como dever de casa. Essa abordagem pode ser usada na PBL para criar mais tempo para o ensino em pequenos grupos ou personalizado. O professor de economia Jason Welker, por exemplo, usa videopalestras para abordar o conteúdo que ele quer que todos compreendam (outros professores podem usar vídeos prontos, como os da Khan Academy). Durante a aula, ele se reúne com cada equipe de projeto para garantir que apliquem os grandes conceitos (do dever de casa em vídeo) a seu projeto específico. Essas discussões em pequenos grupos tendem a ir mais fundo no conteúdo do que as palestras tradicionais. Para um projeto de economia ambiental, por exemplo, as equipes aplicaram a teoria econômica para abordar uma das metas de desenvolvimento sustentável das Nações Unidas. O projeto levou a ações reais, como convencer os administradores escolares a investirem em um projeto de compensação de carbono que os estudantes tinham aprovado.

Integre o modelo de oficina: o modelo de oficina, uma abordagem de ensino testada e comprovada mais frequentemente utilizada para desenvolver a leitura, também apoia a gestão eficaz das atividades de aprendizagem em todas as disciplinas na PBL. Ray Ahmed, por exemplo, incorpora regularmente uma oficina de escritores em sua aula de química do ensino médio. A abordagem de oficina não só ajuda os estudantes a melhorarem sua escrita científica, como desenvolve suas habilidades de darem e receberem *feedback* e de defenderem a ajuda de que necessitam. Ele explica como isso funciona em um projeto de química: "Um estudante escolhe uma peça escrita e diz: 'Ei, grupo, estou pronto para compartilhar e pedir *feedback*'.

O estudante que está apresentando reconhece o que vê como pontos fortes no trabalho. Então diz: 'Aqui estão os pontos nos quais preciso de ajuda. Quais são meus próximos passos para melhorá-los?'". Ahmed lembra aos estudantes que esse tipo de colaboração é exatamente como os cientistas profissionais melhoram seu trabalho. "Se você está trabalhando em um laboratório de química", diz ele, baseando-se em suas próprias experiências, "você vai apresentar seu trabalho a cada duas semanas. Esse tipo de crítica é central para a disciplina. É o que os cientistas fazem."

Nas aulas de Ahmed, tanto o professor quanto os colegas dão um *feedback* antecipado sobre a escrita dos alunos. À medida que o projeto se aproxima da conclusão, especialistas externos entram para fazer críticas adicionais. Nesse ponto do projeto, os estudantes começam a apreciar o valor do *feedback* para melhorar seu trabalho. Saber que vão publicá-lo e apresentá-lo ao público os motiva a lutar por uma escrita e uma apresentação científica de qualidade profissional.

LIVRO DE ANOTAÇÕES DO FACILITADOR: REGISTRANDO OS MATERIAIS DE APRENDIZAGEM

No distrito do norte da Califórnia, onde James Fester é um facilitador de ensino, os professores se tornaram adeptos entusiastas de estratégias para tornar a aprendizagem visível. Uma dessas estratégias é o "mural de processos", que abriga materiais de aprendizagem à medida que um projeto se desenvolve (outros professores podem se referir a essa ferramenta como mural do projeto ou quadro do projeto).

Para construir seus murais, os colegas de Fester geralmente colam grandes pedaços de papel kraft em um local de destaque na sala de aula. À medida que o projeto avança, eles adicionam os materiais de aprendizagem dos alunos – perguntas necessárias, exemplos de bilhetes de saída, notas de esboço ou talvez anotações retiradas de diários de reflexão. "Ele se torna um registro contínuo do projeto", explica Fester. "Não se trata apenas de uma forma de informação. Ele continua evoluindo."

No final do projeto, os professores podem registrar tudo, salvando toda essa rica informação para o planejamento futuro. Da próxima vez que quiserem ensinar o mesmo projeto, eles podem rever os materiais de aprendizagem para lembrar pontos fortes e desafios específicos. Ter um registro de execução do projeto ajudará os professores a fazerem modificações, atualizações ou extensões, melhorando o projeto por meio de repetição e reflexão.

Para os estudantes, o mural atende a uma série de funções. "Ele é uma ferramenta para prestação de contas, avaliação, perguntas, suporte e construção da cultura da sala de aula", diz Fester. "Se um aluno tiver faltado, ele pode rapidamente alcançar o seu objetivo. Você pode voltar e revisar ou acrescentar informações a uma entrada anterior, modelando a importância da revisão. Quando é hora de refletir, os alunos não precisam se lembrar do que fizeram antes – está tudo ali. Eles podem ver o escopo de todo o projeto. Acima de tudo, ver todos esses exemplos de trabalho dos estudantes ajuda--os a se verem na sala de aula. Isso leva a um maior comprometimento."

Os murais de processos são úteis não apenas para o gerenciamento de projetos, mas também como ferramentas de formação. Fester explica: "Um facilitador ou gestor pode entrar em uma sala de aula, dar uma olhada no mural e ver de relance onde os alunos estão no projeto. Ele lhe dá o contexto do que os estudantes estão aprendendo. Um administrador ou facilitador pode olhar para isso e encontrar evidências de práticas de ensino baseado em projetos".

ESTRATÉGIAS PARA GERENCIAR ATIVIDADES: PONTOS-CHAVE

Neste capítulo, você leu sobre uma série de estratégias para gerenciar as atividades na PBL. Talvez você não tenha pensado anteriormente em si mesmo como um gerente de projeto ou considerado as habilidades de autorregulação que os estudantes desenvolvem por meio da PBL. Ao analisar esses aspectos do gerenciamento de atividades, pense sobre as estratégias de gerenciamento que você precisa incorporar:

- **Trabalho em equipe:** qual é o seu plano para formar equipes de projeto? Como você ajuda as equipes a terem um bom início? Como você faz a verificação nas equipes e resolve os desafios?
- **Ferramentas:** quais das ferramentas tecnológicas descritas neste capítulo você já utiliza? Como você pode aproveitar as ferramentas digitais para atingir as metas de aprendizagem em projetos?
- **Tempo:** ao planejar o calendário de seu projeto, você deixa tempo suficiente no "meio confuso" para que os alunos revisem seu trabalho

com base no *feedback* recebido? Como você está usando o tempo de aula para observar e verificar a aprendizagem quando as equipes estão trabalhando produtivamente?

NA SUA ESTANTE DE PBL

Never work harder than your students and other principles of great teaching: o educador experiente Robyn R. Jackson guia os leitores por meio de sete princípios de ensino eficaz que incentivam a aprendizagem centrada no aluno.

PBL for 21st century success: esta publicação do BIE explica como ajudar os estudantes a desenvolverem cada um dos "quatro Cs" – pensamento crítico, colaboração, comunicação e criatividade – por meio de projetos que deliberadamente ensinam e avaliam essas habilidades de sucesso.

Project management toolkit for teachers: a Project Management Institute Educational Foundation publica este recurso de fácil utilização para professores em duas versões: uma alinhada à terminologia padrão da indústria e outra alinhada à terminologia PBL. Conselhos de gerenciamento de projetos, voltados para idades entre 10 e 18 anos, ajudam a preparar os estudantes para o ensino superior e para carreiras.

Reinventing project based learning: your field guide to real-world projects in the digital age (3ª ed.): Suzie Boss e Jane Krauss conectam os pontos entre a integração efetiva da tecnologia e a PBL.

Tasks before apps: designing rigorous learning in a tech-rich classroom: Monica Burns defende o foco nas metas de aprendizagem como um primeiro passo para uma integração tecnológica eficaz. Vários exemplos mostram como usar ferramentas digitais para criação, curiosidade e colaboração.

5

Avalie a aprendizagem dos estudantes

Equilibre avaliações formativas e somativas e forneça aos alunos feedback de múltiplas fontes para ajudá-los a alcançarem uma aprendizagem profunda e a produzirem trabalho de alta qualidade na PBL.

Depois de semanas trabalhando em seus projetos de microcasas, os alunos do 3º ano de Cheryl Bautista estavam prontos para fazer as apresentações finais. As equipes se revezaram para compartilhar suas plantas detalhadas, modelos em escala, cálculos de orçamento e argumentos de venda com seus clientes. Os clientes ficaram atentos a cada palavra e examinaram cada artefato que os estudantes haviam produzido em resposta à pergunta principal: *com base em um orçamento, como podemos, como equipe de projeto, planejar uma casa para uma família, levando em consideração o espaço, a localização, o tempo, a mão de obra, os materiais e as preferências pessoais?*

O que pode não ter sido óbvio para a audiência foi a forma como o *feedback*, a revisão e as melhorias que ocorreram durante as semanas anteriores prepararam os alunos para esse evento. A avaliação formativa ao longo do projeto incluiu o *feedback* dos professores, a avaliação dos colegas, a consulta a especialistas e a autorreflexão. Tudo isso moldou a aprendizagem dos estudantes e preparou-os para apresentarem as suas melhores ideias no evento culminante.

POR QUE UMA AVALIAÇÃO ABRANGENTE É FUNDAMENTAL PARA O SUCESSO DA PBL

Na PBL, um fator-chave que faz a diferença para a aprendizagem é uma abordagem abrangente na avaliação. A avaliação na PBL leva os alunos ao domínio do tema. Não se trata de fazer "pegadinhas" ou de um meio de classificá-los por níveis de habilidade. Como sugere o especialista em avaliação Rick Stiggins (2007), o tipo certo de avaliação coloca todos os alunos em uma série de vitórias. Isso é especialmente verdadeiro na PBL, na qual o foco da avaliação deve estar diretamente voltado para o crescimento do estudante.

> **PADRÃO-OURO DE PRÁTICAS DE ENSINO BASEADO EM PROJETOS: AVALIE A APRENDIZAGEM DOS ALUNOS**
>
> Várias estratégias de ensino baseado em projetos contribuem para uma avaliação abrangente. A avaliação das diferentes formas e formatos ocorre do início ao fim de um projeto. Os indicadores para avaliar a aprendizagem dos alunos na rubrica de ensino baseado em projetos padrão-ouro incluem os seguintes pontos:
>
> - Produtos do projeto e outras evidências são usadas para avaliar detalhadamente os padrões da área-tema, bem como as habilidades de sucesso.
> - A aprendizagem individual – não apenas os produtos criados pela equipe – é avaliada adequadamente.
> - A avaliação formativa é usada regularmente e com frequência em várias ferramentas e processos.
> - Protocolos estruturados para crítica e revisão são usados regularmente nos momentos de verificação; os estudantes dão e recebem *feedback* efetivo que informa as decisões de ensino e as ações deles.
> - Oportunidades regulares e estruturadas são fornecidas para que os alunos autoavaliem seu progresso e, quando adequado, avaliem o desempenho dos colegas.
> - Rubricas alinhadas aos padrões são usadas pelos estudantes e pelo professor ao longo do projeto para orientar tanto a avaliação formativa quanto a somativa.
>
> Veja o Apêndice para a rubrica de ensino baseado em projetos completa.

Um vídeo complementar sobre a avaliação da aprendizagem pode ser encontrado em pblworks.org.

ESTRATÉGIAS PARA ALCANÇAR O EQUILÍBRIO

Muitas das ferramentas de avaliação que lhe ajudarão bastante na PBL – como questionários, observações e protocolos para oferecer *feedback* – provavelmente já são familiares para você e seus alunos. A mudança que acontece no ensino baseado em projetos é ser mais estratégico sobre quando, por que e como a avaliação acontece.

A avaliação formativa – avaliação *para a* aprendizagem – precisa ocorrer em intervalos frequentes ao longo de um projeto. Os estudantes também precisam de tempo suficiente para revisar seu trabalho com base no *feedback*, produzindo vários rascunhos de produtos finais à medida que trabalham para alcançar a excelência.

A avaliação somativa – avaliação *da* aprendizagem – ocorre ao final do projeto, mas os alunos devem iniciá-lo com uma compreensão clara de como serão avaliados. Os professores tornam seus planos de avaliação transparentes quando fornecem uma rubrica no início do projeto que define o domínio de metas de aprendizagem específicas em uma linguagem acessível. Alguns professores preferem construir a rubrica com seus alunos, como explica a professora Erin Brandvold mais adiante neste capítulo.

A avaliação na PBL também alcança um equilíbrio entre a avaliação individual e da equipe, a autoavaliação e a avaliação dos colegas, e entre a avaliação do domínio do conteúdo e das habilidades de sucesso. Isso resulta em uma imagem multifacetada da aprendizagem dos alunos ao longo do tempo, com eles próprios atuando como participantes ativos do processo.

Para ajudá-lo a planejar uma avaliação eficaz, vamos examinar mais de perto quatro estratégias do professor que ajudam a colocar os alunos em uma série de vitórias na PBL: ser transparente sobre os critérios para o sucesso, enfatizar a avaliação formativa, equilibrar a avaliação individual e da equipe e incentivar o *feedback* de várias fontes.

Seja transparente sobre os critérios para o sucesso

Quando Rebecca Newburn estava planejando um projeto sobre mudança climática, ela sabia que queria que seus alunos dos anos finais do ensino fundamental saíssem com dois conhecimentos duradouros: como os seres humanos afetam o clima da Terra e o que podem fazer para mitigar a mudança climática.

Essas metas de aprendizagem estão alinhadas com os padrões científicos da próxima geração e com os padrões estaduais do núcleo comum, tornando-as assim adequadas a um projeto de investigação aprofundada. Elas também refletem o desejo de Newburn de ajudar os alunos a estabelecerem conexões pessoais com a ciência e trabalharem em busca de soluções. "Ao planejar um projeto, penso: como esse conteúdo se relaciona com a vida dos estudantes? Depois que eles aprenderem sobre isso, como podem se sentir capacitados para fazer a diferença?"

Newburn torna esses objetivos transparentes de várias maneiras, a começar pela questão principal. No início do projeto que ela chamou de "Rosto, lugar, história: a ciência e as histórias da mudança climática", a pergunta motivadora apontava para a aprendizagem aplicada que estava por vir: *como as diferentes comunidades são afetadas pela mudança climática e o que podemos fazer para promover uma mudança positiva?* Ao longo do projeto, as atividades de aprendizagem, a pesquisa dos alunos, as consultas a especialistas, o trabalho de campo e as reflexões foram todos conectados a essa pergunta motivadora, o que ajudou os estudantes a se concentrarem nas metas de aprendizagem e a se prepararem para agir.

Eles entenderam os critérios para o sucesso, que estavam claramente definidos no *website* da turma de Newburn, em cada etapa do projeto. A professora informou aos alunos com antecedência sobre as tarefas e os prazos. Eles também entenderam que, ao final do projeto, precisariam aplicar seu conhecimento e propor um plano de ação que tivesse um impacto real na mudança climática. Ao fornecer o panorama geral do projeto e avaliar e orientar sua aprendizagem ao longo do caminho, Newburn estava preparando os estudantes para o sucesso.

À medida que o projeto se aproximava do fim, Newburn juntou-se a uma equipe de alunos para uma revisão crítica de seu plano de ação de mudança climática. Eles haviam escolhido criar uma campanha em vídeo para reduzir o desperdício de alimentos. "Eles explicaram por que essa é uma questão tão importante. Eles tinham bons dados", disse ela, e apresentaram seus argumentos usando vocabulário acadêmico. Eles citaram fontes. Newburn sugeriu algumas pequenas edições para melhorar a produção, mas teve apenas *feedback* positivo sobre a compreensão dos conceitos-chave pelos alunos.

"Eles entenderam que reduzir o desperdício de alimentos é algo que eles, como crianças, podem fazer para obter uma diferença real. Isso foi empolgante", e mostra o que os estudantes podem realizar quando se dedicam a um objetivo que é importante para eles. Para garantir que seus alunos entendam e aceitem os objetivos da aprendizagem da PBL, compartilhe seu plano de avaliação com eles logo após o evento inicial.

Use a rubrica: dependendo da sua experiência em PBL e do contexto escolar, você pode criar uma rubrica para o projeto do zero, reaproveitar uma que tenha sido usada no passado ou usar uma rubrica comum que seja compartilhada em sua série ou sistema escolar. Qualquer que seja a fonte, certifique-se de que os estudantes entendam a linguagem da avaliação e saibam como usar a rubrica para orientar seu crescimento.

Em um projeto de estudos sociais com seus alunos do 4º ano, por exemplo, Abby Schneiderjohn usou uma rubrica com a qual eles já tinham se familiarizado na oficina de redação para avaliar seus ensaios. Os estudantes puderam usar a rubrica para revisarem seus rascunhos e avaliarem a redação uns dos outros durante as revisões dos colegas.

Em suas aulas de história mundial no ensino médio, Erin Brandvold orientou os alunos no processo de criação de um guia de pontuação para avaliarem o desempenho do julgamento simulado no final do projeto sobre revoluções. Ela explica como isso foi feito:

> Depois que os alunos tiveram tempo para assistir e analisar vídeos de filmes de julgamento e praticar seus próprios argumentos no tribunal, usamos um protocolo para definir seus critérios de participação efetiva em um julgamento simulado. Para chegar a um consenso, usamos um protocolo chamado GOILS: *groups of increasingly larger size* (grupos de tamanho cada vez maior). Primeiro, os alunos trabalham individualmente para definir cinco critérios por conta própria. Em seguida, eles comparam os critérios com um colega e, juntos, decidem a respeito de uma lista de cinco critérios. Em seguida, os pares se reúnem em grupos de quatro e fazem a mesma coisa. Esse processo continua, com os grupos dobrando de tamanho a cada vez, até que toda a turma chegue a um consenso. Os cinco critérios dos alunos (listando pontos específicos sobre provas, argumentação, habilidades de apresentação, profissionalismo jurídico e conhecimento) foram o que o júri usou durante o julgamento simulado para avaliar seu desempenho no tribunal.

A criação conjunta de rubricas reforça uma cultura de excelência na sala de aula. Brandvold diz: "O processo incentiva os alunos a pensarem: 'se eu fizesse isso muito bem, qual seria o resultado?'". Eles têm uma melhor compreensão do trabalho de alta qualidade ao gerarem seus próprios indicadores para as metas de aprendizagem que o professor identificou.

Se os estudantes não estiverem familiarizados com o uso de rubricas, reserve um tempo nos primeiros dias do calendário do projeto para que eles descubram a linguagem e pratiquem o uso dessa ferramenta de avaliação. Uma estratégia útil é compartilhar amostras do trabalho de um projeto anterior e pedir que eles avaliem a qualidade, usando a rubrica como guia de pontuação. Certifique-se de que entendam o vocabulário da avaliação. Ajude-os a definirem quaisquer termos desconhecidos ou sugira sinônimos que eles compreendam.

O professor de química Ray Ahmed apresenta aos alunos seu critério de avaliação no início do ano letivo. Ele explica que a rubrica, criada pelo New York Performance Standards Consortium, será usada para a avaliação somativa de seus projetos do segundo semestre. Essa será uma avaliação de alto desempenho e os resultados contarão para seus requisitos de graduação.

Em vez de apenas entregar a rubrica para referência futura, Ahmed começa a usá-la com os alunos imediatamente como uma ferramenta de aprendizagem. Eles olham a rubrica junto a um artigo científico. "É para onde estamos indo", explica o professor. "Estamos fazendo o trabalho dos cientistas." Como parte do projeto, os estudantes escreverão seus próprios artigos sobre os experimentos que elaboraram. Com esse objetivo em mente, eles leem juntos o artigo do periódico, analisando-o como um exemplo e observando os critérios exigidos na rubrica. Isso cria oportunidades para que façam perguntas e comecem a pensar sobre o que é necessário para produzir um trabalho de alta qualidade.

Para ajudar os alunos a se concentrarem em um objetivo de aprendizagem específico, você pode mostrar a eles apenas uma linha de uma rubrica. A Figura 5.1, por exemplo, mostra a linha para "contextualizar" da rubrica que Ahmed usa com seus alunos. Se você estivesse compartilhando isso com seus alunos, gostaria de garantir que eles entendessem o vocabulário-chave, incluindo *fontes originais*, *devidamente citadas* e *hipóteses/teses*. Você os ajudaria a perceber que a linguagem é semelhante quando você lê da esquerda para a direita, mas que os modificadores mudam à medida que a qualidade do trabalho muda. Uma lição importante para os estudantes

Indicador de desempenho	Excelente	Bom	Competente	Precisa de revisão
Contextualizar	A pesquisa de base foi realizada minuciosamente usando pelo menos duas fontes originais. Todas as fontes foram devidamente citadas. A importância do problema foi claramente mencionada. As hipóteses/teses são fundamentadas na pesquisa de base.	A pesquisa de base foi realizada minuciosamente. As fontes foram devidamente citadas. A importância do problema foi mencionada. As hipóteses/teses são relevantes para a pesquisa de base.	A pesquisa de base é incluída na introdução. As fontes são citadas. A importância do problema foi mencionada. As hipóteses/teses são claramente mencionadas.	A pesquisa de base não foi incluída na introdução. As fontes não foram citadas. A importância do problema não é mencionada. As hipóteses/teses não são mencionadas.

Figura 5.1 Critérios de excelência.
Fonte: New York Performance Standards Consortium (2017).

é que eles vejam como o caminho da aprendizagem leva à proficiência – e além dela.

Se as habilidades de sucesso, como colaboração ou pensamento crítico, forem avaliadas como parte do projeto, certifique-se de que esses objetivos de aprendizagem também estejam claramente definidos. O BIE recomenda o uso de uma rubrica para avaliar o conhecimento do conteúdo/produto final e uma segunda rubrica para avaliar as habilidades de sucesso especificamente direcionadas como metas de aprendizagem do projeto (as rubricas para avaliar os "quatro Cs" estão disponíveis, em inglês, em bie.org.).

Quando tiver certeza de que os alunos entenderam a rubrica, incentive--os a usá-la para orientar sua aprendizagem durante todo o projeto. Na sala de aula de matemática de Telannia Norfar, por exemplo, ela mantém uma pasta em cada mesa com todos os documentos relevantes do projeto, inclusive a rubrica. Enquanto os alunos estão trabalhando em tarefas de resolução de problemas relacionadas ao projeto, ela circula e faz anotações em etiquetas de correspondência.

"Eu ando, ouço, avalio e depois colo notas em suas mesas sobre o que eles fizeram bem. Eles têm a rubrica bem em sua frente; podem ver meu *feedback* e depois podemos conversar sobre o que precisam fazer para melhorar." Um aluno, por exemplo, se perguntou por que não estava recebendo um *feedback* melhor sobre seu trabalho, embora estivesse chegando às respostas corretas. "Eu disse a ele para dar uma olhada na rubrica. Ele disse: 'Ah! Eu não expliquei como resolvi o problema'. Na vez seguinte, ele explicou sua solução em todos os lugares." Ele entendeu que o objetivo não era simplesmente marcar a opção, mas produzir um trabalho de alta qualidade.

> **TENTE ISSO: AVALIE AS HABILIDADES DE SUCESSO NO SÉCULO XXI**
>
> A maioria dos professores está acostumada a avaliar o conteúdo e as habilidades. Durante um projeto, você pode usar questionários, testes, redações e outras ferramentas tradicionais para essa finalidade – e pode encontrar evidências nos produtos que os alunos criam e nas apresentações que fazem. Para avaliar as habilidades de sucesso, como pensamento crítico/resolução de problemas, colaboração e criatividade/inovação, você pode usar ferramentas e estratégias como as seguintes ideias:
>
> - Compartilhe uma rubrica ou outro conjunto de critérios com os alunos (ou elabore conjuntamente uma) que descreva como é a habilidade específica de sucesso. Exemplos são encontrados em my.pblworks.org/resources?f%5B0%5D=type%3A27.
> - Observe os estudantes enquanto trabalham em um projeto e faça anotações sobre como eles estão demonstrando o uso de uma ou mais habilidades de sucesso. Crie uma lista de verificação de comportamentos observáveis, com base na rubrica ou em outro conjunto de critérios.
> - Encontre-se individualmente com os alunos ou com equipes durante um projeto para discutir como eles estão construindo competência em uma ou mais habilidades de sucesso.
> - Faça os estudantes autoavaliarem seu uso da habilidade de sucesso, consultando a rubrica ou outro conjunto de critérios durante um projeto e ao final como uma avaliação somativa. Durante e ao final de um projeto, solicite aos alunos que avaliem o quanto eles e seus colegas usaram uma ou mais habilidades de sucesso (especialmente a colaboração).
> - Solicite que os alunos mantenham um diário durante o projeto, no qual documentem o uso de uma ou mais habilidades de sucesso, utilizando-o no final do projeto para refletir sobre o que alcançaram.
> - Faça perguntas durante as apresentações (ou incentive o público a fazer perguntas) que revelem o uso de habilidades de sucesso. Por exemplo, peça-lhes que descrevam o processo que usaram para resolver um problema ou desenvolver um produto inovador.

Enfatize a avaliação formativa

Visite uma sala de aula de PBL e você verá a avaliação formativa ocorrendo de várias maneiras – bilhetes de saída que permitem que os professores verifiquem a compreensão dos alunos ao final de um período de aula, diários de reflexão nos quais os alunos avaliam sua própria aprendizagem, protocolos como *gallery walks* que ajudam os colegas a oferecerem *feedback* específico uns aos outros e muito mais.

No entanto, é preciso ter cuidado. Aumentar a frequência das verificações de avaliação formativa não significa dar mais ênfase às notas. As notas podem ser vistas pelos estudantes como sinais de parada, sinalizando que uma tarefa está concluída e acabada. A avaliação formativa, por outro lado, trata do que vem a seguir na experiência de aprendizagem.

Para os professores baseados em projetos, a avaliação formativa fornece diagnósticos e informações para planejarem suas próximas ações de ensino. Eles precisam ensinar um conceito de uma maneira diferente? Fornecer recursos adicionais? Desafiar os alunos a se aprofundarem ou ampliarem seu raciocínio? Para os estudantes, a avaliação formativa fornece *feedback* na hora certa para apoiar a aprendizagem e ajudá-los a produzirem produtos de alta qualidade que demonstrem sua compreensão. Em vez de atribuir pontuações para cada etapa da avaliação formativa, guarde as notas para os principais trabalhos de referência e para a avaliação somativa.

O professor Jim Bentley enfatiza sabiamente a avaliação formativa em todos os projetos. "Se o *feedback* for dado apenas no final de um projeto", ele adverte, "já é tarde demais". Com seus alunos do 6º ano, Bentley usa uma combinação de ferramentas tecnológicas, protocolos de crítica e observações do professor para avaliar a sua compreensão. Ele pode fazer uma pergunta relacionada ao conteúdo no Google Classroom ou publicar um aviso em um quadro de avisos eletrônico chamado Padlet. As respostas o informam se alguém não avançou ou está com problemas, para que ele possa planejar o ensino em pequenos grupos ou a atenção individual. Ele programa *gallery walks* para obter críticas dos colegas sobre os trabalhos em andamento, reforçando o *feedback* ao incentivar os estudantes a refletirem sobre essas questões: *o que está funcionando? O que está confuso? Sobre o que você se questionou?*

Muitas vezes, acrescenta Bentley, uma avaliação formativa eficaz é simplesmente puxar uma cadeira, observar e ouvir enquanto os alunos realizam uma atividade de aprendizagem. Se eles não avançarem ou parecerem prontos para se aprofundar, ele oferece sugestões ou dicas. Cada instância da avaliação formativa é outra oportunidade de fornecer *feedback* oportuno, compreensível e acionável (FISHER; FREY; HITE, 2016).

Práticas de avaliação semelhantes orientam a aprendizagem na sala de aula de ciências de Rebecca Newburn. Enquanto seus alunos trabalhavam em seu projeto sobre mudança climática, ela empregou várias técnicas de avaliação formativa para avaliar a compreensão deles e ajustar o ensino de acordo com a necessidade. Alguns movimentos foram planejados com antecedência; outros aconteceram no momento.

Avalie o conhecimento prévio: a fim de iniciar o projeto e avaliar o conhecimento prévio dos estudantes, Newburn pediu aos alunos que fizessem uma redação rápida explicando a diferença entre clima e tempo. Para tornar a tarefa mais envolvente, ela modelou a tarefa no Twitter. No entanto, em vez de usar o Twitter de fato, eles produziram "*tweets* de papel", e cada publicação foi limitada a um número específico de caracteres.

Para desafiar o raciocínio inicial, Newburn deu aos alunos previsões meteorológicas de 10 dias para três cidades de regiões diferentes (Alasca, Oregon e Flórida). Os estudantes conseguiriam dizer qual previsão correspondia a qual cidade? As previsões foram consistentes com o que eles esperavam? Como as previsões os fizeram revisar sua definição de tempo *versus* clima?

Em seguida, os alunos leram suas definições para os colegas de mesa e receberam respostas no estilo do Twitter. Se os parceiros discordassem, eles responderiam e explicariam em um novo *tweet* de papel o que não estava correto. Se achassem que estava bom, eles "curtiam" o *tweet*. E se achassem que era bom o suficiente para ser compartilhado, eles *retweetavam* a definição. A atividade em ritmo acelerado não apenas deu ao professor *insights* sobre o conhecimento prévio, mas também sinalizou aos alunos que Newburn não seria a única a dar *feedback* durante o projeto.

Forneça atividades de referência: a fim de assegurar que os alunos compreendessem a ciência da mudança climática – especificamente o efeito que ela pode ter sobre as populações humanas –, Newburn passou uma tarefa importante que havia planejado durante semanas para o projeto, depois que os alunos tivessem tempo para desenvolver sua compreensão do conteúdo. Trabalhando em equipes pequenas (com base na escolha das localizações geográficas), foi solicitado aos alunos que produzissem um pôster que "dissecasse um desastre" sobre uma comunidade em algum lugar do mundo que fosse vulnerável às mudanças climáticas.

A tarefa proporcionou a Newburn uma maneira de verificar a compreensão do conteúdo antes que avançassem no desenvolvimento de seus planos de ação. Ela queria saber: "Eles sabem o que provoca eventos climáticos extremos? Eles entendem como a mudança climática afetará o clima? Eles conseguem fazer previsões (como condições de enchentes ou secas)? Conseguem dar um rosto humano a essa história e apoiá-la com dados?".

A tarefa do pôster incluía oportunidades de avaliação pelos colegas. As equipes começaram com esboços de seus pôsteres. Eles os apresentaram aos colegas de turma para receber um *feedback* inicial sobre o conteúdo (com o professor escutando para resolver qualquer mal-entendido).

Uma vez esclarecido o conteúdo, eles estavam prontos para passar à criação de cartazes em tamanho real, que foram apresentados em forma de quebra-cabeça para as outras equipes. Como parte de sua avaliação, Newburn escutou para garantir que todos os alunos de cada equipe pudessem explicar o conteúdo com precisão.

Observe e questione: junto com a avaliação planejada, como os cartazes de desastres, Newburn reservou bastante tempo para ser uma observadora informal durante todo o projeto.

A avaliação formativa eficaz "tem tudo a ver com as perguntas", diz ela. Quando os estudantes estão discutindo sobre sua aprendizagem, ela escuta, faz perguntas de sondagem, "e depois me afasto e deixo as crianças conversarem. Não sou exatamente uma mosca na parede, mas só intervenho se ouvir algo que precise ser revisto ou que seja um equívoco".

Algumas de suas perguntas formativas favoritas são genéricas o suficiente para serem usadas várias vezes. Por exemplo: *você pode falar mais sobre isso? Pode dar um exemplo? Por que você acha isso? Quero ouvir mais sobre o raciocínio por trás do que está dizendo*. Algumas solicitações reforçam a linguagem acadêmica que ela quer ouvir na sala de aula de ciências, como: *qual é a sua reivindicação? Como essa evidência apoia seu raciocínio?*

Com seus alunos de matemática do ensino médio, Telannia Norfar usa a avaliação informal para incentivar a persistência daqueles que estão com dificuldades. Em vez de ajudá-los, ela afirma: "Faço-os saberem que não há problema em se deparar com obstáculos. Talvez eu deixe que eles enfrentem um problema por um ou dois dias. Eu lhes digo: 'Não há nada de errado em não conseguir avançar. Respirem e tentem abordar o problema de uma maneira diferente. Estou aqui para ajudá-los'". Se a dificuldade continuar, esse é o sinal para o professor oferecer instruções adicionais ou ensinar um conceito de uma maneira diferente.

A abordagem de Norfar em relação à avaliação é coerente com a cultura da sala de aula. "Falamos sobre a importância de avançar em caso de falhas", diz ela, para incentivar a tomada de riscos e promover uma mentalidade de crescimento. "A persistência em matemática é difícil", ela reconhece, mas a abordagem correta de avaliação ajuda a construir a força mental para continuar.

> **TENTE ISSO: MAPEIE SUA ESTRATÉGIA DE AVALIAÇÃO FORMATIVA**
>
> Para planejar a avaliação formativa e os momentos de verificação que você usará durante um projeto para garantir que os alunos estejam aprendendo o que precisam e estejam no caminho certo para concluir os produtos do projeto, use um mapa de avaliação do projeto. Você pode encontrar um formulário em branco e ver exemplos completos em my.pblworks.org/resource/document/project_assessment_map.
> Este é o processo básico:
>
> 1. No lado esquerdo do mapa, liste um dos principais produtos finais do projeto (que serve como uma avaliação somativa).
>
> 2. Do lado direito do produto, liste o conhecimento-chave, a compreensão e as habilidades de sucesso que os alunos precisarão para criá-lo (eles podem ser expressos como objetivos de aprendizagem ou metas derivadas dos padrões).
>
> 3. À direita dos resultados/metas de aprendizagem, liste as ferramentas e estratégias de avaliação formativa que serão necessárias para avaliar o progresso dos estudantes em relação aos objetivos de aprendizagem.
>
> A Figura 5.2 mostra um exemplo do projeto de história mundial de Erin Brandvold sobre revoluções.

Equilibre a avaliação individual e da equipe

O trabalho em equipe é importante na PBL, refletindo o papel significativo que a colaboração desempenha no mundo além da sala de aula. É por isso que os professores baseados em projetos analisam a dinâmica da equipe durante o planejamento do projeto. Eles criam uma cultura de sala de aula colaborativa na qual todos os alunos se sentem seguros e todas as vozes

Júri simulado: Revoluções em julgamento
Produto final/avaliação somática

- **Posso explicar as causas e consequências das revoluções**
  - Conhecimento básico e questões a partir do conteúdo sobre revoluções
  - Cartões de fichamento criados a partir de *flashcards*
  - Cronômetro para marcação do tempo

- **Posso determinar a eficácia das revoluções usando critérios de qualidade para examinar documentos de fontes primárias e secundárias**
  - Criação de critérios de alta qualidade
  - Cartões de fichamento criados a partir de *flashcards*
  - Teorias de casos em grupo

- **Posso usar habilidades profissionais de apresentação e perguntas de sondagem para comunicar efetivamente minhas ideias ao meu público**
  - Declarações escritas assinadas e resumos de testemunhas
  - *Feedback* e revisão dos colegas
  - *Feedback* e revisão dos professores

Conhecimentos-chave, compreensão e habilidades de sucesso

Avaliação formativa

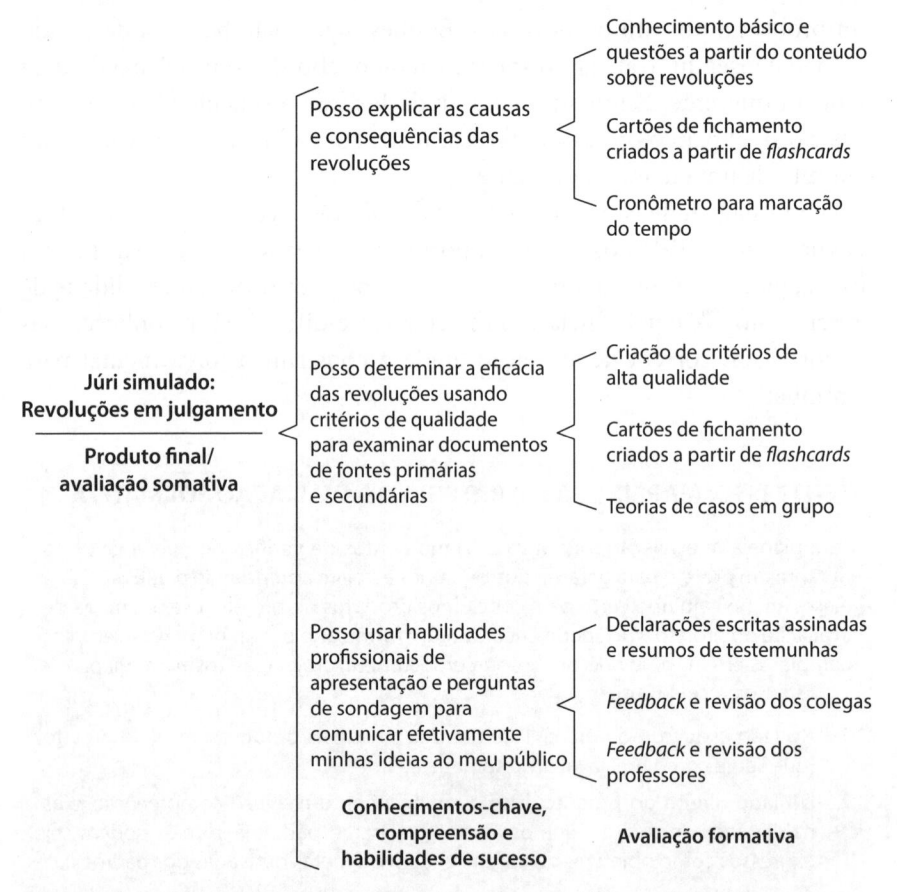

Figura 5.2 Mapa de avaliação de projeto para o projeto sobre revoluções em julgamento.
Fonte: Usada com permissão de Erin Brandvold.

são importantes. Eles promovem a colaboração eficaz enquanto gerenciam, estruturam e orientam a aprendizagem. Não é de surpreender que o trabalho em equipe também desempenhe um papel importante na avaliação.

A pergunta que deixa perplexos muitos iniciantes na PBL é a seguinte: como é possível avaliar a aprendizagem individual enquanto se avalia algo produzido por uma equipe? Alguns alunos (e também os pais) não hesitam em levantar questões de justiça se os projetos forem atribuídos a equipes. Algumas escolas têm políticas de avaliação que dificultam, na melhor das hipóteses, a avaliação dos esforços da equipe.

Os professores veteranos em PBL que já passaram por essas situações desenvolveram estratégias práticas para equilibrar as avaliações individuais e em equipe. A seguir são apresentadas algumas delas.

Esclareça quem é quem: no estágio de planejamento do projeto, decida quais tarefas serão realizadas individualmente e quais serão feitas por equipes e, em seguida, avalie de acordo. Por exemplo, cada aluno pode ter de escrever uma redação ou fazer um teste para demonstrar a compreensão do conteúdo principal. Os produtos da equipe exigiriam que os alunos aplicassem seu entendimento para gerar uma solução ou produto compartilhado.

No projeto de microcasas de Cheryl Bautista, por exemplo, os alunos foram avaliados individualmente em tarefas de redação. Eles escreveram artigos de opinião sobre seus esboços propostos e todos escreveram parágrafos de instruções sobre os conceitos matemáticos que se aplicavam ao projeto da casa. As avaliações da equipe se basearam apenas em suas apresentações aos clientes.

Assim como a maioria dos professores que trabalha com PBL, Erin Brandvold costuma dar mais peso aos trabalhos individuais do que às tarefas em equipe. No caso do projeto sobre revoluções, os principais eventos individuais incluíram um trabalho de redação cronometrada no final da terceira semana. Isso permitiu que Brandvold avaliasse a compreensão do conteúdo e confirmasse se cada aluno entendia como construir um argumento. No mesmo projeto, os estudantes foram avaliados como uma equipe em sua teoria sobre o caso, que era essencialmente um esboço do argumento do julgamento, das provas e das funções no tribunal. "Essa foi a única tarefa em que todos receberam a mesma nota", disse ela. Sua intenção era garantir que os membros da equipe estivessem todos alinhados e que todos conhecessem os argumentos e as provas antes de se prepararem para suas funções individuais durante o julgamento.

Reforce a responsabilidade dos colegas: as estratégias de avaliação ajudam a manter os alunos responsáveis por suas equipes e evitam o problema do parasitismo (ou o que os alunos às vezes chamam de "folga") por parte dos membros da equipe que não se esforçam. Em discussões anteriores sobre gerenciamento da aprendizagem, você leu sobre o uso de contratos de equipe para incentivar o trabalho em equipe eficaz. Alguns professores também pedem aos alunos que avaliem a contribuição de cada membro da equipe como uma estratégia para reforçar a responsabilidade.

Rebecca Newburn, por exemplo, consulta os alunos perto do final de um projeto e pede que eles ajustem os pontos recebidos com base no esforço individual. Se todos os membros da equipe contribuíram, os pontos são divididos igualmente. "Mas se alguém não fez a sua parte ou se outra pessoa fez um trabalho extra, aqui está a chance de ajustar para cima ou para baixo", explica ela. "Como os alunos sabem disso com antecedência, isso aumenta a responsabilidade da equipe."

Erin Brandvold agenda oportunidades durante um projeto para que os membros da equipe avaliem uns aos outros quanto às suas habilidades de colaboração. "Eles têm de dar uma nota para cada membro da equipe e justificar o motivo", explica ela. "Eu os incentivo a serem honestos. Se você deu uma nota alta [de colaboração] a alguém que não merece, você está dando permissão para que essa pessoa não contribua com o seu grupo." Os alunos também fazem uma avaliação final da equipe na conclusão do projeto. Essas pontuações são levadas em conta na parte de colaboração da nota.

Encoraje a reflexão sobre o trabalho em equipe: como uma estratégia de avaliação formativa, peça aos alunos que reflitam sobre como suas equipes estão trabalhando juntas. Isso pode ser uma orientação no diário, uma pergunta no bilhete de saída ou algo a ser mencionado na reunião com as equipes individuais. Descobrir os desafios da equipe com antecedência permite que você ajude os estudantes a resolverem suas diferenças enquanto ainda há tempo para corrigir sua rota.

Encoraje o *feedback* de múltiplas fontes

Ao contrário da avaliação tradicional, que costuma ser feita apenas pelo professor, a avaliação na PBL pode ter origem em várias fontes. Isso inclui colegas, público e especialistas, além da autoavaliação.

Solicite o *feedback* dos colegas: uma das estratégias comuns entre os professores baseados em projetos é o desenvolvimento de uma cultura crítica. Isso significa ensinar, modelar e treinar os alunos a darem e receberem *feedback* dos colegas. Muitos professores compartilham a sabedoria do especialista em PBL Ron Berger, que incentiva o *feedback* – em todas as idades – gentil, específico e útil (BERGER; RUGAN; WOODFIN, 2014) (assista a Berger contar a história da Borboleta de Austin neste vídeo da EL Education: http://modelsofexcellence.eleducation.org/resources/austins-butterfly).

Erin Brandvold ensina seus alunos a usarem vários protocolos para dar *feedback* aos colegas. No projeto sobre revoluções, por exemplo, as equipes praticaram seus argumentos no tribunal usando o protocolo aquário. Uma equipe praticou no centro do aquário, enquanto outra observou e ouviu em um círculo externo. Depois que os observadores forneciam *feedback*, as equipes trocavam de posição. Após o protocolo, as duas equipes tiveram tempo para fazer revisões com base no *feedback* recebido.

Para garantir que o *feedback* fosse específico, Brandvold forneceu aos alunos um diagrama esquemático para registrar as observações. Na coluna central, foram listados os critérios criados em conjunto com toda a turma. Em uma coluna à esquerda, os ouvintes foram solicitados a fazer sugestões de melhoria: "Você não fez isso. Você poderia ter feito isso". À direita, havia espaço para destacar os aspectos positivos: "Você fez isso. Você deveria continuar fazendo isso". A experiência da crítica acabou sendo igualmente útil para executantes e ouvintes. "Esse foi um dos protocolos mais úteis que usamos nesse projeto", diz a professora.

Estimule o *feedback* do público: ter um público verdadeiro para o trabalho dos alunos aumenta o engajamento e os incentiva a produzirem um trabalho de alta qualidade. É por isso que um produto público é considerado um elemento essencial para um projeto de PBL. Aproveite as apresentações públicas não apenas para compartilhar os resultados do projeto, mas também para solicitar *feedback* da audiência.

O público pode precisar de suas orientações sobre como reagir ao trabalho dos estudantes. Ouvimos anteriormente, por exemplo, como os alunos de Cheryl Bautista apresentaram seus projetos de microcasas aos clientes como um evento de conclusão. Com antecedência, a professora forneceu aos clientes as rubricas de pontuação e as perguntas a serem feitas aos alunos. Ela também pediu que escolhessem um projeto favorito – aquele que melhor se adequaria a cada família. No início do projeto, os alunos haviam entrevistado os clientes sobre suas necessidades de moradia, preferências de *design* e muito mais. Até que ponto seus projetos refletiram os desejos dos clientes?

Quando as equipes saíram da sala de conferência, Bautista observou os clientes debatendo sobre suas decisões. Como parte de seu *feedback*, os clientes foram solicitados a fornecerem aos alunos uma explicação por escrito de sua escolha final. Bautista queria que os alunos ouvissem o argumento deles e pudessem refletir sobre o assunto. "Por que eles escolheram um *design* em vez de outro? O que fez a diferença?"

Como parte de sua preparação para apresentações públicas, pense em como você ajudará o público a se preparar para se envolver ativamente com os alunos. Incentive perguntas de acompanhamento ou votação do público, se for o caso. Um projeto de *marketing* do ensino médio, por exemplo, foi concluído com os estudantes apresentando suas ideias de produtos para um público de alunos do 4º ano. O professor Brian Schoch promoveu a votação dos alunos do 4º ano depois que eles escutaram as apresentações. Os votos não foram levados em conta nas notas, mas ainda assim proporcionaram um *feedback* significativo para os alunos do ensino médio.

Da mesma forma, quando os alunos de Brandvold apresentaram seu caso no projeto sobre revoluções, o júri voltou com um veredicto. Para tomar sua decisão, os jurados se basearam nos critérios que os estudantes haviam criado. Brandvold também forneceu aos jurados um diagrama esquemático para acompanhar as evidências apresentadas durante o julgamento simulado.

Encoraje o *feedback* dos especialistas: muitos projetos incluem a participação de especialistas em conteúdo. Os especialistas podem participar durante a fase de pesquisa ou enquanto os alunos estiverem projetando e refinando produtos ou soluções. Incentive o *feedback* formativo de especialistas que tenham conhecimento sobre os padrões de excelência em suas disciplinas. Os especialistas também podem contribuir para a avaliação somativa, avaliando os estudantes em suas apresentações ou produtos finais.

No projeto de microcasas, os alunos de Cheryl Bautista tiveram várias oportunidades de consultar um engenheiro. No início do projeto, ele compartilhou exemplos de plantas de projetos em que havia trabalhado. Mais tarde, quando os alunos estavam trabalhando em suas próprias plantas, ele os incentivou a garantirem que os desenhos fossem precisos, organizados e devidamente identificados. Ouvir esse *feedback* de um especialista "significa mais para os alunos do que se eu lhes dissesse para manter as linhas retas", diz Bautista. "Quando vem de um especialista, tem mais peso. É real."

Ray Ahmed traz especialistas para dar *feedback* sobre aspectos específicos dos projetos de química de seus alunos. Para um projeto que envolvia uma considerável coleta de dados sobre a qualidade da água, ele recrutou especialistas em estatística para ajudarem os alunos a pensarem em como analisar e apresentar seus dados. Os visitantes eram diversos, desde estudantes que já haviam participado da aula com Ahmed, passando por estudantes de pós-graduação, professores de matemática e pessoas que usam estatística em seu trabalho. "Era importante que meus alunos vissem pessoas parecidas com eles, que fossem amigáveis e que fossem especialistas no trabalho."

Ahmed também é intencional em relação à forma como os alunos se relacionam com os especialistas. Ele quer que os estudantes definam a pauta de suas conversas individuais com os especialistas. Para se preparar para uma conferência, os alunos pensam no que querem aprender. Por exemplo, um aluno pode pensar da seguinte forma: "Vou me reunir com um especialista em estatística. Quero aprender a usar os testes T. Já fiz duas coisas sobre testes T: assisti a um vídeo e resolvi alguns problemas práticos. Ainda não entendi. Aqui estão duas outras coisas que estou pensando em fazer". Isso se torna a base da conversa com o especialista. "Essa estrutura promove um senso de agência", acrescenta Ahmed, com os alunos defendendo o que precisam aprender ou entender mais profundamente.

Do mesmo modo, Kimberly Head-Trotter convidou um painel de especialistas para dar *feedback* aos seus alunos quando eles estavam perto do final do projeto sobre a Marcha em Nashville. Os especialistas – incluindo um historiador e um cidadão local envolvido em iniciativas de justiça social – não eram o público final; este seria o público em geral. As críticas dos especialistas inspiraram os alunos a fazerem uma última rodada de melhorias e seu entusiasmo manteve acesa a paixão pelo projeto.

FINALMENTE, AVALIE A APRENDIZAGEM

O professor de educação Robert Stake é creditado com esta diferenciação amplamente citada entre avaliação formativa e somativa: "Quando o cozinheiro prova a sopa, isso é formativo; quando os convidados provam a sopa, isso é somativo" (SCRIVEN, 1991, p. 169).

Na PBL, a conclusão de um projeto ocorre quando o foco da avaliação muda da avaliação para a aprendizagem (formativa) para a avaliação da aprendizagem (somativa). Para determinar se os estudantes alcançaram as metas estabelecidas no início do projeto, os professores precisam fazer uma análise crítica das evidências de aprendizagem para avaliar o que os alunos sabem ou podem fazer como resultado de sua experiência de aprendizagem.

A avaliação somativa na PBL pode assumir várias formas, dependendo da natureza do projeto. Por exemplo, os professores podem basear sua avaliação final em

- Uma pontuação do produto final de acordo com a rubrica do projeto.
- Uma tarefa de desempenho para avaliar se os alunos podem aplicar o que aprenderam.
- Um exame final ou uma redação importante que mostre o quão bem os alunos compreenderam o conteúdo.
- Opinião de especialistas sobre as apresentações finais ou exposições de trabalhos dos alunos.
- Diários dos alunos, cadernos de projeto, relatórios de laboratório ou outros produtos escritos que forneçam evidências sobre o que aprenderam.

No início deste capítulo, discutimos estratégias para equilibrar as avaliações individuais e em equipe. Quando se trata de avaliação somativa, você quer saber quanto progresso cada aluno fez para atingir as metas de aprendizagem. No final de um projeto em que seus alunos atuaram como planejadores financeiros para clientes reais, por exemplo, a professora Telannia Norfar queria saber o quanto cada um havia entendido dos conceitos matemáticos. Embora os estudantes tenham colaborado para fazer apresentações em equipe para seus clientes, eles primeiro trabalharam individualmente em cálculos matemáticos específicos (p. ex., como economizar para um financiamento ou pagar os custos da faculdade). A professora analisou esses cálculos para avaliar o domínio do conteúdo.

> **TENTE ISSO: PENSE EM VÁRIAS ESTRATÉGIAS DE AVALIAÇÃO NA PBL**
>
> Os professores iniciantes em PBL geralmente se perguntam como atribuir notas em um projeto quando os alunos trabalham em equipes, criam produtos reais e se concentram em habilidades de sucesso, além do conhecimento do conteúdo. O uso da PBL faz muitos professores, escolas e distritos repensarem as práticas de avaliação e relatório. No entanto, eles descobriram que a PBL é compatível com as práticas tradicionais e novas de avaliação e relatório, incluindo a classificação baseada em padrões ou competências.
>
> Não existe uma receita simples para a avaliação na PBL, já que cada professor normalmente tem seu próprio sistema e suas opiniões sobre isso, mas a seguir são apresentadas algumas ideias de professores de PBL a serem consideradas:
>
> - Não dê uma nota ou número de pontos para todo o projeto. Em vez disso, dê nota para tarefas menores, questionários, outras avaliações e resultados em *checkpoints* ao longo do projeto.

- Baseie as notas principalmente no desempenho individual, não no trabalho feito pela equipe.
- Pense em não dar notas para produtos elaborados pela equipe, pois os alunos ainda devem ser motivados a desenvolverem um trabalho de alta qualidade por um projeto autêntico que torna seu trabalho público.
- Separe as notas baseadas na aquisição do conteúdo e de habilidades da avaliação (e possivelmente das notas) de habilidades de sucesso.
- Não atribua notas ou pontos à qualidade de trabalhos em desenvolvimento ou esboços; dê notas para a conclusão de resultados de projetos.

LIVRO DE ANOTAÇÕES DO FACILITADOR: *BRAINSTORMING* FORMATIVO

Quando os professores aprendem pela primeira vez sobre a importância da avaliação formativa para o sucesso da aprendizagem baseada em projetos, eles podem se sentir sobrecarregados e se perguntar como conseguirão encontrar ferramentas e estratégias suficientes para manter a aprendizagem no caminho certo. No entanto, quer percebam ou não, a maioria dos professores já tem um *kit* de ferramentas útil para a avaliação formativa. Na verdade, eles usam *check-ins*, observações, testes e estratégias de questionamento com tanta frequência para apoiar os alunos que talvez não reconheçam o que estão fazendo como avaliação formativa. É apenas um bom ensino.

A seguir é apresentada uma atividade de formação rápida (modelada no jogo Scattergories) para ser usada com um grupo de professores. O objetivo é ajudá-los a reconhecerem sua própria sabedoria como avaliadores formativos e a pensarem em ideias criativas de avaliação para a PBL:

1. Faça os professores formarem equipes de três ou quatro pessoas.
2. Explique que eles terão 5 minutos para fazerem um *brainstorming* com o máximo de ideias de avaliação formativa que puderem. Verifique a compreensão pedindo a um voluntário que compartilhe um exemplo de uma ferramenta ou estratégia de avaliação formativa (p. ex., bilhete de saída, polegar para cima/polegar para baixo).
3. Inicie o cronômetro.
4. Quando o tempo acabar, solicite que as equipes relatem o número total de ideias que produziram.

5. Em seguida, peça às equipes que se revezem compartilhando suas ideias. Faça isso no estilo "Scattergories".* Isso significa que as outras equipes se manifestam ("Nós também temos isso!") se ouvirem ideias que também tiveram. Quando as duplicatas forem identificadas, elas serão riscadas da lista de todas as equipes.
6. No final você terá uma lista de ideias únicas para avaliação formativa. Reflita com todo o grupo sobre como e quando cada uma dessas ideias seria útil para apoiar a aprendizagem dos alunos durante a PBL.

ESTRATÉGIAS PARA AVALIAR A APRENDIZAGEM DOS ALUNOS: PONTOS-CHAVE

Neste capítulo, você leu sobre muitos recursos para apoiar a avaliação eficaz na PBL, juntamente com exemplos de avaliação em ação. Reserve um tempo para refletir sobre suas práticas atuais enquanto avalia estratégias para melhorar sua abordagem para a avaliação na PBL.

- Seus alunos entendem os critérios de avaliação? Você está usando rubricas para apoiar o crescimento e reforçar uma cultura de excelência?
- Seu planejamento de avaliação coloca ênfase suficiente em estratégias formativas? Quais das várias abordagens de avaliação formativa deste capítulo você usará com seus alunos? O que você espera aprender como resultado?
- Qual é o seu plano para equilibrar as avaliações individuais e da equipe? Como você ajuda os membros da equipe a se responsabilizarem uns

---

* N. de R.T.: No contexto da frase, "Scattergories" refere-se a um estilo ou formato específico de compartilhar ideias entre equipes. Scattergories é um jogo de tabuleiro popular que desafia os jogadores a pensarem rapidamente em palavras que se enquadram em determinadas categorias e começam com uma letra específica. Ao dizer "Faça isso no estilo 'Scattergories'", o autor propõe que as equipes compartilhem suas ideias de forma rápida e espontânea, assim como ocorre no jogo. Se uma equipe mencionar uma ideia que outra equipe também teve, a outra equipe deve se manifestar dizendo algo como "Nós também temos isso!", demonstrando que eles têm uma ideia em comum. Essa abordagem promove o envolvimento e a colaboração entre as equipes, incentivando a criatividade e o pensamento rápido.

pelos outros? Se os alunos estiverem produzindo produtos em equipe, como você avaliará a aprendizagem de cada um?

- Quem fornece *feedback* aos seus alunos sobre os projetos deles? Como você pode melhorar a qualidade do *feedback* que eles recebem de colegas, especialistas e audiências públicas?

NA SUA ESTANTE DE PBL

The formative assessment action plan: practical steps to more successful teaching and learning: os especialistas em avaliação Douglas Fisher e Nancy Frey mostram como engajar os alunos como parceiros na aprendizagem por meio de ciclos contínuos de *feedback* formativo.

How to create and use rubrics for formative assessment and grading: Susan Brookhart esclarece a finalidade e as qualidades de rubricas eficazes, mostrando como essas ferramentas são úteis tanto para a avaliação formativa quanto para a somativa.

An introduction to student-involved assessment for learning: Jan Chappuis e Rick Stiggins explicam como a avaliação pode ser uma poderosa ferramenta de aprendizagem neste livro abrangente que esclarece tudo, desde metas de aprendizagem a tarefas de desempenho e portfólios de alunos.

Leaders of their own learning: transforming schools through student-engaged assessment: Ron Berger, Leah Rugan e Libby Woodfin explicam como usar a avaliação liderada pelo aluno para promover o crescimento acadêmico e envolver os estudantes e as famílias na aprendizagem.

Peer feedback in the classroom: empowering students to be the experts: a professora veterana Starr Sackstein recomenda estratégias de *feedback* entre pares para promover a aprendizagem em uma sala de aula centrada nos alunos.

Rigorous PBL by design: three shifts for developing confident and competent learners: Michael McDowell combina experiências em primeira pessoa na sala de aula PBL com recomendações baseadas em pesquisas para aumentar o rigor acadêmico dos projetos. Com base no trabalho de John Hattie, McDowell mostra como ajudar os alunos a passarem da superfície para o profundo na transferência da aprendizagem.

6

Apoie a aprendizagem dos estudantes

Crie condições para que cada estudante – independentemente das experiências de aprendizagem anteriores, fluência na língua ou nível de leitura – possa ser bem-sucedido na PBL.

Quando Abby Schneiderjohn e seu parceiro de ensino reformularam uma unidade de língua inglesa, literatura e estudos sociais do 4º ano, o objetivo era fazer mais do que apresentar uma rápida recapitulação da história do estado. "Quando os alunos concluem o 4º ano, a maioria só se lembra da corrida do ouro e talvez das missões da Califórnia",* diz a professora. "Queríamos ir mais fundo."

Essa foi a origem do projeto Grande Aventura da Califórnia. Durante oito semanas, os alunos trabalharam em equipes para investigar essa questão central: *o que faz da Califórnia o Estado Dourado?* Foi solicitado aos estudantes que escolhessem um episódio "dourado" da história, defendessem sua escolha em uma redação e, em seguida, apresentassem uma cena original para dar vida ao seu exemplo.

Para a conclusão, o plano previa que as equipes representassem suas cenas históricas ao vivo durante uma noite de exibição diante de toda a

---

* N. de R.T.: Eventos históricos relacionados à história do Estado da Califórnia, nos Estados Unidos.

escola. A preparação para esse grande final envolveu várias tarefas importantes, incluindo entrevistas e outras pesquisas, escrita persuasiva, confecção de cenários, redação de roteiros e oratória.

Schneiderjohn sabia, antes do início do projeto, que seus 28 alunos vinham de origens muito diferentes. Alguns eram nativos da Califórnia, enquanto outros eram imigrantes recentes nos Estados Unidos. Alguns estavam lendo no nível da série ou acima dele; outros ainda estavam desenvolvendo a fluência em inglês. Como turma, eles elaboraram um entendimento compartilhado da história do estado por meio de unidades de leitura anteriores que enfocavam os nativos americanos, os primeiros exploradores e a corrida do ouro. O projeto Grande Aventura da Califórnia desafiaria todos a pensarem de forma mais analítica sobre a história.

Para ajudar todos a serem bem-sucedidos, os professores incluíram vários apoios ao ensino em seu plano de projeto. Eles também introduziram suportes na hora certa, caso encontrassem estudantes com dificuldades. "Foi um equilíbrio entre o que prevíamos e o que os alunos precisavam no momento", explica Schneiderjohn.

No ensino baseado em projetos, os suportes fornecem o apoio necessário para que todos possam crescer como estudantes, independentemente do ponto de partida. Os professores pensam em tudo, desde como os alunos acessarão o conteúdo até sua capacidade de realizar pesquisas e colaborar com colegas de equipe. Alguns suportes atendem a todos, enquanto outros são adaptados a pequenos grupos ou necessidades individuais. Alguns suportes são planejados com antecedência; outros são utilizados na medida em que surge a necessidade. Para os professores, sentir-se à vontade com os significa "ser capaz de olhar para o trabalho dos alunos, identificar suas necessidades e ter as ferramentas para intervir conforme necessário", diz Schneiderjohn.

Um vídeo complementar sobre o suporte à aprendizagem dos estudantes pode ser encontrado em pblworks.org.

POR QUE O SUPORTE À APRENDIZAGEM DOS ESTUDANTES É ESSENCIAL PARA A PBL?

A aprendizagem com suporte é uma prática de ensino importante em geral, mas é fundamental para ajudar todos os alunos a serem bem-sucedidos na PBL. O objetivo é criar condições e apoio para que todos possam se esforçar para atingir as metas de aprendizagem, o que inclui metas acadêmicas e habilidades de sucesso. À medida que os alunos desenvolvem a competência e a confiança necessárias para serem bem-sucedidos por conta própria, os suportes são gradualmente removidos.

Os suportes permitem que os estudantes alcancem avanços que, de outra forma, talvez não conseguissem (TOMLINSON, 2017; WOOD; BRUNER; ROSS, 1976). Como explica Carol Ann Tomlinson (2017, p. 45), uma autoridade em ensino diferenciado:

> Em uma sala de aula diferenciada, o objetivo do professor é descobrir onde o aluno se encontra em relação aos principais objetivos de aprendizagem e, em seguida, proporcionar experiências de aprendizagem que o levem um pouco mais longe e mais rápido do que o confortável. O professor orienta o esforço do aluno e as escolhas produtivas de aprendizagem, garantindo que haja o apoio necessário para ajudá-lo a atingir a meta que parecia um pouco fora de alcance.

Em uma sala de aula justa, as experiências anteriores de aprendizagem dos estudantes, a fluência no idioma ou os níveis de leitura não são barreiras para o sucesso. "Lembre-se de que o próximo passo de todos não será idêntico e que todo aluno precisa de suportes para se desenvolver", aconselha Tomlinson (2017, p. 45).

Isso vale tanto para aqueles com dificuldades quanto para aqueles academicamente mais avançados ou talentosos. "É muito fácil cair no padrão de dar a algumas crianças tarefas fáceis e a outras as tarefas preferidas do professor", adverte ela. "O que você realmente quer é que todos os alunos se concentrem no conhecimento, na compreensão e nas habilidades essenciais e que cada um tenha que pensar para fazer seu trabalho" (REBORA, 2008, documento *on-line*).

Fornecer suportes pode parecer uma atividade complexa, mas não necessariamente precisa ser. Se você já observou uma criança aprendendo a andar de bicicleta com rodinhas, você viu o suporte em ação. As rodinhas de treinamento não são permanentes, elas são retiradas quando a criança consegue se equilibrar, dirigir e frear. Após algumas oscilações e talvez algumas quedas, a criança é capaz de andar com confiança e de forma independente sobre duas rodas. Da mesma forma, quando o suporte é administrado adequadamente na sala de aula, ele serve como um facilitador – não como um desabilitador (BENSON, 1997).

Com os suportes adequados, a PBL pode ser um modo de aprender adequado e acessível para alunos com diferentes habilidades. Entretanto, não podemos esperar que a PBL seja uma solução milagrosa. Os estudantes que estão muito aquém do nível da série ou que têm grandes lacunas de compreensão precisarão de atenção direcionada para desenvolverem as habilidades e preencherem lacunas de conhecimento à medida que os projetos avançam. Como você verá nos exemplos a seguir, os professores baseados em projetos empregam uma variedade de estratégias – muitas das quais também são usadas no ensino mais tradicional – a fim de garantir que todos os alunos avancem em direção aos objetivos de aprendizagem.

> **PADRÃO-OURO DE PRÁTICAS DE ENSINO BASEADO EM PROJETOS: SUPORTE À APRENDIZAGEM DOS ESTUDANTES**
>
> Em uma sala de aula de PBL em que o professor está atento aos suportes, todos os alunos recebem o apoio que precisam para alcançarem o sucesso. Os indicadores para o suporte à aprendizagem dos alunos da rubrica de ensino baseado em projetos incluem os seguintes pontos:
>
> - Cada aluno recebe os apoios de ensino necessários para acessar o conteúdo, as habilidades e os recursos; esses apoios são removidos quando não são mais necessários.
> - Os suportes são orientados, na medida do possível, pelas perguntas e necessidades dos alunos; o professor não apresenta muitas informações no início do projeto, mas espera até que elas sejam necessárias ou solicitadas.
> - As habilidades-chave de sucesso são ensinadas por meio de uma variedade de ferramentas e estratégias; os estudantes têm a oportunidade de colocá-las em prática e aplicá-las e, em seguida, refletem sobre o progresso.
> - A pesquisa dos alunos é facilitada e estruturada, permitindo que eles ajam e pensem da forma mais independente possível.
>
> Veja o Apêndice para a rubrica de ensino baseado em projetos completa.

OFERECENDO SUPORTE À GRANDE AVENTURA DA CALIFÓRNIA

Fornecer suporte à aprendizagem na PBL oferece uma oportunidade de utilizar estratégias de ensino conhecidas. Muitos dos apoios que você usou em aulas mais tradicionais – diagramas esquemáticos, livros, protocolos de discussão – também funcionarão bem durante os projetos. O uso eficaz de suportes na PBL exige que você seja específico quanto ao desafio de aprendizagem em questão. Seu objetivo é apoiar o domínio do conteúdo por parte dos alunos? Ajudá-los a desenvolver o pensamento disciplinar? Apoiar a colaboração ou outras habilidades de sucesso? Desenvolver as estratégias de gerenciamento de projetos? Diferentes suportes servirão a diferentes propósitos. Para ver como isso se parece em ação, vamos conhecer mais de perto os suportes que apoiaram a aprendizagem dos alunos no projeto Grande Aventura da Califórnia, de Abby Schneiderjohn.

No início do projeto, quando chegou o momento de escolher as equipes, Schneiderjohn e seu parceiro de ensino levaram em conta as habilidades de pesquisa e alfabetização e adaptaram o conteúdo de acordo com elas. "Colocamos nossos alunos com mais dificuldades na equipe que se concentrava na corrida do ouro porque eles já tinham algum conhecimento prévio sobre esse conteúdo", explica ela. Toda a turma havia estudado a corrida do ouro em uma unidade anterior, usando um programa orientado de linguagem adotado pelo distrito. Tendo esse conhecimento prévio, os estudantes que precisavam de apoio adicional podiam se concentrar mais na redação e menos na pesquisa.

Outro grupo queria investigar a história da ponte Golden Gate.* "Ainda não havíamos aprendido nada sobre esse conteúdo", percebeu Schneiderjohn. "Eles teriam que fazer toda a pesquisa por conta própria." Pesquisar a história e a engenharia da ponte Golden Gate parecia uma boa opção para os alunos que tinham habilidades de leitura, linguagem e pesquisa para lidarem com os novos conteúdos por conta própria.

À medida que o projeto avançava, os professores introduziram suportes adicionais, de acordo com a necessidade, a fim de ajudar os alunos a dominarem metas de aprendizagem específicas. Quando se tratava de escrever redações convincentes, por exemplo, alguns precisavam de mais apoio do que outros. "Fornecemos uma estrutura que alguns alunos usaram [para organizar sua redação]; outros não precisaram dela." Os professores também perceberam que escrever um roteiro do ponto de vista de um personagem específico era um novo desafio para quase todos os alunos. "Fizemos

---

* N. de R.T.: A Golden Gate é uma famosa ponte suspensa localizada na baía de São Francisco, na Califórnia, Estados Unidos. É um dos pontos mais reconhecidos da cidade e um marco histórico importante.

uma série de modelos para toda a turma sobre o que significa assumir um ponto de vista", diz Schneiderjohn.

Quando os estudantes estavam trabalhando em suas tarefas de redação, os professores foram incisivos em melhorar a qualidade do *feedback* dos colegas. Com base em sua experiência anterior com o modelo de oficina de redação, os alunos haviam aprendido a usar frases para oferecer *feedback* (p. ex., Eu gosto..., Eu desejo..., E se...). "No entanto, ainda tínhamos de ensinar a fornecer um *feedback* específico", diz Schneiderjohn. "Dizíamos: 'Nesta rodada de *feedback*, não vamos nos concentrar nos cenários ou adereços. Neste momento, estamos focando apenas em melhorar os roteiros'. Em uma rodada posterior, o *feedback* era apenas sobre a atuação. Como foi o desempenho? Como eles poderiam melhorar a linguagem corporal, a voz ou o contato visual?" Pedir aos alunos que dessem um *feedback* mais focado os ajudou a darem o melhor de si quando chegou a hora do *show*.

Os movimentos do professor associados ao suporte à aprendizagem ocorrem ao longo de um projeto. Alguns apoios são planejados com antecedência, outros serão utilizados quando os alunos precisarem de ajuda para avançar no projeto. Alguns suportes serão adequados para toda a turma. Com base na avaliação formativa, você pode reconhecer que alguns estudantes precisarão de apoio mais individualizado ou em pequenos grupos para lidar com problemas de aprendizagem específicos. Do ponto de vista do professor, os suportes eficazes começam com uma mentalidade positiva: "Vamos assumir que todos os alunos podem fazer um bom trabalho e nos concentrar nas maneiras pelas quais eles precisam ser ensinados para chegar lá" (REBORA, 2008, documento *on-line*).

TENTE ISSO: PLANEJE O SUPORTE COM UM GUIA DE APRENDIZAGEM DO ESTUDANTE

Para planejar os suportes que você prevê que os alunos precisarão durante um projeto, use um processo de "planejamento reverso" que começa com o(s) principal(is) produto(s) final(is) que os estudantes criam no projeto. O guia de aprendizagem do estudante é uma ferramenta que pode ajudá-lo a fazer isso. Veja um exemplo completo no Apêndice.

Este é o processo básico:

1. Liste os principais produtos finais na coluna esquerda da tabela. Você também pode incluir o "padrão âncora" que cada produto deve avaliar.

2. Para cada produto, liste as metas de aprendizagem necessárias para completá-lo na segunda coluna.
3. Na terceira coluna, liste as técnicas de avaliação formativa ou momentos de verificação que ajudarão você e seus alunos a determinarem se eles estão no caminho certo.
4. Na quarta coluna, liste as estratégias de ensino (p. ex., aulas, atividades, tarefas, recursos) que serão usadas para ajudar todos os estudantes a atingirem as metas de aprendizagem.

Observação: O mapa de avaliação de projeto, descrito nas páginas 115-116, pode ser usado como a primeira etapa na criação do guia de aprendizagem do estudante.

DIFERENCIANDO COM CONTEÚDO, PROCESSO E PRODUTOS

O professor dos anos finais do ensino fundamental Jim Bentley sabe, por experiência própria, que seus alunos têm uma gama de habilidades de leitura, mas ele quer que todos sejam capazes de discutir e pensar criticamente sobre o conteúdo que estão estudando. Para um projeto recente de produção de filmes, os estudantes estavam lendo notícias de não ficção sobre a ciência da mudança climática e a logística da reciclagem de resíduos orgânicos. Para tornar o conteúdo acessível a todos, o professor usou um recurso *on-line* chamado Newsela (http://newsela.com) que publica histórias do noticiário diário em cinco níveis diferentes de leitura.

"Posso fazer todos os meus alunos lerem e falarem sobre mudanças climáticas ou reciclagem orgânica. Usando recursos interativos, posso fazer anotações no texto com antecedência [para facilitar a compreensão com dicas e sugestões] e fazê-los responderem. E tudo isso está no nível Lexile* apropriado para cada um deles", diz ele.

---

* N. de R.T.: Refere-se a uma métrica de avaliação de dificuldade e complexidade de textos e à capacidade de leitura dos alunos, fornecendo uma pontuação numérica chamada de "nível Lexile". Ao dizer que os recursos interativos e anotações no texto estão no "nível Lexile apropriado", o professor está indicando que adaptou os materiais de leitura e as dicas para corresponder ao nível de habilidade de leitura de cada aluno individualmente. Isso significa que os materiais e os recursos fornecidos estão ajustados para que sejam desafiadores o suficiente para incentivar o crescimento e a aprendizagem, mas não tão difíceis a ponto de serem inacessíveis ou frustrantes para os alunos.

O exemplo de Bentley de diferenciação de conteúdo ilustra uma das principais maneiras pelas quais os professores modificam o ensino em PBL para atender às necessidades de diversos estudantes. Vamos explorar como você pode diferenciar o ensino com conteúdos, processo e produtos.

Conteúdos

Os alunos precisam ser capazes de acessar as informações de várias maneiras. Bentley diferencia o conteúdo fornecendo acesso a informações em diferentes níveis de leitura. Em outra sala de aula de PBL, a professora de inglês Kimberly Head-Trotter oferece vários formatos para acessar o conteúdo, como quadrinhos, leitura em voz alta e audiolivros. Outros professores podem selecionar vários recursos em um *site* de projeto compartilhado ou em estações de aprendizagem.

John McCarthy, autor do livro *So all can learn*, oferece esta recomendação para diferenciar o conteúdo:

> Use estratégias como vídeos, discussões, leituras e recursos visuais para oferecer aos alunos uma variedade de maneiras de se conectar. Os alunos perceberão que pelo menos algumas das exibições de conteúdo fazem sentido, o que não aconteceria se apenas um modo de apresentação fosse usado (MCCARTHY, 2017, p. 7).

As estações ou centros de aprendizagem darão aos estudantes mais opções de conteúdo. McCarthy (2017, p. 13) explica:

> Uma estação pode ter uma lista de reprodução com três vídeos, dos quais os alunos escolhem um para assistir. Outra estação fornece detalhes sobre como os especialistas da área usam as habilidades ou abordam o evento em questão. Uma terceira estação inclui vários artigos, enquanto a quarta tem os mesmos artigos em gravações para audição.

A turma de 3º ano de Cheryl Bautista inclui vários alunos que estão aprendendo inglês. Seus níveis individuais de domínio do idioma variam de iniciante a quase proficiente. Para cada projeto, a professora prevê as necessidades linguísticas e planeja os suportes de acordo com elas.

O projeto de planejar uma microcasa, por exemplo, envolveu vocabulário matemático que ela sabia que seria novo para muitos de seus alunos de inglês. No início do projeto, Bautista introduziu termos como "perímetro" em grupos pequenos. "Eu perguntava a eles: 'O que você acha que essa palavra significa?' Depois, fazíamos desenhos ou usávamos fotografias para ajudá-los a entender." Os alunos criaram seus próprios dicionários de conceitos de conteúdo, nos quais cada termo era explicado com um desenho, juntamente a sinônimos e antônimos. "Isso deu a eles sua própria referência para usar durante todo o projeto", explica Bautista.

Processos

Como os alunos entendem o que estão aprendendo? É provável que isso varie de um aluno para outro e é por isso que também é importante diferenciar o processo. Tomlinson recomenda oferecer opções quando se trata do modo como eles processam informações e ideias. Ela explica com um exemplo:

> Um professor pode dar aos alunos escolhas para expressar o que aprenderam durante um exercício de pesquisa – oferecendo opções, por exemplo, de criar uma charge política, escrever uma carta ao editor ou fazer um diagrama como forma de expressar o que eles entendem sobre as relações entre os britânicos e os colonos no início da Revolução Americana (TOMLINSON; ALLEN, 2000, p. 8).

A professora Rebecca Newburn usa cadernos interativos de ciências para documentar o processo de investigação na PBL e para reforçar o ensino de acordo com a necessidade de seus alunos dos anos finais do ensino fundamental. A estrutura dos cadernos é construída em suportes (MACARELLI, 2010).

Como explica Newburn: "O lado direito [do caderno] é a informação fornecida pelo professor: leituras, ensino orientado e assim por diante. O lado esquerdo é a produção do aluno. Como eles interagem com o conteúdo? Como demonstram seu raciocínio?". Um estudante pode desenhar e rotular um diagrama ou um mapa conceitual. Outro pode analisar os dados e produzir uma tabela ou um resumo por escrito.

"É automaticamente diferenciado", acrescenta Newburn, com os alunos escolhendo como querem representar seu raciocínio. Ela pode acompanhar, quando necessário, com redirecionamento ou apoio para aqueles que estão com dificuldades ou pode oferecer ideias de ampliação para os que dominaram os conceitos científicos e estão prontos para se aprofundarem em suas pesquisas.

Produtos

Na PBL, os estudantes normalmente têm opções quando se trata de demonstrar sua compreensão ao final de um projeto. Como explica McCarthy (2017, p. 9): "Produtos eficazes são alinhados, autênticos e significativos para os resultados da aprendizagem. Oferecer aos alunos opções de produtos pode aumentar as chances de que encontrem um em que acreditem poder ter um bom desempenho".

Os diversos exemplos de projetos descritos neste livro geraram uma variedade de produtos significativos, desde documentários a planos de ação comunitária e aconselhamento financeiro familiar. Alguns professores oferecem uma ampla escolha sobre a maneira de demonstrar o que sabem e podem fazer. Outros fazem todos os estudantes produzirem o mesmo produto, mas ainda deixam espaço para a diferenciação. Cada um dos alunos de Bentley, por exemplo, produziu vídeos educacionais. Todos os alunos de Schneiderjohn escreveram e encenaram cenas históricas. No entanto, em cada projeto, eles tinham muitas escolhas a fazer em relação ao tópico específico, ao roteiro, ao *design* do cenário e à edição.

A professora dos anos iniciais do ensino fundamental Sara Lev faz questão de engajar os alunos na escolha de seus produtos finais. "Em geral, as crianças têm ideias sobre como querem compartilhar seus conhecimentos", diz ela. "Eu sei quais são os principais conhecimentos que quero alcançar, mas espero que a ideia de produto final venha dos alunos."

Em um ano, por exemplo, um projeto de leitura e escrita sobre como cuidar dos espaços comunitários foi concluído com a publicação de um livro ilustrado do alfabeto por seus alunos do jardim de infância ("J é para jogar fora o lixo"). Eles doaram o livro para a biblioteca da escola a fim de ensinarem outras turmas. Quando apresentou um projeto semelhante no ano seguinte, Lev reconheceu que sua nova turma estava pronta para um desafio mais complexo para responder a essa questão central: *como podemos cuidar do meio ambiente e inspirar outras pessoas a nos ajudarem?*

"A profundidade do raciocínio desses alunos foi maior do que em outras turmas", observa Lev. "A palavra *responsabilidade* surgiu naturalmente em suas conversas. Eles estavam pensando criticamente sobre como resolver problemas." Por fim, as discussões entre alunos e professores levaram à ideia dos estudantes de produzirem um manual de treinamento, vídeos de instruções e lições práticas demonstrando como fazer trabalhos específicos para cuidar do ambiente escolar. Eles até geraram ideias de ferramentas inovadoras para facilitar seu trabalho.

"Esses alunos foram muito além da criação de um livro sobre o alfabeto", diz ela. "Eles teriam concluído isso em uma semana." Em vez disso, o produto final mais ambicioso levou todos eles a uma aprendizagem mais profunda e ainda permitiu a diferenciação individual. Uma criança, cujos desafios de aprendizagem incluem problemas de fala, linguagem e atenção, conseguiu inventar "uma ferramenta incrível" (uma escova para limpar os cantos minúsculos de uma casinha de brinquedo) e usar o processo de raciocínio de *design* para criar um protótipo e aperfeiçoar seu projeto. Outras crianças com habilidades de leitura mais avançadas conseguiram escrever textos informativos e aprimorar suas habilidades de apresentação. "O projeto em si foi diferenciado o suficiente", diz Lev, para que todos experimentassem crescimento.

ALINHE O SUPORTE AOS OBJETIVOS DE APRENDIZAGEM

O planejamento reverso o ajudará a alinhar os suportes às metas de aprendizagem do seu projeto. Ao identificar as metas de aprendizagem, você pensou no que deseja que os alunos saibam e sejam capazes de fazer até o final do projeto. Você também fez um *brainstorming* dos principais produtos que forneceriam evidências da aprendizagem que estavam alinhadas aos padrões. Para planejar um suporte eficaz, você precisa analisar esses produtos e determinar quais conhecimentos, compreensões e habilidades são necessários para concluí-los (LARMER; MERGENDOLLER; BOSS, 2015). Essas informações o ajudarão a criar um guia da aprendizagem do estudante que preveja as necessidades de suportes.

Tendo em mente as necessidades específicas de seus alunos e os objetivos de aprendizagem de seu projeto, planeje várias estratégias de ensino para apoiar a aprendizagem em momentos importantes durante o projeto, especialmente quando você prevê desafios. Ray Ahmed sabe que seus alunos de química incluem muitos aprendizes da língua inglesa e uma alta porcentagem de alunos com necessidades educacionais especiais. Ele quer que todos os estudantes sejam capazes de entender textos científicos difíceis e conduzir suas próprias pesquisas científicas. Essas habilidades acadêmicas são essenciais no curso. Os projetos finais dos alunos são tratados como avaliações de saída que contam para os requisitos de graduação.

"Lemos muitos textos complexos neste curso", reconhece Ahmed. Mesmo que algumas leituras sejam desafiadoras para muitos alunos, ele não quer "emburrecer" o material para aqueles que possam ter dificuldades. Em vez disso, ele planeja suportes para ajudar todos a acessarem os textos e lerem para compreender.

Comece com perguntas e previsões: antes de distribuir os conjuntos de textos densos que os alunos usam ao longo de um projeto, Ahmed planeja um evento de entrada que leva os alunos a gerarem suas próprias perguntas. Isso não apenas estimula a investigação, mas também serve como um exercício de pré-leitura. Quando ele distribui os textos, os estudantes veem as leituras como recursos para ajudá-los a responderem suas próprias perguntas. "Isso dá às crianças a oportunidade de analisar um conjunto de leituras e encontrar respostas para suas próprias questões. Eles estão lendo para obter informações."

Leia em conjunto: "Alguns textos são difíceis. Nós os lemos juntos", explica Ahmed. Orientar a turma por meio de textos desafiadores cria oportunidades para que ele ajude os alunos a aprenderem vocabulário técnico e forneça uma introdução a conceitos científicos desconhecidos. Nesse processo, ele está modelando estratégias de leitura que os estudantes podem usar quando leem sozinhos ou discutem textos em pequenos grupos.

Apoie quando necessário: para estudantes que precisam de apoio adicional nas habilidades de alfabetização, Ahmed e seu professor auxiliar (que tem experiência em educação especial) oferecem apoio adicional quando necessário. Eles podem sugerir que os alunos usem ferramentas, como diagramas estruturados (p. ex., mapa mentais) e explicações adicionais por meio de notas, ou dedicar parte do tempo a conversas individuais com aqueles que precisam de ajuda adicional.

Ahmed oferece suporte adicional à medida que os projetos se aproximam do final e os alunos estão se preparando para as apresentações e para o julgamento do público. Seus alunos de inglês podem praticar primeiro em duplas e depois em trios, aumentando gradualmente para públicos maiores. Ahmed agendará sessões de prática depois da escola para aqueles que quiserem mais tempo. "Uma das mensagens sobre as quais falamos quando fazemos algo difícil é que ficamos mais inteligentes se nos esforçarmos. Os projetos realmente mostram isso", acrescenta.

Antecipar quando e por que os estudantes de inglês podem ter dificuldades na PBL é um bom primeiro passo para planejar suportes adequados para eles. Por exemplo, o processo de fazer PBL – que é diferente da aprendizagem tradicional, orientada pelo professor – pode representar barreiras linguísticas ou culturais para os estudantes que não tiveram experiência anterior com a aprendizagem centrada no aluno. O domínio do conteúdo ou a aquisição de habilidades pode ser um desafio por diferentes motivos. A aquisição de habilidades no idioma inglês é outra preocupação específica dessa população. Em diferentes estágios de um projeto, você pode apoiar os alunos de inglês introduzindo suportes para ajudá-los a entenderem o processo do projeto, entenderem o conteúdo e progredirem no desenvolvimento do idioma. A Figura 6.1 oferece algumas sugestões.

PBL E INCLUSÃO: ATENDENDO A TODAS AS NECESSIDADES

Para os alunos com necessidades educacionais especiais, a PBL oferece um instrumento para uma inclusão significativa. A professora de educação especial Kristin Uliasz (2016), que é especialista em inclusão e recursos em uma escola PBL de ensino médio em Davis, Califórnia, ressalta que todos os elementos de planejamento do projeto e todas as práticas de ensino baseado em projetos são voltados para a criação "[...] do tipo de ambiente de aprendizagem envolvente e dinâmico que *também* é conhecido por atender melhor aos alunos com uma gama de deficiências" (ULIASZ, 2016, documento *on-line*). Entre suas estratégias recomendadas para o sucesso estão as descritas a seguir.

Combine a sabedoria: quando especialistas e educadores gerais se unem no planejamento e na implementação do projeto, todos se beneficiam. Uliasz, por exemplo, está familiarizada com as necessidades específicas dos alunos com os quais trabalha individualmente e pode defender a necessidade de suportes de ensino ou as acomodações que eles podem precisar durante um projeto. Ela confia que seus colegas de sala de aula são especialistas em suas áreas de conteúdo. "Nossa sabedoria combinada torna bastante fácil prever as necessidades e incorporar considerações para a diversidade de alunos

nos estágios iniciais de elaboração do projeto", explica ela (ULIASZ, 2016, documento *on-line*).

Diferencie a instrução: um dos benefícios da PBL, argumenta Uliasz, é que ela é naturalmente diferenciada. Ela explica:

> Ao permitir que os alunos sigam caminhos diferentes e explorem interesses diferentes em um projeto, isso significa que, a qualquer momento, colegas da mesma turma podem estar trabalhando em coisas muito diferentes. Isso normaliza os estudantes que *precisam* de coisas diferentes, alivia o estigma do suporte que os alunos muitas vezes trazem consigo para a sala de aula e reforça uma cultura de individualidade e autogerenciamento que leva os alunos a se apropriarem de sua aprendizagem (ULIASZ, 2016, documento *on-line*).

Incorpore metas de programas de educação individualizada (IEP) aos projetos: incorpore as metas acadêmicas específicas de IEP ao longo dos percursos diferenciados de seus projetos. Isso permite que você aborde essas habilidades com consistência. Em uma sala de aula de PBL, a ênfase nas principais habilidades de sucesso oferece oportunidades diárias de trabalhar essas metas em um contexto autêntico e natural.

Quando a PBL ocorre em uma sala de aula inclusiva em que todas as necessidades dos alunos são atendidas, os estudantes não são rotulados. O professor de química Ray Ahmed e seu auxiliar têm o cuidado de não tratar os alunos como "meus" ou "seus". Em vez de fazer seu colega trabalhar apenas com aqueles com necessidades educacionais especiais, Ahmed prefere um modelo em que "todos são nossa responsabilidade". Seu professor auxiliar traz um conhecimento de ferramentas e estratégias que ajudam os estudantes com necessidades educacionais especiais – e todos os alunos. "Meu trabalho", acrescenta Ahmed, "é criar uma cultura em que todos os dons de nossos alunos sejam revelados".

A seguir são apresentados alguns exemplos de suporte para estimular o seu raciocínio (ALBER, 2014; REBORA, 2008):

- **Modele as estratégias de aprendizagem** usando protocolos aquário e pensando em voz alta, bem como compartilhando exemplos dos trabalhos dos alunos.
- **Explore o conhecimento anterior** e conecte-se aos contextos culturais dos estudantes, fazendo-os compartilharem palpites, elaborarem

O quadro a seguir fornece estratégias de suporte e recomendações para apoiar aprendentes de língua inglesa durante cada fase do processo de elaboração do projeto. As recomendações a seguir estão de acordo com as estratégias de suporte planejadas do livro *Theoretical foundations and research base for California's English Language Development Standards*.

	Forneça suporte ao processo de elaboração do projeto	Forneça suporte para a aprendizagem de conteúdos	Forneça suporte para o desenvolvimento da linguagem
	Como você pode reduzir barreiras linguísticas ou culturais para projetar a conclusão e o sucesso do projeto?	*Como você pode reduzir barreiras linguísticas ou culturais para o domínio de conteúdos ou habilidades?*	*Como você pode apoiar a aquisição de habilidades na língua inglesa pelos alunos no contexto de um projeto?*
Lançando o projeto: entrada do evento + questão motivadora	• Faça os alunos elaborarem e utilizarem um plano de trabalho em equipe para projeto do BIE para estruturar e organizar seu trabalho no projeto.[2,5] • Poste os prazos e as tarefas a serem concluídas em um mural do projeto (virtual ou na sala de aula).[2] • Use a técnica de formulação de perguntas para ajudar os alunos a entenderem o processo de criar perguntas eficientes.[6] • Forneça modelos de frases fechadas e abertas para apoiar a criação de perguntas.[8] • Faça um *brainstorming* e classifique as perguntas produzidas pelos alunos em categorias que sejam facilmente identificáveis (p. ex., questões de conteúdo, questões de processo, questões de apresentação).[8]	• Use um gráfico KWL,[7] modelos de perguntas e modelagem explícita[8] para a lista de conhecimentos essenciais a fim de ajudar a capturar o que os alunos já sabem sobre o tópico e de apoiá-los na formulação de novas perguntas.[1,6] • Durante um evento de entrada, use recursos visuais (p. ex., fotos, vídeos, objetos físicos) para ajudar a construir o contexto para os alunos com diferentes níveis de proficiência da língua.[7] • Se o evento de entrada é uma "experiência" (p. ex., trabalho de campo, atividade prática), peça aos alunos que usem organizadores gráficos para manterem seus pensamentos ordenados ou que escrevam palavras-chave que possam servir como gatilhos de memória. Uma gincana é uma estratégia útil para um trabalho de campo.[7] • Use uma câmera, se possível, para que os alunos filmem as experiências durante o evento de entrada ou para criar imagens que depois possam usar para se lembrarem das informações e fazerem conexões.[7]	• Ensine e defina explicitamente vocabulário relacionado ao conteúdo durante o evento de entrada.[2] • Crie e mantenha um mural de vocabulário para linguagem acadêmica associada ao projeto.[8] • Use eventos de entrada como uma oportunidade de apresentar os alunos a diferentes tipos de textos e para discutir as convenções e os propósitos dos tipos de textos.[4,8] • Faça os estudantes discutirem o evento de entrada e as listas essenciais em pares ou pequenos grupos antes de participarem de uma discussão com toda a turma para que sejam fornecidas mais oportunidades para a prática da fala e da escuta de baixo risco.[5] • Evite (ou ensine explicitamente) coloquialismos e expressões nos recursos relacionados ao projeto (p. ex., eventos de entrada, questões norteadoras, rubricas).[4]

Figura 6.1 Suportes aos aprendentes da língua inglesa para PBL. *(Continua)*

Construa conhecimento, compreensão e habilidades para responder à questão motivadora	• Poste objetivos diários em uma linguagem amigável para os alunos ("Eu posso...") sobre a aprendizagem de conteúdos, habilidades e linguagem. Consulte-os com frequência. Observe quando os objetivos são diferenciados para alunos específicos.[2] • Use várias técnicas de agrupamento (p. ex., heterogêneas, nível de linguagem, pares, autosselecionadas) estrategicamente ao longo do desenvolvimento de um projeto.[5]	• Ensine usando vários formatos (p. ex., experiências de aprendizagem práticas, aulas com pequenos grupos, ensino direto).[7] • Forneça textos nivelados para os estudantes durante o tempo de trabalho.[4] • Estruture oficinas em uma sequência lógica, oferecendo uma modelagem e explicações claras, bem como oportunidades para uma prática orientada.[2] • Faça os alunos trabalharem em pares ou pequenos grupos linguisticamente diversos para que se envolvam em ensino recíproco ou no conteúdo do projeto.[5] • Planeje oportunidades frequentes de avaliações formativas informais (p. ex., *tickets de saída*, diários, passeio pela turma, palestras) e ajuste o ensino baseado nessas avaliações.[5]	• Use observações e tarefas escritas como diários reflexivos para avaliar formativamente o progresso dos alunos no desenvolvimento das metas de linguagem.[3] • Solicite que os estudantes elaborem dicionários ilustrados personalizados para acompanharem seu vocabulário-chave.[8] • Forneça várias oportunidades para que os alunos falem e escutem (p. ex., círculos internos-externos, pensar-dialogar-compartilhar, quebra-cabeças, *role-plays*).[5]
Desenvolva e critique produtos e respostas à questão motivadora	• Modele e pratique o uso de protocolos estruturados para criticar os trabalhos.[8] • Forneça mapas mentais para ajudar os alunos a organizarem ideias e informações.[7] • Crie conjuntamente rubricas para os produtos finais e as habilidades de sucesso com os estudantes. Tanto os professores quanto os estudantes devem usá-las para avaliação e reflexão e as mesmas rubricas devem ser usadas para as avaliações formativas e somativas.[3]	• Use a técnica de formulação de perguntas para orientar os alunos a elaborarem novas perguntas a fim de refinarem sua compreensão do conteúdo.[6]	• Forneça modelos de frases para ajudar os alunos a darem e receberem *feedback*.[8] • Quando for adequado, forneça amostras de redação exemplar e/ou modelos de textos para ensiná-los a respeito de convenções de texto e linguagem.[8]

Figura 6.1 Suportes aos aprendentes da língua inglesa para PBL. *(Continua)*

	Forneça suporte ao processo de elaboração do projeto	Forneça suporte para a aprendizagem de conteúdos	Forneça suporte para o desenvolvimento da linguagem
Apresente produtos e respostas à questão motivadora	• Solicite que os alunos trabalhem em grupos para concluir o plano de apresentação BIE.[7] • Forneça várias oportunidades para que os estudantes pratiquem suas apresentações e recebam *feedback*.[2,3] • Registre em vídeo as apresentações dos alunos. Permita que eles revejam o vídeo e comparem seu desempenho com a rubrica da apresentação, refletindo sobre oportunidades de melhora.[3]	• Forneça organizadores gráficos para ajudar os alunos a organizarem a sua aprendizagem quando observam as apresentações uns dos outros.[7] • Encoraje os alunos a usarem recursos visuais e multimídia para melhorarem e esclarecerem o conteúdo de suas apresentações.[7] • Solicite que usem protocolos estruturados para refletirem sobre como esse projeto se baseia em seus conhecimentos e habilidades atuais.[1]	• Trabalhe com os alunos identificando o tom, o nível de formalidade e o estilo linguístico mais adequados para o público e o contexto da apresentação. Forneça exemplos que os ajudem a entender o "registro" adequado.[8] • Forneça modelos de linguagem para características diferentes das apresentações (p. ex., fornecendo instruções, descrevendo processos, comparando e contrastando ideias).[8] • Forneça modelos de perguntas para apoiar os membros do público a fazerem perguntas eficazes.[6]

[1] Leve em conta o que os alunos já sabem, incluindo sua língua original e cultura e relacionando-as ao que eles precisam saber.
[2] Selecione e coloque em sequência tarefas como modelar, explicar e fornecer prática orientada em uma ordem lógica.
[3] Faça verificações frequentes avaliando a compreensão durante o ensino, além de avaliar o progresso em intervalos adequados ao longo do ano.
[4] Escolha textos cuidadosamente com objetivos específicos (p. ex., motivacionais, linguísticos, conteúdo).
[5] Forneça vários processos de agrupamento colaborativo.
[6] Construa boas perguntas que promovam o pensamento crítico e a ampliação do discurso.
[7] Use uma ampla variedade de sistemas de informação, como organizadores gráficos, diagramas, fotografias, vídeos ou outros recursos de multimídia para melhorar o acesso ao conteúdo. KWL: *know/wonder/learn* (o que sei/o que quero saber/o que aprendi).
[8] Forneça aos alunos modelos de linguagem, como estruturas/iniciadores de frases, murais de vocabulário acadêmico, quadros de modelos de linguagem, amostras de redação exemplar ou modelagem do ensino de linguagem (p. ex., usando vocabulário acadêmico ou frases).

Figura 6.1 Suportes aos aprendentes da língua inglesa para PBL. *(Continuação)*

perguntas sobre o que precisam saber ou criarem gráficos do tipo "o que sei/o que quero saber/o que aprendi" (KWL, do inglês *know/wonder/learn*).

- **Estruture as discussões** usando protocolos como pensar/dialogar/compartilhar (*think/pair/share*), ver/pensar/querer *(see/think/wonder)* e seminários socráticos. Apresente as frases-guia a serem usadas durante as conversas acadêmicas e coloque-as em um local visível para que todos possam acessá-las quando necessário para participar das discussões (p. ex., dê um exemplo de como discordar com frases que comecem com: "Esta é outra maneira de pensar sobre isso..." ou "Entendo seu ponto de vista, mas você já considerou...?").
- **Forme equipes** de alunos bilíngues com aprendentes de inglês quando possível. Os estudantes bilíngues podem ajudar seus colegas com a pronúncia, o conteúdo e o desenvolvimento da confiança.
- **Ensine previamente o vocabulário principal** usando fotos, analogias, metáforas ou desenhos. Essa estratégia é especialmente útil para aprendentes de inglês, que assim podem desenvolver seu conhecimento de vocabulário acadêmico à medida que o projeto avança.
- **Introduza recursos visuais**, como diagramas esquemáticos ou murais de palavras. Os professores de matemática e ciências geralmente usam miniquadros brancos nos quais os alunos mostram sua resolução de problemas.
- **Utilize tecnologias** como HyperDocs para aulas digitais, diários interativos para apoiar o processo de investigação e gravações da tela do computador para aprendizagem oportuna.
- **Ofereça oficinas e miniaulas** para apoiar os alunos que precisam desenvolver habilidades e compreensão fundamentais para o sucesso do projeto. Eles podem selecionar as oficinas por conta própria ou serem convidados com base nos resultados de sua avaliação formativa.

Para a maioria dos professores, o suporte na PBL inclui uma combinação de ferramentas e estratégias. Quando Sara Lev planeja as atividades de aprendizagem para um projeto, ela inclui suportes para preparar seus alunos do jardim de infância para serem bem-sucedidos. Os diagramas esquemáticos são úteis para os aprendentes de inglês e para aqueles que são mais visuais, por exemplo. Além dos suportes físicos, ela também usa as perguntas e os comentários dos alunos para apoiar o raciocínio dos colegas.

"Se eu conseguir que três ou quatro crianças participem das discussões imediatamente, posso usar seus comentários como apoio. Posso repetir algo que uma delas disse e falar: 'Isso me lembra...' ou posso dizer: 'Olha, o Alec teve uma ideia legal para fazer uma ferramenta' ou 'A Molly tem essa pergunta'. Isso é diferente de mostrar a eles o que quero que façam. A modelagem não vem de um adulto, mas de um colega. Acho que isso é um gancho para eles, que diz: 'Eu também posso fazer isso.'"

SUPORTES OPORTUNOS

Durante o mesmo projeto, alguns alunos podem não conseguir avançar, enquanto outros podem precisar expandir seu conhecimento. Os suportes oportunos ajudam você a adaptar o suporte ou o desafio a fim de atender às necessidades imediatas apresentadas.

Os estudantes da turma de pré-cálculo de Telannia Norfar, por exemplo, já estavam bem adiantados em um projeto que os desafiava a prestar consultoria de planejamento financeiro a clientes reais da comunidade. As necessidades de seus clientes eram diversas. Algumas famílias queriam conselhos sobre como economizar para a educação universitária de seus filhos, outras estavam concentradas em economizar para a aposentadoria ou comprar uma casa, e algumas tinham várias metas financeiras.

No lançamento do projeto, Norfar apresentou os alunos aos seus clientes usando fotos e histórias. O engajamento pareceu ser alto, pois os estudantes perceberam que se tratava de pessoas reais – não de tarefas de um livro de matemática. Eles ficaram entusiasmados ao saberem que teriam a oportunidade de se encontrar pessoalmente com seus clientes. Muitos estudantes também fizeram conexões com suas próprias situações financeiras, o que aumentou a participação.

"A maioria dos meus alunos será a primeira pessoa de suas famílias a entrar na faculdade", explica a professora. "Isso significa que eles estão literalmente sozinhos tentando descobrir como viabilizar esse processo. Não há ninguém em casa que saiba como isso funciona, inclusive a parte financeira. Portanto, apesar de estarmos auxiliando outras famílias, estou ajudando meus alunos a entenderem o planejamento da faculdade. Eles têm conexões pessoais com o projeto."

No entanto, essa empolgação inicial começou a se dissipar quando chegou a hora de resolver problemas matemáticos. De repente, os alunos tiveram de aplicar seus conhecimentos sobre funções exponenciais, logarítmicas e racionais para elaborar planejamentos financeiros adaptados às metas e situações financeiras atuais dos clientes. "Se não entenderem os princípios dessas funções", advertiu Norfar, "vocês podem ter problemas".

Em uma aula com toda a turma, ela apresentou uma fórmula geral para fazer cálculos financeiros. Sua próxima tarefa era manipular essa fórmula para que ela se aplicasse às situações específicas de seus clientes. Norfar ficou surpresa com a frustração que surgiu em sua discussão sobre a necessidade do conhecimento. "Muitos alunos queriam saber: 'Como podemos fazer isso facilmente?'. Eu pensei: 'Droga!'", lembra a professora com uma risada. "Eu não tinha a intenção de fazer tudo para eles."

Com base em sua avaliação formativa, Norfar reconheceu que alguns alunos compreendiam os conceitos de matemática bem o suficiente para chegarem às fórmulas por conta própria; eles só precisavam de incentivo para continuar. Uma conversa estimulante sobre persistência – e um lembrete de que seus clientes estavam dependendo deles para obter respostas – foi todo o suporte de que precisaram.

Outros estavam tendo dificuldades com a matemática. Eles precisavam do apoio pontual que Norfar podia oferecer por meio de miniaulas, oficinas e modelagem de exemplos de fórmulas. "Eles precisavam dessa ajuda com o conteúdo", ela percebeu, antes de estarem prontos para retomarem o trabalho nos planos financeiros de seus clientes.

Vamos considerar mais duas metas de aprendizagem que podem exigir suportes adicionais durante os projetos: habilidades de sucesso (incluindo autorregulação) e pensamento disciplinar.

Oferecendo suporte a habilidades de sucesso

Quando você identificou as metas de aprendizagem para o seu projeto durante a fase de elaboração e planejamento, se concentrou em habilidades específicas de sucesso juntamente ao domínio do conteúdo. Ajudar os alunos a se tornarem melhores em colaboração, pensamento crítico, comunicação e criatividade são metas comuns de projetos. Com o domínio acadêmico, esses "quatro Cs" proporcionam uma preparação essencial para a faculdade, carreiras e cidadania. Da mesma forma, as habilidades de autorregulação para definir metas, manter o foco e administrar o tempo apoiam efetivamente o sucesso dos estudantes na PBL e na vida.

Não presuma que os alunos desenvolverão essas habilidades de sucesso automaticamente ou no mesmo ritmo. Em vez disso, forneça suportes de acordo com a necessidade – e com base na avaliação formativa – a fim de ajudá-los a se tornarem mais capazes e confiantes em relação às habilidades de sucesso almejadas.

À medida que o projeto se desenvolve, continue a fornecer os suportes necessários para as habilidades de sucesso que você está tentando desenvolver. Se a meta de aprendizagem for a colaboração, por exemplo, como você reforçará o trabalho em equipe? Se for o pensamento crítico, como você ajudará os alunos a desenvolverem argumentos com base em evidências confiáveis ou a entenderem as relações de causa e efeito? Leve em conta as experiências anteriores dos alunos em relação às habilidades de sucesso pretendidas, fique atento a quaisquer dificuldades e planeje os suportes de acordo com elas.

Use protocolos e rotinas para se concentrar em aspectos específicos das habilidades de sucesso que sejam desafiadoras para os estudantes. Por exemplo, chegar a um consenso entre os membros da equipe é um aspecto importante da colaboração. Os alunos precisam entender que consenso não é o mesmo que "regras da maioria" ou "a voz mais alta vence". Em vez disso, ele exige ouvir diversas perspectivas e chegar a uma decisão que toda a equipe apoie.

Como ouvimos anteriormente, a professora de estudos sociais Erin Brandvold usou um protocolo chamado GOILS (do inglês *groups of increasingly larger size*, grupos de tamanho cada vez maior) para ajudar seus alunos a chegarem a um consenso sobre um guia de pontuação para seu projeto sobre revoluções. Outro protocolo que elimina o mistério da criação de consenso é o chamado "do punho aos cinco dedos" (BOSS, 2013; FLETCHER, 2002; RINDONE, 1996). Os alunos usam os seguintes sinais com as mãos para comunicar suas posições sobre uma decisão ou solução proposta:

- Punho (sem dedos): "De jeito nenhum. Preciso conversar mais sobre isso e observar mudanças antes de poder apoiar".
- Um dedo: "Tendendo a rejeitar. Eu ainda quero discutir e sugerir mudanças".
- Dois dedos: "Mais ou menos. Estou mais confortável com a proposta, mas ainda gostaria de discutir alguns pequenos ajustes".

- Três dedos: "Ela é OK. Não concordo totalmente, mas posso apoiar sem nenhuma discussão adicional".
- Quatro dedos: "Sim. Acho que é uma boa ideia/decisão".
- Cinco dedos: "Com certeza! É uma grande ideia e eu vou ajudar a liderar sua implantação".

Os membros da equipe que levantam três ou menos dedos têm tempo para expor suas preocupações. As discussões continuam até que todos os membros da equipe consigam sinalizar um consenso para uma ideia mostrando três ou mais dedos.

Se a habilidade de sucesso visada for o pensamento crítico, estimule as habilidades de argumentação dos alunos introduzindo iniciadores de frases:

- "Entendo seu ponto de vista, mas existe outra maneira de pensar sobre isso..."
- "Você pensou em...?"
- "Discordo porque..."

Se a habilidade de sucesso visada for a criatividade, apoie a geração de ideias modelando estratégias para um *brainstorming* eficaz, ensinando os alunos a usarem esboços ou *storyboards* simples para tornarem suas ideias visíveis e discutíveis ou estimulando o pensamento criativo com um jogo ou quebra-cabeça. Quando os alunos cineastas de Jim Bentley estavam produzindo ideias iniciais para seus vídeos educacionais, eles precisavam pensar de forma criativa sobre reciclagem. Bentley explica o desafio subjacente: "Como poderíamos persuadir uma empresa a fazer algo que poderia ser percebido como um fardo? Tivemos que apresentar exemplos criativos que inspirassem os empresários".

Para fornecer suporte à criatividade, Bentley pediu que os alunos trabalhassem primeiro em pequenas equipes para gerar o máximo de ideias possível. Ele incentivou o pensamento divergente, aconselhando-os a gerarem ideias sem fazer uma pausa para editar ou censurar sua criatividade. Depois que as equipes terminaram o *brainstorming*, eles voltaram a se reunir como uma turma inteira para discutirem e debaterem ideias. "Por meio desse processo, chegamos a um consenso sobre sete histórias que queríamos desenvolver", diz o professor. "Cada equipe assumiu a responsabilidade por uma história."

Sara Lev ensinou a seus alunos o processo de *design thinking* para estimular suas habilidades de resolução de problemas. Eles estavam no meio de um projeto sobre como cuidar do meio ambiente quando um menino sugeriu inventar uma ferramenta para ajudar a fazer um trabalho específico. Sua ideia despertou a criatividade de outros alunos. "Depois, usamos o processo de *design thinking* para elaborar nossas ideias, fazer protótipos e apresentar nossas propostas uns aos outros", explica Lev. Estratégias de *design* como SCAMPER (substituir, combinar, adaptar, modificar, dar um novo uso [do inglês *put to another use*], eliminar e reverter) são suportes úteis para ajudar os estudantes a encontrarem soluções criativas.

Apoie as habilidades de comunicação dos alunos modelando e usando protocolos aquário e *role-plays* para ajudá-los a entenderem os benefícios de habilidades eficazes de fala e escuta. Por exemplo, se estiverem se preparando para conversar com especialistas, dedique um tempo para toda a turma fazer boas perguntas de entrevista e acompanhamento, e faça-os praticarem entrevistando seus colegas antes de se encontrarem com os especialistas.

Perto do final de um projeto, você pode perceber que os alunos estão nervosos em compartilharem seus resultados com uma audiência pública. Para estimular as habilidades de comunicação deles, dedique bastante tempo para sessões práticas de baixo risco antes do evento real. Você pode começar fazendo cada equipe apresentar para outra ou gravar a si mesma em vídeo e fazer uma autocrítica. Em seguida, após mais ajustes e prática, as equipes podem se apresentar para toda a sua turma ou para outra. Em cada apresentação, certifique-se de que o público saiba como oferecer *feedback* construtivo e de que os estudantes tenham tempo para aplicar o *feedback* e melhorar suas apresentações.

A fim de desenvolver as habilidades de autorregulação dos alunos, ajude-os a usarem calendários, rastreadores de projetos e outras ferramentas de gerenciamento de projetos (discutidas no Capítulo 4) para que se tornem mais independentes, capazes de gerenciarem seu próprio fluxo de trabalho em um projeto. Como sempre, esteja pronto para apoiá-los quando eles se depararem com desafios ou contratempos.

No meio de um projeto de matemática, Telannia Norfar percebeu que muitos alunos estavam tendo dificuldades para trabalhar de forma semi-independente. "Quando tentaram trabalhar sozinhos com seus colegas de equipe, não tiveram muito sucesso. Eles me disseram que não queriam tanta liberdade. Nós nos reagrupamos", diz ela, "e eu retomei as rédeas por um tempo".

Um suporte útil foi um guia de planejamento de equipe. Ele delineou funções e responsabilidades específicas para os integrantes de cada equipe, como diretor de comunicações, líder matemático e gerente de projeto. "Eu dei a eles um formulário para preencherem todos os dias sobre as tarefas que cada pessoa estava realizando no projeto. Eles precisavam desse modelo", percebeu Norfar, para aprender a prestar contas a si mesmos e uns aos outros.

Enquanto isso, dois de seus alunos mais motivados e autônomos estavam prontos para avançar. Eles não precisavam de lembretes diários de tarefas. Norfar os incentivou a avançarem em um ritmo mais acelerado, usando suas perguntas necessárias para estimular pesquisas adicionais. "Eles conseguiram continuar progredindo ao voltar às suas próprias perguntas", observou ela.

Veteranos da PBL ajudam os estudantes a encontrarem oportunidades de aprendizagem mesmo diante da falha. O professor de química Ray Ahmed, por exemplo, dá aos seus alunos da 2ª série do ensino médio uma liberdade considerável durante o segundo semestre para elaborarem seus próprios projetos com base em perguntas que os interessam. "Alguns alunos ficam tão entusiasmados com sua ideia de que eu os deixo seguir em frente, mesmo que não tenha descoberto como ajudá-los a melhorá-la. Se falharem ao longo do caminho, percebem que a ideia não era tão boa assim. Eles devem parar e mudar de direção? Há partes desse projeto que podem ser ajustadas e melhoradas? Quais são as partes em que podemos nos basear? Conversamos sobre isso. Eu os lembro de que é isso que os adultos fazem [na pesquisa científica]. Eles têm de lidar com dilemas sobre suas pesquisas. Agora temos a chance de aprender juntos. Pensar nessas coisas com os estudantes é muito valioso", diz ele, e isso reforça uma cultura de aprendizagem que tolera a tomada de riscos.

As verificações frequentes permitem que Ahmed identifique os problemas com antecedência suficiente para que haja tempo de se reorganizar. Ajudar os alunos a se recuperarem da falha também faz parte do suporte. Por meio de suas conversas individuais, Ahmed ajuda os alunos a desenvolverem a capacidade mental de persistirem nos desafios. Quando os estudantes exploram sua capacidade de assumirem riscos e superarem os fracassos, eles estão aprendendo mais do que química. "Quando os alunos percebem que 'tenho controle sobre meu projeto', eles aprendem que 'tenho controle sobre minha vida e as decisões que tomo'", diz Ahmed.

À medida que os estudantes adquirem confiança nas habilidades de sucesso, incentive-os a refletirem sobre seu crescimento como alunos mais independentes e autônomos.

> **TENTE ISSO: ENSINE HABILIDADES DE APRESENTAÇÃO**
>
> Nem todos os projetos envolvem uma apresentação para uma audiência – há outras maneiras de tornar público o trabalho dos alunos –, mas muitos envolvem, e é fácil ignorar a necessidade de ensinar habilidades de apresentação. À medida que um projeto avança, a maior parte da energia do professor e dos alunos está concentrada na conclusão dos produtos e na obtenção de uma resposta para a pergunta principal. Mas quando chega a hora de os estudantes compartilharem seu trabalho com uma audiência, apresentações ruins podem comprometer seriamente a experiência.
>
> Tenha as ideias a seguir em mente para construir as habilidades de apresentação dos estudantes:
>
> - Pense em ensinar habilidades de oratória e o uso de mídias de apresentação no início do ano escolar antes de fazer um projeto. Isso também economizará tempo durante o projeto.
> - Ajude os alunos a entenderem o que são boas habilidades de oratória ao criarem conjuntamente ou ao fornecer uma rubrica (como aquelas encontradas em www. bie.org/objects/cat/rubrics) ou outro conjunto de critérios e em seguida utilizá-la para criticar exemplos de apresentações (p. ex., TED Talks).
> - Forneça aulas, recursos e prática orientada para melhorar as habilidades oratórias específicas, como usar as emoções, contar histórias, evitar erros verbais comuns e fazer contato visual.
> - Direcione os alunos para exemplos e recursos que ajudem a aprimorar suas habilidades de *design* visual para a criação de pôsteres, *displays* e gráficos multimídia eficazes.
> - Certifique-se de que saibam como adaptar seu discurso e adequar uma apresentação a um contexto, tarefa e público específicos.
> - Faça os estudantes praticarem várias vezes suas apresentações. As equipes podem apresentar umas para as outras ou para um público-teste a fim de obterem *feedback* formativo. Como alternativa, elas podem gravar a si mesmas em vídeo para fazer uma autocrítica.
> - Forneça aos alunos um formulário ou modelo para planejar sua apresentação, como o do exemplo da Figura 6.2, que se destina a alunos dos ensinos fundamental e médio.

PLANO DE APRESENTAÇÃO

Sobre o que é a minha apresentação: _____

Quem é o meu público? _____

O que quero que meu público saiba, sinta ou faça? _____

Como iniciarei a minha apresentação? _____

O que fará parte do meio da minha apresentação? _____

Como terminarei a minha apresentação? _____

O que mostrarei ou farei para tornar minha apresentação interessante? _____

Figura 6.2 Planejador de apresentação para alunos.

Fornecendo suporte ao pensamento disciplinar

A PBL geralmente coloca os alunos em papéis autênticos. Eles podem ser desafiados a atuarem como cientistas, matemáticos, historiadores, arquitetos, engenheiros, documentaristas ou autores para resolverem problemas ou criarem produtos originais. Isso exige que aprendam a pensar da mesma forma que os especialistas em suas respectivas disciplinas.

Para o professor dos anos finais do ensino fundamental e veterano em PBL Tom Neville, uma das principais metas de aprendizagem é desenvolver um forte pensamento histórico em todos os seus alunos. Em alguns projetos, os estudantes se concentraram em um problema altamente local, como investigar e documentar a história de um único beco em Washington, DC (www.lifeinthealley.org). Outros projetos têm um escopo mais global. O Monuments Project envolve alunos de diferentes países que colaboram para contar as histórias de veteranos norte-americanos da Primeira Guerra Mundial enterrados no exterior.

Para ajudar os estudantes a pensarem e pesquisarem como historiadores, Neville apresenta várias ferramentas e protocolos de sua caixa de ferramentas de professor. Muitas delas seriam úteis para qualquer sala de aula de história. No entanto, ele as utiliza estrategicamente na PBL para ajudar os estudantes a atingirem as metas de aprendizagem e, ao mesmo tempo, para reforçar uma cultura de investigação. Por exemplo, Neville aprecia a abordagem de exploração crítica desenvolvida por Eleanor Duckworth (www.criticalexplorers.org) porque diz que ela ensina seus alunos "a observarem pacientemente, a fundamentarem as observações em evidências específicas que outros podem ver, a ouvirem as observações dos outros, a identificarem padrões entre as observações, a se sentirem à vontade para compartilharem incertezas e simplesmente estarem em um estado de incerteza e a aceitarem a ideia de que sempre pode haver mais coisas que você não percebeu ou não sabe".

Neville também usa a técnica de formulação de perguntas desenvolvida pelo Right Question Institute (http://rightquestion.org/education) para oferecer suporte à pesquisa dos alunos. Ele usa protocolos de crítica para oferecer *feedback* aos colegas e outros protocolos de acordo com a necessidade para desenvolver o pensamento disciplinar. "Todos eles fornecem uma base para pensar sobre evidências e pontos de referência para verificações ao longo do ano", diz ele.

Ficar confortável com um novo protocolo "pode parecer lento no início", ele admite, mas é um tempo bem empregado. Com o tempo, os alunos passam a encarar os protocolos como ferramentas para pensar. "Esses [protocolos] habituam os estudantes a um raciocínio mais lento; incentivam o questionamento cuidadoso e refinado; criam abertura para uma ampla gama de evidências e perspectivas; geram uma capacidade de dar e receber *feedback* honesto e levam os alunos a refletirem e reverem constantemente".

Do mesmo modo, o professor de química Ray Ahmed quer que seus alunos pensem e investiguem da mesma forma que os cientistas profissionais. Um aspecto do pensamento científico é fazer perguntas que possam ser testadas com experimentos. "Isso é difícil", reconhece o professor, especialmente quando os estudantes não estão acostumados a fazerem investigações em química. Quando eles estão construindo conhecimento de base por meio da leitura de artigos de periódicos e outros materiais de referência, Ahmed usa protocolos para incentivar a formulação de perguntas, como:

"O que eu quero saber? O que eu preciso saber?" (consulte a Figura 7.1.). Depois que os alunos geram uma lista de suas questões, eles as categorizam em perguntas que podem ser facilmente respondidas *versus* perguntas que exigem investigação e perguntas fechadas *versus* perguntas abertas. "Descobrimos em nossa primeira passagem que os alunos não tinham perguntas que levassem a uma investigação científica. Eles estavam aprendendo muitas informações, mas não tínhamos um experimento."

Para fornecer suporte à investigação no primeiro projeto do ano, Ahmed apresenta um problema real que é cheio de boas perguntas a serem investigadas no laboratório de química. Um exemplo recente foi a descoberta das causas da crise da água em Flint, Michigan.* "Foi uma espécie de escolha forçada", ele reconhece, "pois levou as crianças a essa ideia do que é um inibidor de corrosão e qual é o melhor". Assim que ele apresentou o tópico, os alunos começaram a fazer suas próprias perguntas. "Depois dessa [primeira] pergunta, todo o resto foi feito por eles: os materiais escolhidos, como planejaram o experimento, o tipo de dados que queriam coletar e como queriam analisá-los."

Muitos dos alunos de Ahmed estão aprendendo a língua inglesa. A qualidade do trabalho final do projeto, que foi avaliado por especialistas e compartilhado com públicos reais, "destaca que essas crianças podem se envolver em um pensamento de ordem realmente superior de uma forma que respeita quem elas são como indivíduos".

Rebecca Alber (2014), um blogueira do Edutopia e facilitadora na Faculdade de Educação da University of California, Los Angeles (UCLA), lembra os professores da sabedoria de reservar um tempo para apoiar os alunos, mesmo que isso signifique diminuir o ritmo. "Costumo dizer aos professores que eles precisam ir mais devagar para poderem ir mais rápido. De fato, a montagem de suportes em uma aula pode levar mais tempo para ser ministrada, mas o produto final é de muito mais qualidade e a experiência muito mais gratificante para todos os envolvidos" (ALBER, 2014, documento *on-line*).

---

* N. de R.T.: essa crise ocorreu por conta da troca de fonte de água potável da cidade. A água não foi tratada o suficiente, os canos foram corroídos e liberaram chumbo na água. A recomendação, até 2020, era só usar água engarrafada, por isso as famílias de baixa renda foram mais afetadas.

LIVRO DE ANOTAÇÕES DO FACILITADOR: FORNEÇA SUPORTE À APRENDIZAGEM DO PROFESSOR

Assim como os estudantes se beneficiam de um ensino diferenciado que os ajude a serem bem-sucedidos nos projetos, as necessidades de suporte de PBL dos professores também variam muito. Para facilitar a aprendizagem dos professores no que diz respeito às práticas de PBL, o facilitador instrucional Andrew Miller (2017) oferece a seus colegas um *menu* de ofertas para um desenvolvimento profissional personalizado:

> Assim como modelamos a voz e a escolha com os alunos, devemos fazer o mesmo com nossos professores. Eles merecem voz e escolha na forma como aprendem a implantar melhor a PBL. Afinal, todos os professores estão em diferentes estágios de seu crescimento profissional. Talvez eles precisem de uma sessão de planejamento para um projeto, ou talvez precisem lançar mão de padrões para garantirem o alinhamento. Os professores também valorizam o fato de observarem uns aos outros implantando marcos específicos de um projeto de PBL. Eu experimentei um *menu* de formação de PBL e descobri que os professores gostaram não apenas da escolha em si, mas também do fato de as escolhas terem diferentes níveis de comprometimento. Ao oferecer voz e escolha, você pode criar uma variedade de pontos de entrada para a formação (MILLER, 2017, documento *on-line*).

O que deve constar em um *menu* de formação de PBL? A versão de Miller (veja a Figura 6.3) inclui "aperitivos", como gerar as ideias do projeto ou observar um colega durante sua implantação; um "prato principal", como ensinar parte de um projeto em conjunto ou analisar o trabalho dos alunos com os colegas; e atividades de "sobremesa", como planejar uma exposição do projeto ou refletir ao final de um projeto.

ESTRATÉGIAS PARA APOIAR A APRENDIZAGEM DOS ESTUDANTES: PONTOS-CHAVE

Dedique um tempo para refletir sobre as diversas estratégias de suporte sobre as quais você leu neste capítulo.

Ensino baseado em projetos **155**

Menu de formação instrucional

Queremos lhes fornecer aprendizagem profissional que atenda às suas necessidades independente da sua experiência. Você pode escolher itens desse *menu* em qualquer ordem, a qualquer momento.

Aperitivo

Idealização do projeto

Encontre seu facilitador em um momento adequado para fazer um *brainstorming* de ideias para projetos, produtos ou questões norteadoras. Um pequeno intervalo de tempo produz grandes ideias para projetos!

Observe um colega

Você conhece um colega que use a PBL de maneira eficiente? Um facilitador cobrirá sua turma para que você possa acompanhar um professor implantando um projeto. Você também vai analisar a visita com o facilitador e com o colega.

Lance mão de padrões e objetivos

Quer analisar e descobrir os padrões e resultados corretos a serem almejados em um projeto? Colabore com seus colegas a fim de lançar mão de padrões e identificar aqueles que você pode ensinar e avaliar em um projeto futuro.

Prato principal

Ciclo de formação

Você possui uma preocupação geral em relação ao ensino e à aprendizagem na sua sala de aula? Existe algo relacionado ou não à PBL que você queira melhorar? Essa opção começa com uma sessão para identificar um desafio ou problema na prática, observação e, em seguida, análise reflexiva.

Coensino

Trabalhe com um facilitador para ensinar conjuntamente um componente do seu projeto de PBL. Tem dificuldade em formar equipes? Precisa de ajuda para iniciar um projeto? Quer apoiar os alunos a avaliarem efetivamente os seus produtos? Aqui você pode se concentrar em um componente da implantação do projeto de PBL com um parceiro colaborativo.

Implantação de projeto PBL

Colabore com um grupo de colegas para planejar e implantar um projeto na íntegra. Você criará suas próprias perguntas essenciais para orientar sua aprendizagem profissional; reúna-se regularmente com seu grupo, visitem as salas de aula uns dos outros e se engaje em um ciclo de prática reflexiva com um facilitador ao longo do curso de 5-6 semanas.

Observando o trabalho dos estudantes

Traga uma avaliação/tarefa (formativa ou somativa) do seu projeto e um trabalho dos alunos relacionado a ela para se engajar em um protocolo com uma pequena equipe de colegas para melhorar o projeto e a avaliação da aprendizagem.

Sobremesa

Café/*happy hour* dos facilitadores

Os facilitadores oferecerão "horário de expediente" informal, com café e bebidas. Visite o quanto quiser, fale com os colegas e pegue algo para ler.

Planeje uma exibição

Trabalhe com o facilitador e outros colegas para planejar uma exibição do(s) seu(s) projeto(s) a fim de receber *feedback* da comunidade e dos pais e comemorar o que os alunos realizaram.

Apoio tecnológico

Receba apoio oportuno para aprender uma ferramenta tecnológica durante seu tempo de planejamento.

Reflexão sobre o projeto e estabelecimento de metas

Após implantar um projeto, a aprendizagem não acaba. Trabalhe com seu facilitador para documentar suas aprendizagem e reflexão e estabeleça objetivos para melhorar seu ensino e/ou projeto para a próxima vez.

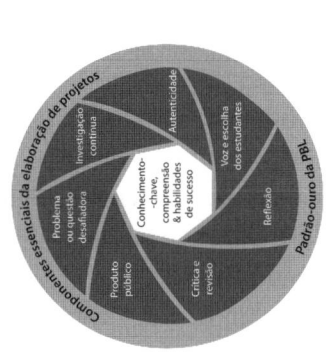

Figura 6.3 *Menu* de formação PBL.
Fonte: Usada com permissão de Andrew Miller, Shangai American School.

- Durante projetos, como você poderia fazer um uso mais consciente de ferramentas e estratégias de suporte que sejam familiares a você e seus alunos (como diagramas esquemáticos, questionários ou livros)?
- Quando planeja o suporte em PBL você está levando em conta as necessidades de todos os estudantes? Quais apoios serão necessários para que todos sejam bem sucedidos? Quais suportes serão mais necessários para certos estudantes ou grupos de estudantes?
- Como você poderia melhorar os resultados de aprendizagem na PBL diferenciando por meio de conteúdos, processos e produtos?
- Você planejou oferecer suporte para apoiar as habilidades de sucesso dos alunos, como a autorregulação?
- Como você ajudará os alunos a aprenderem a pensar como especialistas? Como você oferecerá suporte para o pensamento disciplinar?

NA SUA ESTANTE DE PBL

Academic conversations: classroom talk that fosters critical thinking and content understandings: Jeff Zwiers e Marie Crawford apresentam estratégias práticas de comunicação para gerar discussões mais produtivas, academicamente ricas e respeitosas em sala de aula que envolvam todos os alunos.

Causes and cures in the classroom: getting to the root of academic and behavior problems: Margaret Searle aborda os desafios acadêmicos e comportamentais que podem interferir na aprendizagem, oferecendo estratégias de diagnóstico e intervenções direcionadas para que os alunos retornem ao caminho certo.

Developing natural curiosity through project-based learning: five strategies for the preK-3 classroom: Dayna Laur e Jill Ackers dão vida à autêntica PBL nos anos iniciais do ensino fundamental com muitos exemplos e estratégias que atendem às necessidades dos jovens alunos, incluindo alfabetização e aquisição de linguagem.

Differentiation in middle and high school and differentiation in the elementary grades: com seus dois livros focados em diferentes níveis de ensino, Kristina Doubet e Jessica Hockett oferecem estratégias e ferramentas de diferenciação atualizadas, projetadas para atender melhor às necessidades dos diversos estudantes de hoje em dia.

How to differentiate instruction in academically diverse classrooms (3ª ed.): Carol Ann Tomlinson, autoridade em ensino diferenciado, combina teoria e prática nesta terceira edição atualizada. Embora não seja específica para PBL, suas percepções sobre o planejamento de aulas ajudarão os professores a diferenciarem os projetos, combinando conteúdo, processo e produtos com a disponibilidade e os interesses dos alunos.

Make just one change: teach students to ask their own questions: para oferecer suporte à investigação e inspirar uma aprendizagem mais centrada no aluno, Dan Rothstein e Luz Santana recomendam a técnica de formulação de perguntas. Esse protocolo amplamente adotado eleva a voz dos estudantes e os incentiva a fazerem perguntas melhores para conduzir sua própria aprendizagem.

So all can learn: a practical guide to differentiation: John McCarthy usa vários exemplos de sala de aula para mostrar como a diferenciação pode fazer a diferença para todos os alunos.

Teaching gifted kids in today's classroom: Susan Winebrenner e a autora colaboradora Dina Brulles fornecem conselhos e recursos úteis para engajar e desafiar alunos talentosos em salas de aula com estudantes com diferentes capacidades.

Well spoken: teaching speaking to all students: Erik Palmer oferece estratégias para ajudar os alunos a melhorarem suas habilidades de apresentação e comunicação.

7

Engaje e forme

Estratégias de engajamento e facilitação desenvolvem motivação intrínseca e ajudam os estudantes a alcançarem seus próprios objetivos de aprendizagem.

Sara Lev estava em uma saída de campo a uma empresa de arquitetura e *design* com seus alunos do jardim de infância quando teve uma rápida percepção sobre o que significa engajar e orientar os alunos. Naquele momento, eles já estavam trabalhando em um projeto sobre a criação de uma casinha de brinquedo ao ar livre para sua escola. Os estudantes já haviam criado plantas baixas de seus projetos. A saída de campo lhes daria a chance de aprender sobre o processo de *design* com especialistas, ver como os arquitetos usam modelos e trabalhar na construção de seus próprios modelos 3D. A meta do dia era que cada criança saísse do estúdio com um modelo de papelão baseado em sua planta baixa.

Ao examinar o estúdio cheio de crianças de 5 anos atarefadas, Lev notou uma aluna em particular. Na sala de aula, Zoe geralmente era extrovertida e participava rapidamente. Ela compartilhava suas ideias e expandia sua aprendizagem. Por isso, Lev ficou surpresa ao vê-la sentada sozinha com sua planta baixa e seus materiais, sem sequer começar a construir um modelo.

Sentando-se ao lado dela, a professora perguntou: "O que está acontecendo, Zoe?".

Nenhuma resposta.

A professora esperou. Finalmente Zoe disse: "Isso é muito difícil".

"O que é muito difícil?"

"Fazer isso." Zoe apontou para sua planta baixa. (Um vídeo complementar sobre envolvimento e orientação pode ser encontrado em pblworks.org.)

Lev refletiu por um momento sobre o que ouviu da criança e, em seguida, respondeu: "Ah, tentar fazer o seu plano é muito difícil? O que está sendo difícil nisso?".

"Eu não consigo fazer isso." Zoe apontou para seu desenho detalhado que incluía rótulos para "uma pipa", "um porão" e outros elementos de *design* que haviam surgido de sua imaginação.

Sem dizer mais nada, Lev pegou um pedaço de papelão e começou a mexer nele, dobrando-o de diferentes maneiras, criando formas. Então ela disse: "Bem, muitos modelos aqui começam com uma base, como uma parte inferior. Você quer tentar fazer isso?".

Nenhuma resposta.

"Existe alguma parte de sua planta baixa pela qual você gostaria de começar?"

Zoe não respondeu. Ela só continuou olhando para seu plano, como se dissesse: "Não posso fazer isso com papelão. Não vai ficar bom".

Então Lev olhou para todas as partes da planta e notou uma etiqueta que dizia: "casinha de brinquedo sobre rodas".

"Espere, Zoe, sua casa é sobre rodas. Isso é muito legal! Nunca vi um projeto de alguém com isso. Você quer começar com isso?"

Um pequeno sorriso cruzou seu rosto.

"Como poderíamos fazer uma roda?", perguntou a professora, começando a moldar o papelão em um cilindro. Zoe pegou o papelão das mãos da professora, pegou um pouco de fita adesiva e o enrolou em volta do cilindro.

"Isso se parece *exatamente* com uma roda!", disse Lev.

Zoe começou a dobrar outro pedaço de papelão em um formato de losango. "Ei, isso pode ser o porão", disse a criança enquanto trabalhava. "Este é o mesmo formato do meu porão." E colou a fita adesiva.

Zoe estava prosperando. Lev a deixou trabalhar, checando a cada cinco minutos, mais ou menos. Finalmente, Zoe trouxe o modelo pronto para mostrar.

"Zoe, você percebeu o que aconteceu hoje?", perguntou Lev depois de admirar o modelo. "Quando você tentou pela primeira vez, não acreditou que conseguiria fazer isso."

"Eu pensei que era muito difícil", disse Zoe, "mas não era".

Lev percebeu que estava testemunhando uma criança transformar incerteza em orgulho próprio. E observar uma criança pequena com autoconsciência suficiente para *perceber* sua própria transformação? Isso foi absolutamente inspirador.

Mais tarde, ao pensar no que havia acontecido naquele dia no estúdio de arquitetura, Lev se perguntou: "Quais foram os meus movimentos como professora? Eu observei, escutei e retribuí o que a ouvi dizer e sentir. Eu ofereci suporte sem instruções diretas, demonstrando casualmente o que ela *poderia* tentar, mas esperei que ela assimilasse e incorporasse. Observei uma parte muito especial e original de sua ideia e chamei a atenção dela para isso. Confiei que ela trabalharia por conta própria quando parecia ser capaz, passando gradualmente a responsabilidade de mim para ela. Voltei a procurá-la periodicamente para acompanhar o que estava acontecendo. E, no final, eu a ajudei a ver o que ela havia aprendido".

Esse breve encontro – apenas alguns momentos durante uma experiência de PBL muito mais longa – mostra por que engajar e orientar os alunos é um aspecto tão importante do ensino baseado em projetos. As estratégias de engajamento e orientação ajudam o professor a extrair o melhor de seus alunos. O engajamento geralmente começa com o aproveitamento dos interesses e pontos fortes dos estudantes, como vimos Lev fazer quando apontou a originalidade do projeto de Zoe. Alguns projetos abrem os olhos dos alunos para novos interesses, envolvendo-os em desafios e tópicos com os quais eles nem sabiam que se importavam. Quando estão engajados, as estratégias de orientação empregam questionamento, modelagem e reflexão para ajudá-los a persistirem nos desafios e a atingirem seus objetivos.

Se você já observou um professor experiente em PBL em ação, pode pensar que a formação e o engajamento sejam algo natural. Aprofunde-se um pouco mais e descobrirá que os professores de PBL também atuam como líderes em esportes, debates, teatro ou outra atividade extracurricular. Como em todos os outros aspectos da PBL, a história é mais complexa do que ter um talento especial para se relacionar com os alunos. O engajamento e a formação são habilidades que podem ser aprendidas e melhoradas com a prática.

Para os novatos na função de professor como facilitador, é útil decompor essa prática em suas partes componentes. Vamos dar uma olhada mais de perto em como engajamos e formamos na PBL. De muitas maneiras, essa prática se sobrepõe à construção de uma cultura positiva na sala de aula (conforme discutido no Capítulo 1) e depende da promoção de uma relação de atenção e confiança entre professor e alunos.

> **PADRÃO-OURO DE PRÁTICAS DE ENSINO BASEADO EM PROJETOS: ENGAJE E FORME**
>
> As estratégias para engajar e formar os estudantes são importantes em toda a prática de PBL. Os indicadores de engajamento e formação das atividades da rubrica de ensino baseado em projetos incluem os seguintes pontos:
>
> - O conhecimento do professor sobre os pontos fortes, os interesses, o histórico e a vida de cada aluno é usado para engajá-los no projeto e informar a tomada de decisões de ensino.
> - Os estudantes e o professor usam padrões para definir conjuntamente metas e referências para o projeto de maneira apropriada para o desenvolvimento (p. ex., construindo uma rubrica juntos).
> - O entusiasmo e o sentimento de autoconfiança dos alunos em relação ao projeto são mantidos pela natureza compartilhada do trabalho entre docentes e discentes.
> - As perguntas dos alunos desempenham o papel central na condução do processo de investigação e desenvolvimento de produtos; a pergunta motivadora é usada ativamente para sustentar a investigação.
> - Expectativas adequadamente altas para o desempenho de todos os alunos são claramente estabelecidas, compartilhadas e reforçadas por professores e estudantes.
> - As necessidades individuais dos alunos são identificadas por meio de relações próximas construídas com o professor; as necessidades são atendidas não apenas pelo professor, mas pelos próprios estudantes ou por colegas, agindo de forma independente.
> - Os alunos e o professor refletem regularmente e formalmente durante todo o projeto sobre o que (conteúdo) e como (processo) estão aprendendo; eles observam e comemoram especificamente as conquistas e realizações.
>
> Veja o Apêndice para a rubrica de ensino baseado em projetos completa.

UM OLHAR MAIS DETALHADO SOBRE FORMAÇÃO E ENGAJAMENTO

Durante sua longa e célebre carreira, o grande tenista Andre Agassi trabalhou com todos os tipos de técnicos. Alguns pressionaram seus limites físicos. Outros o desafiaram emocionalmente. Um deles o ajudou a pensar como um jogador de xadrez, planejando estratégias para usar contra diferentes adversários. Seus melhores facilitadores aproveitaram seus pontos fortes, trabalharam com ele para superar seus pontos fracos e o ajudaram a atingir as metas exigentes que ele estabeleceu para si mesmo. "A formação não é o que você sabe", disse ele à Harvard Business Review. "É o que seu aluno aprende. E para que seu aluno aprenda, você precisa aprender com ele" (BEARD, 2015, documento *on-line*).

A formação vai muito além das atividades esportivas, é claro. Para praticamente todos os empreendimentos, desde a administração de uma empresa, passando pela preparação física até o planejamento para a aposentadoria, há um facilitador de negócios/aptidão física/vida disponível para ajudá-lo a melhorar seu desempenho.

A educação não é exceção. O falecido Ted Sizer (2004), educador progressista e fundador da Coalition of Essential Schools, cunhou o termo *professor como facilitador* para descrever o papel emergente do professor em sala de aula. À medida que os objetivos da educação se expandem para além do domínio do conteúdo, não é mais suficiente que os professores sejam distribuidores de conhecimento. Para ajudar os alunos a se tornarem aprendizes mais autônomos, capazes de navegar em um mundo complexo, os professores precisam de um repertório ampliado de estratégias, incluindo engajamento e formação.

Nas atividades acadêmicas, assim como nas esportivas, um facilitador capaz é um especialista em conteúdo, sabe como desenvolver as habilidades individuais dos alunos, proporciona motivação e forma equipes eficazes. A especialista em educação Carol Ann Tomlinson (2011) acrescenta mais detalhes à metáfora do professor como facilitador:

> Os melhores facilitadores incentivam os jovens a trabalharem duro, continuarem quando seria mais fácil parar, arriscarem-se a cometer erros potencialmente dolorosos, tentarem novamente quando tropeçam e aprenderem a amar o esporte. Não é uma analogia ruim para uma sala de aula dinâmica (TOMLINSON, 2011, documento *on-line*).

Tornar-se um facilitador de sala de aula habilidoso não significa parar de ensinar. Longe disso. Jean Kugler, uma veterana em PBL de Columbus, Ohio, descreve a formação como uma evolução em seu estilo de ensino. "Trata-se de maximizar a aprendizagem dos alunos do início ao fim, ajudando-os a se manterem motivados para atingirem altas expectativas. Como facilitador, você está aumentando a confiança e a competência deles", diz ela.

Seus procedimentos de ensino evoluirão naturalmente à medida que você se acostumar com a função de professor como facilitador. À medida que você ganha experiência com a PBL, acrescenta Kugler, "você não precisa dar tanta ênfase à verificação e ao monitoramento". Essas práticas se tornam parte de sua rotina. "Você está formando os alunos para um nível mais alto de desempenho."

Certamente aprender a ser um facilitador de sala de aula pode exigir desaprender, atualizar ou substituir alguns hábitos tradicionais de ensino, como o de ser especialista. Quando a ex-professora e autora Kirsten Olson (2014) passou por um programa de formação para ser certificada como facilitadora, ela teve de abrir mão do "[...] manto do professor de detentor do conhecimento". Não é que sua sabedoria e conhecimento do conteúdo não sejam mais importantes. Em vez disso, a formação desafia você a "[...] se tornar o inquiridor, aquele que faz perguntas, o que fomenta a curiosidade. Quando você é um facilitador, você [...] começa a ficar realmente curioso sobre o que está acontecendo com a outra pessoa (ou pessoas)" (OLSON, 2014, documento *on-line*).

Quando os professores desenvolvem o que Olson (2014) descreve como "postura de facilitador", suas salas de aula se tornam ambientes de aprendizagem que estimulam a criatividade, incentivam a voz e a escolha do aluno e promovem a equidade ao reequilibrar a relação tradicional de poder entre estudante e professor.

Para o professor de química Ray Ahmed, o uso frequente de palestras o ajudou a conhecer melhor seus alunos para poder envolvê-los e orientá-los em seus projetos. "Nós nos reunimos o tempo todo", explica ele, com cada estudante se inscrevendo em um calendário da turma para participar pelo menos de uma conferência individual por semana. O professor não define a pauta. Em vez disso, os alunos escolhem o que querem discutir. Para ajudá-los a terem uma ideia de como isso é feito, Ahmed e seu professor auxiliar encenam uma palestra.

As primeiras conferências do ano são oportunidades para que o professor e os alunos se conheçam. Os estudantes podem compartilhar seus interesses, fazer perguntas sobre o critério de avaliação usado durante o curso ou pedir ajuda para entenderem um conceito que discutiram com toda a turma. O professor enfatiza que "Os riscos são baixos e os alunos percebem que podemos conversar sobre o que eles precisam. Algumas crianças têm medo do *feedback* no início. Nas aulas expositivas, elas precisam assumir a liderança, e eu posso assumir um papel secundário. Posso começar com um simples 'Bom trabalho' se for isso que eles precisam ouvir naquele momento".

À medida que as semanas passam e as metas de aprendizagem se tornam mais desafiadoras, as palestras ficam mais sérias, tanto no tom quanto no conteúdo. "As crianças estão se autoavaliando. Elas sabem no que estão tendo dificuldades", diz Ahmed, "e eu também". As exposições permitem que ele e seu professor auxiliar dediquem mais tempo individualmente aos alunos que precisam de mais apoio.

Desde que introduziu as palestras em suas estratégias de ensino, Ahmed diz que suas conversas com os estudantes melhoraram. "Antes disso, a maioria dos nossos contatos era muito superficial. Estávamos verificando isso, verificando aquilo. Nunca era uma conversa contínua sobre o trabalho que os alunos estavam fazendo." Ao adicionar palestras às suas práticas de orientação, toda a experiência de aprendizagem "parece mais autêntica para os alunos. Eles sentem que fazem parte da conversa e que não estão apenas sendo abordados".

A formação e o engajamento são importantes em todos os projetos, mas vale a pena enfatizar certas ações do professor em momentos importantes. Vamos examinar mais de perto as oportunidades de engajamento e formação no início, no meio e ao final de um projeto.

ENGAJE NO LANÇAMENTO DO PROJETO

Se você levou em conta os interesses, as preocupações e o histórico dos estudantes na elaboração do projeto, é mais provável que eles se engajem desde o início. De fato, alguns projetos começam bem porque a inspiração veio dos próprios alunos. Em outras situações, entretanto, o projeto (e o entusiasmo do professor) os inspira a se envolverem com uma questão que nem conheciam ou que sequer lhes interessava.

Independentemente da inspiração para o projeto, você quer envolver todos os alunos desde o início – ou ele poderá se parecer com um longo e difícil caminho até a linha de chegada. O lançamento do projeto é uma oportunidade de despertar a curiosidade dos estudantes e conectá-los ao projeto emocionalmente. Quando se sentem engajados em um projeto, os estudantes entendem por que vale a pena realizá-lo, mesmo que o trabalho à frente pareça desafiador. Desde o início, você transmite altas expectativas sobre o que eles serão capazes de realizar.

Ray Ahmed iniciou um projeto com seus alunos de química no primeiro dia de aula. Quando chegaram, foram recebidos com uma variedade de imagens e notícias espalhadas pela sala para uma *gallery walk*. Algumas eram relatos de uma crise de água em Flint, Michigan, que afetou desproporcionalmente pessoas não brancas e famílias de baixa renda. Outros mostravam mofo nos projetos habitacionais da cidade de Nova York, onde muitos estudantes moram. Outras evidências descreviam a contaminação do Canal Gowanus, uma estação de limpeza de resíduos e poluentes que deságua no porto de Nova York. Ahmed desafiou os estudantes a investigarem esses materiais como se estivessem resolvendo um mistério, perguntando: "O que vocês acham que está acontecendo? Que perguntas vocês têm?". O protocolo ver/pensar/questionar ajudou a focar as observações dos alunos e a gerar perguntas.

Essa provocação foi suficiente para fazer os alunos falarem sobre as questões mais importantes que Ahmed queria esclarecer com eles nas próximas semanas. Ele explicou: "A ideia subjacente desse projeto é o racismo ambiental. O que é isso? Ele existe em nossa comunidade? O que podemos fazer a respeito?". Sabendo que os estudantes estavam embarcando em um projeto complexo que duraria várias semanas, Ahmed também queria que eles estabelecessem uma conexão emocional com o tópico.

Ahmed vê a crise da água em Flint, Michigan, como um estudo de caso convincente que ajuda os alunos não apenas a aprenderem sobre tópicos de química, como corrosão e contaminação, mas também a considerarem questões de justiça social. "Isso coloca em foco algo que deu terrivelmente errado", disse ele. Ao ligar a crise de Flint a questões semelhantes na vida dos próprios estudantes, "fazemos os alunos começarem a pensar sobre o mundo fora de onde vivem. Na 3ª série do ensino médio, eles já estão prontos para isso". O evento de entrada preparou o terreno para que os alunos de Ahmed assumissem o papel de cientistas e respondessem às perguntas centrais: *como químicos, o que podemos fazer em situações como a de Flint? Qual é o melhor inibidor de corrosão?*

O engajamento que a *gallery walk* e as discussões geraram no primeiro dia se estendeu aos dias subsequentes, à medida que os alunos se envolveram mais com ciência. Ahmed explicou: "Ao falarmos sobre o que achamos que está acontecendo [nos exemplos], começamos a pensar no que queremos fazer". Os estudantes prontamente fizeram a conexão entre suas próprias perguntas e os laboratórios de química e pesquisas posteriores. "Nós começamos a fazer perguntas e previsões para as crianças. Começamos a fazer pesquisas, o que significa gerar mais perguntas. E quando eles têm questões que podem ser testadas, podemos projetar e executar experimentos", disse Ahmed, resumindo sua abordagem de PBL nas ciências.

Cheryl Bautista estava prestes a iniciar um projeto sobre eleições com seus alunos do 3º ano. Embora ainda estivessem a uma década de distância da idade de votar, ela queria ajudá-los a se verem como futuros eleitores. Ela e seus colegas elaboraram o projeto para abordar conteúdos importantes em estudos sociais, incluindo o papel das eleições e os direitos dos cidadãos em uma democracia. Eles programaram o projeto para coincidir com as eleições nacionais no outono, quando o interesse dos alunos pelo processo democrático era grande.

Os professores começaram a criar expectativa uma semana antes do lançamento formal do projeto. Eles colocaram uma urna de votação na sala de aula sem dizer uma palavra aos alunos sobre sua finalidade. "Quando chegou a hora da educação física no primeiro dia, olhamos para a urna vazia e dissemos: 'Ah, acho que ninguém votou. Então, vamos dizer a vocês o que fazer hoje na aula de educação física.'" No dia seguinte, os alunos foram rápidos em preencherem as cédulas e escolherem quais jogos iriam jogar durante a aula de educação física.

No terceiro dia, porém, os professores mudaram novamente. "Dissemos: 'Desculpe, mas só as meninas podem votar hoje!'", lembra Bautista. Isso provocou muita discussão, especialmente entre os meninos. "Em outro dia, colocamos urnas em todas as salas de aula do 3º ano, mas depois 'fechamos' umas delas mais cedo, então eles tiveram que procurar outro local de votação."

Quando o projeto foi formalmente lançado, "todos tinham algo para lembrar sobre a votação. Todos tinham sentimentos sobre as eleições" e algum vocabulário novo (como *locais de votação*). "Eles estavam tendo a ideia, por experiência própria, de que votar faz a diferença", disse Bautista.

Estabelecer uma conexão pessoal e emocional com um problema ou desafio é o objetivo de um evento inicial. A experiência não precisa durar muito para causar uma boa impressão. Pode ser uma saída de campo a um local relacionado ao próximo projeto, a visita de um palestrante convidado, um jogo ou simulação, um documentário interessante ou outra experiência que desperte a curiosidade dos estudantes e os leve a fazer perguntas. Como disse a professora de matemática Telannia Norfar, um bom evento inicial "conquista o coração dos alunos para que suas mentes os acompanhem".

A pergunta motivadora oferece outra ferramenta de engajamento. Ao apresentar a pergunta motivadora no início do projeto, você ajuda a estruturar a experiência de aprendizagem que está por vir. Uma boa pergunta motivadora deve eliminar aquela pergunta muito comumente feita pelos alunos – "Por que precisamos saber isso?" –, tornando a aprendizagem mais objetiva.

Com o projeto de votação de Bautista, por exemplo, a pergunta motivadora foi: *como um voto pode afetar minha vida e minha comunidade?* Para responder a essa questão aberta, os alunos fizeram muitas outras perguntas sobre conhecimentos necessários. Eles realizaram pesquisas sobre essas perguntas e, em seguida, aplicaram suas percepções a fim de produzirem anúncios de utilidade pública sobre a importância do voto para uma comunidade.

Em geral, os professores apresentam a pergunta motivadora logo após um evento inicial, quando a curiosidade está em alta. A pergunta motivadora correta ajudará os alunos a focarem sua investigação, por isso é importante formulá-la em uma linguagem amigável para eles ou, melhor ainda, fazê-los criarem-na juntos.

Sara Lev gerou uma questão motivadora em colaboração com seus alunos do jardim de infância. Ela tinha metas de aprendizagem em mente para o projeto, que se concentrava no cuidado com o meio ambiente, mas queria ver se seus jovens estudantes conseguiriam criar sua própria pergunta motivadora – com sua ajuda. Ela estimulou o pensamento deles com um evento inicial. "Tirei fotos de todas as coisas sobre as quais os alunos estavam reclamando recentemente – casacos deixados no chão, lápis sem apontar, coisas que não estavam sendo cuidadas em nosso ambiente. Olhamos as fotos e conversamos sobre o que observaram. Em seguida, demos uma volta pela escola e conversamos sobre outras observações quando voltamos. Eles notaram muitos exemplos de que nosso ambiente não está sendo bem cuidado. Um deles perguntou: 'Por que isso está acontecendo?'. Outro: 'O que podemos fazer a respeito?' Essas perguntas nos levaram à nossa questão principal: *como podemos cuidar do ambiente e inspirar outras pessoas a nos ajudarem?*"

Um sinal de uma boa pergunta motivadora é que ela gera uma cascata de perguntas necessárias por parte dos alunos (veja a Figura 7.1).

Querem saber	O que é preciso saber
• Por que eles estão testando apenas crianças/bebês?	• O que são inibidores de corrosão?
• Isso acontece em outros lugares?	• Como os tubos são corroídos?
• Quanto tempo leva para resolver o problema?	• Qual é o impacto do chumbo?
• Como os moradores se sentem?	• Eles vão fazer alguma coisa sobre o chumbo na água?
• O que está sendo feito?	• O que é água (em química)?
• Quais são os níveis de chumbo da água na cidade de Nova York?	• Os inibidores de corrosão são tóxicos?
• Quais são os efeitos de longo prazo do envenenamento por chumbo?	• As fitas de chumbo funcionam?
• Quem é o responsável?	• Onde fica Flint?

Figura 7.1 Comece com uma consulta.
Os alunos de química de Ray Ahmed iniciam um novo projeto gerando perguntas.

TENTE ISSO: CONDUZA UMA DISCUSSÃO SOBRE OS CONHECIMENTOS NECESSÁRIOS

A PBL é fundamentalmente um processo de investigação contínua, o que significa que o trabalho dos alunos em um projeto é orientado por perguntas. As perguntas devem ser geradas pelos próprios estudantes. Logo após um evento inicial e a introdução (ou criação conjunta) da pergunta motivadora, o professor promove uma discussão sobre as questões que os alunos precisam saber para responderem à pergunta motivadora e concluírem o projeto com êxito. Há várias maneiras de fazer isso, mas este é o processo básico:

1. Usando um cavalete, quadro branco ou projetor de computador, escreva o título "O que precisamos saber?". *Opcional*: faça um gráfico de duas colunas com um lado rotulado como "O que sabemos?" e o outro rotulado como "O que precisamos saber?". Isso permite que você acesse o conhecimento prévio dos alunos sobre o tópico.
2. Dê aos estudantes o estímulo e tempo para pensar e anotar ideias individualmente. Em seguida, reúna-se em duplas ou trios para fazer um *brainstorming* de perguntas.
3. Conduza uma discussão (com você ou outra pessoa fazendo anotações) para criar uma lista de perguntas, capturando as palavras exatas dos alunos. Não edite, exceto para fins de clareza, não julgue se as perguntas são boas ou não e não responda às perguntas ainda.
4. Se você perceber que os alunos não estão listando algumas coisas importantes que você acha que eles realmente precisam saber para o projeto, tente extraí-las fazendo perguntas em vez de colocar suas próprias ideias na lista. Os alunos terão mais chances de acrescentar ou revisar a lista à medida que o projeto avança. *Opcional*: peça que classifiquem as perguntas em categorias, como "abertas" e "fechadas" ou "conteúdo, processo e produto".
5. Mantenha a lista de perguntas visível ou exiba-a regularmente durante o projeto para que ela se torne um documento vivo. Quando revisitar a lista, coloque marcas de verificação ao lado das perguntas que foram respondidas. Adicione novas perguntas à medida que elas surgirem, o que tende a se aprofundar à medida que os alunos aprendem mais e se aprofundam no tópico e na tarefa (os estudantes mais velhos podem gerenciar esse processo sozinhos até certo ponto).

Alguns professores de PBL adicionam outra coluna ao gráfico com o título: "Como responderemos às nossas perguntas?". Em seguida, eles conduzem uma discussão ou orientam os alunos a preencherem essa coluna de forma independente.

Você também pode usar a lista de conhecimento básico como uma ferramenta de planejamento no início do projeto. Classifique as perguntas em três categorias – conteúdo, processo e produto – e, em seguida, identifique as aulas, experiências, materiais e recursos (inclusive especialistas) necessários para responder às perguntas.

ENGAJE E FORME AO LONGO DO MEIO CONFUSO

Muitas outras oportunidades de engajamento e formação surgem à medida que o projeto se desenvolve. Assim como um técnico esportivo, você avalia os talentos e as habilidades dos seus "jogadores" e planeja atividades de aprendizagem que sejam desafiadoras o suficiente para ajudar cada um a melhorar. Você divide tarefas e ideias complicadas em partes ou etapas de tamanho adequado; apoia o desenvolvimento de novas habilidades; dá tempo para a prática e oferece *feedback* construtivo e oportuno. Quando os estudantes obtêm ganhos ou avanços na compreensão, você os incentiva a refletirem sobre seu próprio crescimento e a estabelecerem novas metas. Você comemora as pequenas vitórias que se somarão a uma aprendizagem mais profunda.

Um facilitador também é bom em ler a temperatura da sala. Você presta atenção em como as equipes estão se relacionando (bem ou mal) e intervém quando necessário para ajudar a administrar conflitos. Se os alunos se deparam com obstáculos, você os ajuda a aprenderem com o fracasso – e depois a se recuperarem. Você sabe quando eles precisam de uma conversa estimulante e quando precisam desabafar sua frustração.

"Você pode sentir o cansaço no meio de um projeto longo", diz Erin Starkey, instrutora de Wichita Falls, Texas. Se você conhece seus alunos – uma característica marcante de um bom facilitador –, poderá ler as pistas de que o engajamento está diminuindo. Esse pode ser o sinal para trazer um especialista externo ou planejar uma pesquisa de campo para recarregar o interesse pelo projeto.

Com alunos dos anos iniciais do ensino fundamental, Starkey usa um mural do projeto para manter os materiais visíveis. Isso inclui as perguntas dos estudantes. "O quadro se torna um ponto focal para os alunos", diz ela. "Quando conheço suas perguntas, posso orientar melhor." Eventualmente, diz ela, os estudantes começam a olhar as perguntas uns dos outros e a trabalhar juntos para respondê-las. "Eles formam uns aos outros."

Mesmo quando os alunos assumem a liderança na elaboração de seus próprios projetos, seu interesse pode diminuir antes de atingirem suas metas. O professor de química Ray Ahmed às vezes tem que ajudá-los a superarem uma queda no meio de projetos de investigação ampliados. "É empolgante para eles no início, mas depois de cinco semanas eles podem dizer: 'Estou cansado disso! Estou cansado da pergunta que fiz!'" O professor os orienta em relação a esse desafio, lembrando-os de que os cientistas geralmente enfrentam o mesmo problema. "Esse é um problema do mundo real", admite ele. Os cientistas bem-sucedidos desenvolvem a perseverança para continuar enfrentando os contratempos.

Ian Stevenson, diretor de desenvolvimento escolar em uma escola de ensino médio em Memphis, Tennessee, vê a função do professor como "ensinar os alunos para que trabalhem da forma mais independente possível durante todo o processo". Um professor como facilitador deve ser capaz de "identificar o que os estudantes precisam e fornecer a eles recursos, incentivo e redirecionamento à medida que os orienta durante o projeto".

Um bom orientador também sabe quando se afastar e deixar os alunos liderarem. "Para mim", diz Stevenson, "engajamento é quando os estudantes estão falando ativamente sobre o conteúdo e dando sentido a ele. Quando isso está acontecendo, preciso me calar e deixá-los falar!".

No entanto, se você perceber que os alunos não estão conduzindo sua própria aprendizagem, talvez seja necessário desenvolver deliberadamente as habilidades de autogerenciamento. Vimos anteriormente como Telannia Norfar interveio quando viu seus alunos lutando para trabalhar de forma semi-independente. Ela retomou as rédeas – por um tempo – e apoiou as habilidades de autogerenciamento deles com registros diários de tarefas. Com o passar do tempo, à medida que desenvolviam melhores hábitos de trabalho, ela pôde transferir gradualmente mais responsabilidade para eles.

O professor como facilitador não apenas comemora as pequenas vitórias, mas também reengaja aqueles que estão com dificuldades ou atrasados. A avaliação formativa eficaz (discutida no Capítulo 5) ajuda você a identificar quando os alunos precisam de apoio – e por quê. As estratégias de suporte (discutidas no Capítulo 6) garantem que você esteja ajudando todos os estudantes a atingirem os objetivos de aprendizagem. Um professor de PBL eficaz sabe como passar sem problemas da avaliação formativa para os suportes no momento certo.

Por exemplo, o professor de ensino médio Brian Schoch, de Columbus, Ohio, estava começando a trabalhar com um projeto promissor. Seus estudantes de administração pareciam estar totalmente envolvidos no desafio de projetar produtos que seriam comercializados para um público de alunos do 4º ano. Anteriormente, eles haviam pesquisado produtos existentes em sua faixa de preço e entrevistado alunos do 4º ano que serviram como grupo focal. Agora eles estavam na fase do projeto em que era hora de as equipes fazerem um *brainstorming* de ideias sobre produtos.

Enquanto circulava pela sala, Schoch percebia pelas conversas que algumas equipes estavam totalmente empenhadas no desafio. "Se eu os ouvia fazendo *brainstorming* e sugerindo estratégias diferentes, eu me afastava." No entanto, quando notou uma mesa em que os alunos estavam sentados curvados e quietos, lutando para dar vazão à criatividade, ele puxou uma cadeira e começou a fazer perguntas.

"O que vocês já tentaram? Do que vocês se lembraram quando conversaram com os alunos do 4º ano? Quais eram suas coisas favoritas quando tinham a idade deles?" Suas perguntas tinham o objetivo de estimular a reflexão dos alunos, mas ele não chegou a oferecer ideias específicas para produtos. "Eu não queria que eles criassem algo que achassem que eu gostaria. As ideias tinham de partir deles", disse.

Ele também lembrou aos colegas de equipe seu objetivo, definido pela pergunta principal: *como podemos projetar um produto para atrair nosso público-alvo de alunos do 4º ano?* Depois de apenas alguns minutos do questionamento amigável, mas intencional, de Schoch, o grupo já estava concentrado e gerando ideias. O professor seguiu em frente calmamente. Suas ações como professor foram rápidas e eficazes: ouvir e observar as evidências de engajamento, usar perguntas abertas para ajudar os alunos a avançarem, incentivar a persistência e ajudá-los a se concentrarem novamente em seu objetivo de aprendizagem.

Com a prática e a reflexão, os professores baseados em projetos tornam-se hábeis em manter os alunos em altos padrões e, ao mesmo tempo, demonstram cuidado e preocupação com suas dificuldades. Eles assumem a função de "exigente cordial", um termo usado pela educadora ganhadora do Prêmio MacArthur e defensora da igualdade, Lisa Delpit (2012). Ela descreve os exigentes cordiais como professores que "[...] esperam muito de seus alunos, convencem-nos de seu próprio brilhantismo e os ajudam a atingir seu potencial em um ambiente disciplinado e estruturado" (DELPIT, 2012, p. 77). A Figura 7.2 descreve os comportamentos de exigência cordial, com sugestões para considerar como enfatizá-los em sua prática de ensino.

Quando os alunos estiverem construindo o entendimento e fazendo um *brainstorming* de ideias de produtos, utilize sua "postura de facilitador" para reforçar uma cultura de alta expectativa na sala de aula. Use a rubrica do seu projeto como foco para conversas de orientação sobre os objetivos de aprendizagem. Faça perguntas que os ajudem a avaliar seu próprio progresso e a trabalharem em busca da excelência. Quando os estudantes estiverem trabalhando em produtos, por exemplo, oriente-os a observar criticamente seu trabalho em andamento. Faça perguntas como: "seu trabalho está bom o suficiente? Como você descreveria sua aprendizagem sobre a rubrica hoje?". Essas perguntas facilitam o engajamento dos alunos e os fazem pensar sobre sua própria aprendizagem. Essa é uma ferramenta poderosa.

Reflexão sobre a prática		
Comportamentos de exigência cordial	Como já faço isso?	Como posso melhorar isso?
Crio confiança		
Demonstro cordialidade e cuidado com meus alunos		
Aprendo sobre meus alunos e suas vidas		
Mantenho e comunico padrões acadêmicos e cognitivos elevados para todos os meus alunos		
Diferencio os suportes para incentivar e apoiar o "esforço produtivo"		

Figura 7.2 Comportamentos de exigência cordial.
As sugestões de reflexão encorajam os professores a considerarem o uso de comportamentos de "exigência cordial".

COMEMORE E REFLITA NA LINHA DE CHEGADA

À medida que o projeto chega ao fim, os professores continuam em sua função de ensinar, comemorando as realizações dos alunos e ajudando-os a refletirem sobre seu progresso. É provável que você tenha incentivado a reflexão durante todo o projeto, mas agora é a hora de um metamomento final. Incentive-os a pararem e fazerem um balanço de sua experiência de aprendizagem ampliada. Como eles enfrentaram os desafios, ganharam confiança e surpreenderam a si mesmos (e aos outros) com seus resultados? O evento ou produto culminante levou aos resultados desejados? Eles fizeram alguma diferença? Quais são as novas metas que eles querem atingir no próximo projeto?

Esse também é o momento de pedir aos alunos que reflitam sobre o projeto em si. Eles recomendariam mudanças se você usasse o mesmo plano novamente? Quais eram os pontos fracos? Eles conseguem identificar atividades de aprendizagem específicas ou suportes que foram essenciais para o sucesso? Ao convidá-los a criticarem o seu trabalho como criador do projeto, você os convida a assumirem o papel de facilitador e a oferecerem *feedback* útil para apoiar o seu crescimento contínuo como professor baseado em projetos.

LIVRO DE ANOTAÇÕES DO FACILITADOR: FAZENDO AS PERGUNTAS CERTAS

Os facilitadores de ensino desempenham um papel único nas escolas que estão migrando para a PBL. Eles não são avaliadores do desempenho dos professores e não são administradores. "Trata-se de criar um relacionamento com os professores – exatamente como em uma sala de aula de PBL, em que o relacionamento entre professor e alunos é muito importante", diz Ian Stevenson, que forma professores como parte do seu papel em uma escola de ensino médio em Memphis, Tennessee.

O questionamento está no centro da formação durante o processo de ensino – mais uma vez, refletindo como a investigação impulsiona a aprendizagem na PBL. As perguntas certas podem ajudar um facilitador de ensino a identificar quais metas devem ser trabalhadas com os professores para apoiá-los na adoção de práticas de PBL.

A seguir são apresentadas algumas das perguntas que Stevenson faz para iniciar o processo de formação com os professores:

O que lhe levou a ensinar? Essa pergunta funciona com professores novos e experientes. Todos eles têm uma história. Mais tarde, quando a PBL começar a funcionar para eles, muitas vezes dirão que isso os faz lembrar do motivo pelo qual começaram a lecionar.

O que lhe atrai na PBL? Essa pergunta dá informações sobre a motivação deles. Se eu souber qual é o interesse deles, será mais fácil me envolver no trabalho de ajudá-los a mudar algumas de suas práticas de ensino. Suas respostas oferecem percepções sobre os caminhos a serem seguidos com eles.

O que você acha que faz bem? Essa pergunta me permite realizar a abordagem de ensino o a partir de uma mentalidade de crescimento. Se começarmos com o que eles fazem bem, podemos trabalhar na direção do que podem fazer melhor. Talvez eles sejam bons em criar rotinas na sala de aula, de modo que o gerenciamento da turma não seja um problema. Isso é ótimo. Podemos começar por aí e pensar em adicionar rotinas que apoiem melhor uma sala de aula de PBL.

Em que você quer que eu me concentre com você? Isso nos leva a um objetivo mais específico. Tudo é motivado pelo que o professor deseja trabalhar. Então, posso me oferecer para fazer observações, modelar uma aula, coletar dados, entrevistar alunos – tudo em apoio à meta desse professor.

No final de um ciclo de orientação, assim como no final de um projeto, "eu posso ser o líder de torcida", acrescenta Stevenson. "Às vezes, os professores não reconhecem o progresso que estão fazendo. Faz parte do meu trabalho como instrutor apontar seus sucessos e celebrá-los."

ESTRATÉGIAS PARA ENGAJAR E FORMAR: PONTOS-CHAVE

Neste capítulo, você leu sobre várias maneiras de engajar e facilitar o processo de aprendizagem dos alunos no modelo PBL, junto a exemplos de engajamento e formação em ação. Reserve um tempo para refletir sobre suas práticas atuais ao considerar estratégias para melhorar sua abordagem de engajamento e formação na PBL.

- Até que ponto você se sente confortável em adotar a função de professor como facilitador? Como a formação é diferente da função tradicional de um professor?
- Como você engajou os alunos no lançamento do projeto no passado? Quais são os sinais que você procura para saber se eles estão engajados?
- Durante o meio confuso de um projeto, como você orientou os alunos para que superassem os desafios ou continuassem se o interesse deles começasse a diminuir?
- Ao final de um projeto, como você incentiva os estudantes a refletirem sobre seu crescimento? Como você comemora os sucessos na aprendizagem?

NA SUA ESTANTE DE PBL

The art of coaching: effective strategies for school transformation: em vez de se concentrar nas estratégias de sala de aula para engajar e formar os alunos, Elena Aguilar aborda a facilitação de ensino. Suas percepções são úteis para líderes educacionais, facilitadores de ensino e mentores de PBL que buscam maneiras práticas de apoiar os professores à medida que eles adotam novas estratégias de ensino e aprendizagem.

Cultivating curiosity in K–12 classrooms: how to promote and sustain deep learning: Wendy Ostroff explica como os professores podem transformar a curiosidade natural dos alunos em uma investigação profunda por meio de uma escuta atenta, facilitação cuidadosa, estratégias deliberadas de engajamento e aprendizagem.

Learning for keeps: teaching the strategies essential for creating independent learners: Rhoda Koenig recomenda estratégias para "caminhar ao lado" dos alunos enquanto eles desenvolvem as competências e a independência para ter sucesso por conta própria. Suas estratégias de treinamento prático para passar gradualmente o controle da aprendizagem para os alunos e promover sua autodireção se alinham perfeitamente com as práticas PBL.

Teaching in the fast lane: how to create active learning experiences: Suzy Pepper Rollins desmascara o mito de que a aprendizagem centrada no aluno é uma atividade livre e não estruturada. Em vez disso, ela defende práticas de ensino intencionais que colocam os estudantes em um modo de aprendizagem ativa – colaborando, envolvendo-se com o conteúdo, pensando criticamente e assumindo mais responsabilidade por sua própria aprendizagem.

8

Reflexões finais

Refletir sobre a sua prática é um fator-chave para se aprimorar no ensino baseado em projetos.

Os educadores que você conheceu nos capítulos anteriores desenvolveram suas competências no ensino baseado em projetos de diferentes maneiras. Alguns fizeram parte de mudanças em toda a escola para a PBL. Muitos foram pioneiros do modelo PBL em suas instituições ou em suas cidades, empolgados para encontrar uma maneira melhor de tornar a educação mais envolvente e significativa para seus alunos. Alguns tiveram a chance de vivenciar a PBL durante sua formação inicial ou até mesmo antes disso.

Seja qual for o ponto de partida, todos concordam que a PBL melhora com a prática. Tornar-se um professor capacitado em PBL não acontece em um único projeto. É um processo contínuo de aprendizagem profissional e reflexão, apoiado por líderes escolares eficazes, facilitadores de ensino e colegas professores.

> **TENTE ISSO: REFLITA SOBRE O SEU PROJETO**
>
> Logo após a conclusão de um projeto, reserve um tempo para registrar algumas ideias sobre como ele foi realizado. Use os comentários de seus alunos sobre o projeto e quaisquer outros dados – como o trabalho deles, o *feedback* de outros adultos

envolvidos no projeto e os resultados da avaliação – para informar sua reflexão. Suas conclusões o ajudarão a aprimorar o projeto para a próxima vez ou a planejar projetos futuros tendo em mente as lições aprendidas.

A seguir são apresentados alguns tipos de perguntas que você deve fazer a si mesmo, com alguns exemplos:

- **Conteúdo:** os padrões e outras metas de aprendizagem que você selecionou foram apropriados para o projeto? Eles foram excessivos ou muito poucos e outros poderiam ter sido incluídos? Se você envolveu especialistas no projeto, o que eles acharam (supondo que você tenha perguntado a eles) a respeito do que os alunos deveriam aprender – e houve outros aspectos do tópico que eles acharam que teria sido bom incluir?
- **Elaboração do projeto:** foi um bom tópico para ser trabalhado por PBL? O projeto engajou os estudantes? Ele incluiu de algum modo o uso eficaz de todos os componentes essenciais do padrão-ouro de elaboração de projetos PBL? O evento inicial e a pergunta motivadora foram eficazes? Os produtos finais foram uma boa escolha para os alunos demonstrarem a compreensão sobre o tema? O projeto teve a duração certa?
- **Ensino:** houve algumas práticas de ensino baseado em projetos em que você se sentiu melhor do que em outras? Como você poderia aprender mais ou aprimorar sua prática nessas áreas para a próxima vez que fizer um projeto?
- **Resultados:** os alunos aprenderam e desenvolveram adequadamente as principais habilidades de conhecimento, compreensão e sucesso? O trabalho deles foi de alta qualidade? Se não, como poderia ter sido aperfeiçoado? Houve outros resultados do projeto que o surpreenderam ou agradaram?

Vamos encerrar com algumas reflexões finais que podem ajudá-lo em sua própria jornada de PBL. A professora primária Sara Lev se diverte com projetos "que estimulam meus alunos e a mim". Embora tenha ensinado somente com PBL durante toda a sua carreira de professora, ela ainda fica nervosa no início de cada novo projeto. "Eu começo com um pouco de preocupação. Meu marido me lembra que eu digo isso todas as vezes! É um pouco inquietante porque não sei exatamente o que vai acontecer. No entanto, essa é a parte empolgante de ensinar. Você passa a responsabilidade para os estudantes e o nível de envolvimento deles é muito alto. Os alunos apoiam o projeto, em seguida os pais também. E, de alguma forma, geralmente tudo dá certo."

Tom Neville, professor de história dos anos finais do ensino fundamental, relembra uma experiência do início de sua carreira que o convenceu de que a PBL vale a pena. Sua primeira incursão na PBL foi em uma escola onde o ensino tradicional era o modelo vigente. A cultura não favorecia a investigação dos alunos ou a inovação dos professores.

Neville conta o que aconteceu em seu primeiro projeto, que desafiava os estudantes a registrarem a história de um beco de Washington, DC, e compartilharem suas descobertas com um público de historiadores e preservacionistas. "Os alunos explicaram que essa mudança para a PBL não era desejável para eles no início, ressaltando o fato de que a cultura geral da escola não estava exatamente inclinada a trabalhar dessa forma. Eles não queriam projetos. Queriam o que já eram capazes de fazer bem: aulas expositivas e provas. Eles até se reuniram fora da sala de aula para discutirem o assunto e escolherem um líder para me questionar em sala de aula e dizer, textualmente: 'Queremos que você dê aulas e nos avalie'."

Ao final do projeto, entretanto, o mesmo aluno que havia liderado a oposição tornou-se um defensor declarado da PBL. Neville continua: "É verdade que meu trabalho no início daquele ano poderia ter sido muito melhor, mas foi necessário assumir o risco de seguir nessa direção, mantê-la apesar das dúvidas e dos tropeços, ser aberto e honesto no diálogo com os estudantes sobre essas decisões e ideias ao longo do caminho e encontrar maneiras de se conectar além da sala de aula a fim de tornar o trabalho mais significativo de modos que ajudaram a compensar minhas fragilidades e inexperiência com essa pedagogia".

Desde então, Neville mudou de escola e agora está em um contexto que apoia a PBL. No entanto, ele continua fazendo experimentos, refletindo e ajustando "para descobrir a melhor maneira de equilibrar tempo, avaliação e suportes". Sua mensagem para os colegas professores? "Seria injusto enfatizarmos cada vez mais para os nossos alunos a importância da experimentação, de assumir riscos e das lições do fracasso se não tivermos a mesma mentalidade em nosso próprio trabalho."

Para o professor de ensino médio Ray Ahmed, a PBL tornou-se uma forma de conectar a vida de seus alunos ao conteúdo acadêmico de maneira profundamente significativa. "Quando você escolhe a química como carreira, não está apenas sentado em um laboratório. Na verdade, está aplicando-a para restaurar edifícios, garantir que a água seja segura e assim por diante", diz ele. Um projeto que se concentrou na crise da água em Flint, Michigan, por exemplo, "trata de um evento que aconteceu com pessoas reais e que causou danos tremendos". Embora a química tenha sido parte do problema, ela também ofereceu soluções. "Foi importante para meus alunos verem como a química pode ser usada de forma responsável a partir de diferentes perspectivas no mundo real."

O uso de especialistas externos por Ahmed também ampliou a consciência dos estudantes sobre como as pessoas tentam resolver problemas reais. "Os especialistas não eram apenas químicos, mas também ativistas e pessoas envolvidas em políticas sociais. Isso reflete o que eu espero que aconteça em um projeto – que aprendamos algo uns com os outros e que cada membro da equipe é importante. Todos têm algo a contribuir."

Por fim, alguns conselhos práticos da professora de ensino médio Erin Brandvold. Ela se lembra de um momento, no início de sua carreira, quando uma exibição de projeto que apresentaria o trabalho dos alunos estava se aproximando. Ela não tinha certeza se eles estariam prontos para a exposição. "Eu estava surtando", admite. Um colega mais experiente em PBL deu um conselho que a marcou. "Ele disse: 'Se você quer fazer PBL, você tem que se jogar.'" Ela seguiu o conselho, apesar de suas dúvidas, e os alunos se mostraram à altura da ocasião.

Para os líderes escolares que estão apoiando o crescimento de seus professores na PBL, esta é mais uma ideia que pode ser obtida de um profissional experiente no modelo PBL.

No final de cada período de aula, Brandvold encontra algo específico para elogiar nos esforços de seus alunos. "Eu lhes digo algo que apreciei neles naquele dia. Pequenas coisas como essa os fazem se sentirem vistos. Eles sabem que seu trabalho árduo é valorizado. Isso os faz se sentirem mais à vontade para assumirem riscos ou investirem aquele esforço extra."

Assim como os alunos de Brandvold, os professores que são novos na PBL precisam de incentivo para seus esforços. Eles precisam se sentir à vontade para assumir riscos. Eles precisam de oportunidades para obter *feedback* construtivo e tempo para aplicar esse *feedback* e fazer revisões.

A PBL tem tudo a ver com aprender fazendo. Não é de surpreender que isso também se aplique ao ensino baseado em projetos. É *fazendo a PBL* – e refletindo sobre sua experiência – que você dominará as práticas de ensino baseado em projetos.

Apêndice

RUBRICA DE ENSINO BASEADO EM PROJETOS

Prática de ensino baseado em projetos	Professor de PBL iniciante	Professor de PBL em desenvolvimento	Professor de PBL padrão-ouro
Construa a cultura	• As normas são criadas para orientar o trabalho do projeto, mas elas ainda podem parecer "regras" impostas e monitoradas pelo professor. • Os alunos são solicitados a apresentarem suas ideias e recebem algumas opções, mas as oportunidades de voz e escolha dos alunos não são frequentes ou estão relacionadas apenas a questões menores. • Os alunos ocasionalmente trabalham de forma independente, mas geralmente procuram o professor para obter orientação. • As equipes de alunos geralmente são improdutivas ou exigem intervenção frequente do professor. • Os alunos sentem que há uma "resposta certa" que eles devem dar, em vez de fazerem suas próprias perguntas e chegarem às suas próprias respostas; eles têm medo de cometer erros. • Valoriza-se o "terminar" e não se dá tempo para a revisão do trabalho; a "abrangência" é enfatizada em detrimento da qualidade e da profundidade.	• As normas para orientar a sala de aula são elaboradas em conjunto com os alunos, e eles estão começando a internalizá-las. • A voz e a escolha dos alunos são incentivadas por meio de oportunidades intencionalmente planejadas (p. ex., ao escolher equipes, encontrar recursos, usar protocolos de crítica, criar produtos). • Os alunos trabalham de forma independente até certo ponto, mas procuram o professor para obter orientação com mais frequência do que o necessário. • As equipes de alunos geralmente são produtivas e estão aprendendo o que significa passar da cooperação para a colaboração efetiva; ocasionalmente, o professor precisa intervir ou gerenciar seu trabalho. • Os alunos entendem que há mais de uma maneira de responder a uma pergunta e concluir o projeto, mas ainda são cautelosos ao proporem e testarem ideias, caso sejam consideradas "erradas". • Os valores de crítica e revisão, persistência, pensamento rigoroso e orgulho em fazer um trabalho de alta qualidade são promovidos pelo professor, mas ainda não são dominados pelos alunos.	• As normas para orientar a sala de aula são elaboradas em conjunto com os alunos e monitoradas por eles. • A voz e a escolha dos alunos são aproveitadas regularmente e de forma contínua, incluindo a identificação de questões e problemas do mundo real que os estudantes desejam abordar nos projetos. • Os alunos geralmente sabem o que precisam fazer com o mínimo de orientação do professor. • Os estudantes trabalham de forma colaborativa em equipes saudáveis e de alto desempenho, de modo semelhante a um ambiente de trabalho autêntico; o professor raramente precisa se envolver no gerenciamento de equipes. • Os alunos entendem que não existe uma única "resposta certa" ou maneira preferida de realizar o projeto e que não há problema em assumir riscos, cometer erros e aprender com eles. • Os valores de crítica e revisão, persistência, pensamento rigoroso e orgulho de fazer um trabalho de alta qualidade são compartilhados e os alunos se responsabilizam por eles.

Prática de ensino baseado em projetos	Professor de PBL iniciante	Professor de PBL em desenvolvimento	Professor de PBL padrão-ouro
Projete e planeje	• O projeto inclui alguns componentes essenciais de elaboração de projetos, mas não no nível mais alto da rubrica de elaboração de projetos. • Faltam alguns detalhes nos planos de suporte e avaliação da aprendizagem dos alunos; o calendário do projeto precisa de mais detalhes ou não é seguido. • Alguns recursos para o projeto não foram previstos ou organizados com antecedência.	• O projeto inclui todos os componentes essenciais de elaboração de projetos, mas alguns não estão no nível mais alto da rubrica de elaboração de projetos. • Os planos para a estruturação e a avaliação da aprendizagem dos alunos carecem de alguns detalhes; o calendário do projeto permite muito ou pouco tempo ou é seguido de maneira muito rígida para atender às necessidades dos alunos. • A maioria dos recursos para o projeto foi prevista e organizada com antecedência.	• O projeto inclui todos os componentes essenciais de elaboração de projetos, como descrito na rubrica de elaboração de projetos. • Os planos são detalhados e incluem suporte e avaliação da aprendizagem dos alunos e um calendário do projeto, que permanece flexível para atender às necessidades dos alunos. • Os recursos para o projeto foram previstos na medida do possível e organizados com bastante antecedência.
Alinhe aos padrões	• Os critérios para alguns produtos não são especificados com clareza suficiente para fornecer evidências de que os alunos atingiram todos os padrões almejados. • O suporte à aprendizagem do aluno, os protocolos de crítica e revisão, as avaliações e as rubricas não se referem ou apoiam a conquista de padrões específicos pelos alunos.	• Os critérios para alguns produtos não são especificados com clareza suficiente para fornecer evidências de que os alunos atingiram todos os padrões almejados. • O suporte à aprendizagem do aluno, os protocolos de crítica e revisão, as avaliações e as rubricas nem sempre se referem ou apoiam a conquista de padrões específicos pelos alunos.	• Os critérios para os produtos são clara e especificamente derivados dos padrões e permitem a demonstração de domínio sobre o tema. • O suporte à aprendizagem do aluno, os protocolos de crítica e revisão, as avaliações e as rubricas referem-se e apoiam consistentemente a conquista de padrões específicos pelos alunos.
Gerencie as atividades	• A sala de aula apresenta algum tempo de trabalho individual e em equipe e ensino em pequenos grupos, mas muito tempo é dedicado ao ensino de todo o grupo.	• A sala de aula apresenta tempo de trabalho individual e em equipe e ensino para grupos inteiros e pequenos grupos, mas essas estruturas não são bem equilibradas durante todo o projeto.	• A sala de aula apresenta uma combinação adequada de tempo de trabalho individual e em equipe, incluindo ensino para grupos inteiros e pequenos grupos.

Prática de ensino baseado em projetos	Professor de PBL iniciante	Professor de PBL em desenvolvimento	Professor de PBL padrão-ouro
Gerencie as atividades (*Continuação*)	• As equipes são formadas por meio de um processo aleatório (p. ex., contagem) ou os alunos podem formar suas próprias equipes sem nenhum critério ou processo formal. • As rotinas e normas de sala de aula para o tempo de trabalho do projeto não são claramente estabelecidas; o tempo não é usado de forma produtiva. • São estabelecidos cronogramas, pontos de controle e prazos, mas eles são seguidos de forma vaga ou irreal; gargalos impedem o fluxo de trabalho.	• Em geral, são formadas equipes bem equilibradas, mas sem considerar a natureza específica do projeto; os alunos têm muita voz e escolha no processo ou não têm voz e escolha suficientes. • As rotinas e normas de sala de aula são estabelecidas para o tempo de trabalho do projeto, mas não são seguidas de forma consistente; a produtividade é variável. • São definidos cronogramas, pontos de controle e prazos realistas, mas é necessária mais flexibilidade; às vezes ocorrem gargalos.	• Equipes bem equilibradas são formadas de acordo com a natureza do projeto e as necessidades dos alunos, com a adequada participação e escolha dos alunos. • As rotinas e normas de sala de aula são seguidas de maneira consistente durante o tempo de trabalho do projeto para maximizar a produtividade. • São estabelecidos cronogramas, pontos de controle e prazos realistas, mas flexíveis; nenhum gargalo impede o fluxo de trabalho.
Avalie a aprendizagem dos estudantes	• A aprendizagem dos estudantes sobre os critérios da área de estudo é avaliada principalmente por meios tradicionais, como testes, em vez de produtos; as habilidades de sucesso não são avaliadas. • Os produtos criados em equipe são usados para avaliar a aprendizagem dos alunos, dificultando a avaliação do cumprimento dos padrões por aluno.	• Os produtos do projeto e outras fontes de evidência são usados para avaliar os padrões da área da disciplina; as habilidades de sucesso são avaliadas até certo ponto. • A aprendizagem individual do aluno – não apenas os produtos criados pela equipe – é avaliada até certo ponto, mas o professor não tem evidências adequadas do domínio individual do tema pelos alunos. • A avaliação formativa é utilizada em várias ocasiões, usando algumas ferramentas e processos diferentes.	• Os produtos do projeto e outras fontes de evidência são usados para avaliar minuciosamente os padrões da área de estudo, bem como as habilidades de sucesso. • A aprendizagem individual dos alunos – não apenas os produtos criados pela equipe – é avaliada adequadamente. • A avaliação formativa é usada regularmente por meio de várias ferramentas e processos.

Prática de ensino baseado em projetos	Professor de PBL iniciante	Professor de PBL em desenvolvimento	Professor de PBL padrão-ouro
Avalie a aprendizagem dos estudantes *(Continuação)*	• A avaliação formativa é usada ocasionalmente, mas não de modo regular ou com várias ferramentas e processos. • Os protocolos para crítica e revisão não são usados ou são informais; o *feedback* é superficial ou não é usado para melhorar o trabalho. • Os alunos avaliam seu próprio trabalho informalmente, mas o professor não oferece oportunidades regulares e estruturadas para isso. • As rubricas são usadas para avaliar os produtos finais, mas não como um recurso formativo; as rubricas não se baseiam em padrões.	• Protocolos estruturados para crítica e revisão e outras técnicas de avaliação formativa são usados ocasionalmente; os alunos estão aprendendo a oferecer e usar o *feedback*. • São oferecidas oportunidades para os alunos autoavaliarem seu progresso, mas elas são muito desestruturadas ou pouco frequentes. • O professor usa rubricas alinhadas aos padrões para orientar a avaliação formativa e somativa.	• Protocolos estruturados para crítica e revisão são usados frequentemente nos pontos de controle; os alunos oferecem e recebem *feedback* eficaz para informar as decisões de ensino e suas ações. • São oferecidas oportunidades regulares e estruturadas para que os alunos autoavaliem seu progresso e, quando apropriado, avaliem o desempenho dos colegas. • As rubricas alinhadas aos padrões são usadas pelos alunos e pelo professor durante todo o projeto para orientar a avaliação formativa e somativa.
Apoie a aprendizagem dos alunos	• Os alunos recebem alguns suportes de ensino para avaliar tanto o conteúdo quanto os recursos, mas muitas necessidades individuais não são atendidas. • O professor pode antecipar o conhecimento do conteúdo antes do lançamento do projeto, em vez de esperar pelos pontos básicos durante o projeto.	• A maioria dos alunos recebe suporte instrucional para acessar o conteúdo e os recursos, mas algumas necessidades individuais não são atendidas. • Os suportes são orientados, até certo ponto, pelas perguntas e necessidades de conhecimento dos alunos, mas alguns deles ainda podem estar sendo antecipados.	• Cada aluno recebe os suportes de ensino necessários para acessar o conteúdo, as habilidades e os recursos; esses suportes são removidos quando não são mais necessários. • Os suportes são orientados, na medida do possível, pelas perguntas e necessidades dos alunos; o professor não adianta muitas informações no início do projeto, mas espera até que elas sejam necessárias ou solicitadas.

Prática de ensino baseado em projetos	Professor de PBL iniciante	Professor de PBL em desenvolvimento	Professor de PBL padrão-ouro
Apoie a aprendizagem dos alunos *(Continuação)*	• Os alunos adquirem as principais habilidades de sucesso como resultado do projeto, mas elas não são ensinadas intencionalmente. • Os alunos são solicitados a fazer pesquisas ou coletar dados, mas sem orientação adequada; não são geradas perguntas mais profundas com base nas informações coletadas.	• As principais habilidades de sucesso são ensinadas, mas os alunos precisam de mais oportunidades para praticá-las antes de aplicá-las. • A investigação do aluno é facilitada e apoiada, mas é necessário mais; o professor pode direcionar demais o processo e limitar o pensamento independente dos alunos.	• As principais habilidades de sucesso são ensinadas por meio de várias ferramentas e estratégias; os alunos têm a oportunidade de praticá-las e aplicá-las e depois refletem sobre seu progresso. • A investigação dos alunos é facilitada e estruturada, permitindo que eles ajam e pensem da forma mais independente possível.
Engaje e forme	• O professor tem algum conhecimento sobre os pontos fortes, os interesses, o histórico e a vida dos alunos, mas isso não afeta significativamente a tomada de decisões de ensino. • As metas do projeto são desenvolvidas sem buscar a opinião dos alunos. • Os alunos estão dispostos a fazer o projeto como se fosse outra tarefa, mas o professor não cria um senso de propriedade, nem estimula a motivação.	• O professor tem um conhecimento geral dos pontos fortes, interesses, histórico e vida dos alunos e leva isso em consideração ao ensinar o projeto. • As metas e os pontos de referência do projeto são definidos com alguma contribuição dos alunos. • Os alunos estão entusiasmados com o projeto e motivados para trabalhar duro pelo entusiasmo do professor e compromisso com o seu sucesso.	• O conhecimento do professor sobre os pontos fortes, os interesses, o histórico e a vida de cada aluno é usado para engajá-los no projeto e embasar a tomada de decisões instrucionais. • Os alunos e o professor usam padrões para definirem metas e referências para o projeto de maneira adequada ao desenvolvimento (p. ex., construindo juntos uma rubrica). • O entusiasmo e o senso de propriedade dos alunos em relação ao projeto são mantidos pela natureza compartilhada do trabalho entre professores e alunos.

Prática de ensino baseado em projetos	Professor de PBL iniciante	Professor de PBL em desenvolvimento	Professor de PBL padrão-ouro
Engaje e forme *(Continuação)*	• A pergunta motivadora é apresentada no lançamento do projeto e as perguntas dos alunos são geradas, mas não são usadas para orientar a pesquisa ou o desenvolvimento do produto. • As expectativas para o desempenho de todos os alunos não são claras, são excessivamente baixas ou muito altas. • A construção de relacionamentos na sala de aula é limitada, resultando em necessidades dos alunos que não são identificadas ou atendidas. • Os alunos e o professor refletem informalmente sobre o que (conteúdo) e como (processo) os alunos estão aprendendo; a reflexão ocorre principalmente ao final do projeto.	• O guia de perguntas dos alunos auxilia até certo ponto, mas algumas são respondidas muito rapidamente pelo professor; alunos ocasionalmente refletem sobre a pergunta motivadora. • O professor define e comunica expectativas altas e adequadas para o desempenho de todos os alunos. • As necessidades dos alunos em termos de ensino ou prática adicional, recursos adicionais, redirecionamento, solução de problemas, elogios, incentivo e comemoração são identificadas por meio da construção de relacionamentos e da observação e interação atentas. • Os alunos e o professor ocasionalmente refletem sobre o que (conteúdo) e como (processo) os alunos estão aprendendo.	• As perguntas dos alunos desempenham o papel central na condução do processo de investigação e desenvolvimento de produtos; a pergunta motivadora é usada ativamente para sustentar a investigação. • Expectativas adequadamente altas para o desempenho de todos os alunos são claramente estabelecidas, compartilhadas e reforçadas por professores e alunos. • As necessidades individuais dos alunos são identificadas por meio de relações estreitas construídas com o professor; as necessidades são atendidas não apenas pelo professor, mas pelos próprios alunos ou por outros estudantes, agindo de forma independente. • Os alunos e o professor refletem regular e formalmente durante todo o projeto sobre o que (conteúdo) e como (processo) os alunos estão aprendendo; eles observam e comemoram especificamente as conquistas e realizações.

GUIA DE APRENDIZAGEM DO ESTUDANTE

NOTA: este guia foi desenvolvido pela professora Erin Brandvold para o projeto de história mundial do ensino médio "Revoluções em julgamento". Acesse o material do complementar do livro em loja.grupoa.com.br para fazer o *download* de um modelo em branco deste guia.

Elaboração do projeto: Guia de aprendizagem do estudante

Projeto: Revoluções em Julgamento

Questão motivadora: Como podemos, como historiadores, determinar a efetividade de uma revolução na melhora das vidas dos cidadãos?

Produto(s) final(ais)	Resultados da aprendizagem/alvos	Pontos de verificação/avaliação formativa	Estratégias de ensino para todos os alunos
Apresentações, atuações, produtos e/ou serviços.	Conhecimento, compreensão e habilidades de sucesso necessárias para que os estudantes concluam os produtos de maneira bem-sucedida.	Para verificar a aprendizagem e assegurar que os alunos estão no caminho certo.	Fornecidas pelo professor, outros funcionários, especialistas; inclui suportes, materiais e aulas alinhadas aos resultados de aprendizagem e avaliação formativa.
(Individuais) **Semanas 1-3** Trabalho escrito cronometrado antes do julgamento em que os alunos apresentam seu argumento e as evidências de apoio a serem utilizadas.	Eu posso explicar como uma revolução começa usando a estrutura "revolução" e aplicá-la ao país X e às revoluções mexicana, haitiana ou cubana.	• Perguntas sobre a estrutura. • Reflexão sobre o país X. • Comparação entre a estrutura do país X e a estrutura da revolução escolhida.	• Ensino direto sobre a estrutura. • Criação de quebra-cabeça da estrutura do país X. • Resumos das revoluções com anotações para identificar os componentes da estrutura.
	Eu posso determinar os critérios para avaliar a efetividade de uma revolução.	• Avaliando o país X usando os critérios criados conjuntamente.	• Discussões em pequenos grupos definindo a *efetividade* e criando uma lista de critérios. • Consolidação da lista com o grupo todo.

Elaboração do projeto: Guia de aprendizagem do estudante (*continuação*)

(Individuais) **Semanas 1–3** Trabalho escrito cronometrado antes do julgamento em que os alunos apresentam seu argumento e as evidências de apoio a serem utilizadas. (*Continuação*)	Eu posso usar fontes primárias e secundárias para reunir evidências sobre uma revolução.	• Perguntas de caráter reflexivo para consciência da própria evolução da aprendizagem. • Criação de quatro cartões-fonte (dois principais/dois secundários) com evidências. • Evidências da *gallery walk* com tempo para revisão.	• Pacotes de fontes primárias/secundárias fornecidos sobre a vida e os motivos dos revolucionários. • Pacotes de fontes primárias e secundárias sobre governos pré-revolucionários. • Pacotes de fontes primárias/secundárias com documentos sobre a vida dos cidadãos antes e depois da revolução. • Revisão do cartão de dados (perguntas reflexivas para gerar evidências). • Critérios de qualidade para evidências (precisas, substanciais e variadas).
	Eu posso usar evidências para apoiar um argumento sobre uma revolução. Eu posso identificar contra-argumentos e usá-los para reforçar meu próprio argumento.	• Argumentos da *gallery walk* com tempo para revisão. • Revisão pelos colegas das conexões de argumentos/evidências.	• Critérios de qualidade para argumentos precisos. • Uso de critérios de revolução para selecionar evidências e criar argumentos.
(Em grupo) **Semana 4** Teoria do caso em julgamento simulado.	Eu posso analisar os motivos por trás das ações dos revolucionários.	• Testemunhas revolucionárias criam uma declaração juramentada para resumir seu papel e motivações na revolução. • *Feedback* do professor sobre os perfis das testemunhas. • Os advogados criam um resumo das testemunhas para mostrarem sua interpretação. • Comentários de especialistas jurídicos sobre os resumos das testemunhas.	• Entrevistas com especialistas jurídicos sobre como preparar uma testemunha e um advogado para defender ou acusar seu caso. • Criação da teoria do caso para que os alunos identifiquem argumentos, evidências e contra-argumentos e as ligações entre eles.

Apêndice 191

(Em grupo) **Semana 4** Teoria do caso em julgamento simulado. (*Continuação*)	Eu posso analisar os efeitos das ditaduras e das revoluções subsequentes em seus povos.	• Testemunhas do governo criam uma declaração juramentada para resumirem sua liderança. • *Feedback* do professor sobre os perfis das testemunhas. • As testemunhas cidadãs criam uma declaração juramentada para resumirem suas vidas pré-revolucionárias. • Comentários de especialistas jurídicos sobre os resumos das testemunhas.	• Protocolo de colaboração para que as equipes usem cartões-fonte para criar depoimentos de testemunhas e resumos de testemunhas. • Organizadores gráficos para perfis e resumos de testemunhas.
	Eu posso determinar a eficácia das revoluções para melhorar a vida dos cidadãos.	• Bilhetes de saída durante todo o tempo de criação e ensaio, refletindo sobre os fatos do julgamento. • Discussão com toda a turma após o julgamento simulado: qual lado deveria ter ganhado?	• Previsões do veredito. • Aquecimentos e bilhetes de saída durante a preparação para o julgamento. • Questões de discussão preparadas previamente.
(Individual) **Semanas 5–6** Participação em julgamento simulado.	Eu posso usar perguntas de sondagem para demonstrar minha interpretação dos motivos dos revolucionários.	• Ensaio e *feedback* dos colegas. • Listas de perguntas classificadas. • *Feedback* do professor sobre os ensaios.	• Observação e avaliação de vídeos do julgamento. • Classificação das perguntas em tipos e criação de perguntas de sondagem mais profundas. • Exercícios rápidos para fazer e responder a perguntas imprevistas. • Entrevistas com especialistas.
	Eu posso usar habilidades de apresentação profissional para comunicar efetivamente minhas ideias ao meu público.	• Ensaio entre pares e *feedback*. • *Feedback* do professor sobre os ensaios.	• Criação de critérios de qualidade para habilidades de apresentação profissional. • Observação e avaliação de vídeos do julgamento. • Entrevistas com especialistas: qual é a sensação de estar em um tribunal?

Referências

AGUILAR, E. *The art of coaching:* effective strategies for school transformation. San Francisco: Jossey-Bass, 2013.

AINSWORTH, L. *Prioritizing the common core:* identifying specific standards to emphasize the most. Boston: Houghton Mifflin Harcourt, 2013.

AINSWORTH, L. *Power standards:* identifying the standards that matter the most. Englewood: Advanced Learning, 2003.

ALBER, R. *6 scaffolding strategies to use with your students.* 2014. Disponível em: https://www.edutopia.org/blog/scaffolding-lessons-six-strategies-rebecca-alber. Acesso em: 17 maio 2023.

BEARD, A. Life's work: an interview with Andre Agassi. *Harvard Business Review,* p. 136, Oct. 2015. Disponível em: https://hbr.org/2015/10/andre-agassi. Acesso em: 21 maio 2023.

BENSON, B. K. Scaffolding (coming to terms). *The English Journal,* v. 86, n. 7, p. 126–127, 1997.

BERGER, R. *An ethic of excellence:* building a culture of craftsmanship with students. Portsmouth: Heinemann, 2003.

BERGER, R.; RUGAN, L.; WOODFIN, L. *Leaders of their own learning:* transforming schools through student-engaged assessment. San Francisco: Jossey-Bass, 2014.

BOSS, S. *PBL for 21st century success:* teaching critical thinking, collaboration, communication, and creativity. Novato: Buck Institute for Education, 2013.

BOSS, S. *Real-world projects:* how do I design relevant and engaging learning experiences? Alexandria: ASCD, 2015.

BOSS, S.; KRAUSS, J. *Reinventing project-based learning:* your field guide to real-world projects in the digital age. 3rd ed. Portland: International Society for Technology in Education, 2018.

BROOKHART, S. M. *How to create and use rubrics for formative assessment and grading.* Alexandria: ASCD, 2013.

BURNS, M. *Tasks before apps:* designing rigorous learning in a tech-rich classroom. Alexandria: ASCD, 2018.

ÇAKIROĞLU, Ü; AKKAN, Y.; GÜVEN, B. Analyzing the effect of web-based instruction applications to school culture within technology integration. *Educational Sciences:* Theory and Practice, v. 12, n. 2, p. 1043–1048, 2012.

CHAPPUIS, J.; STIGGINS, R. J. *An introduction to student-involved assessment for learning.* New York: Pearson, 2011.

DEAL, T. E.; PETERSON, K. D. *Shaping school culture:* pitfalls, paradoxes, and promises. 2nd ed. San Francisco: Jossey-Bass, 2009.

DELPIT, L. *Multiplication is for white people:* raising expectations for other people's children. New York: New, 2012.

DEWITT, P.; SLADE, S. *School climate change:* how do I build a positive environment for learning? Alexandria: ASCD, 2014.

DOUBET, K.; HOCKETT, J. *Differentiation in middle and high school:* strategies to engage all learners. Alexandria: ASCD, 2015.

DUHIGG, C. *What Google learned from its quest to build the perfect team.* 2016. Disponível em: https://www.nytimes.com/2016/02/28/magazine/what-google-learned-from-its-quest-to-build-the-perfect-team.html?searchResultPosition=1. Acesso em: 17 maio 2023.

FESTER, J. *Interdisciplinary projects:* 3 protocols for curricular connections. 2017. Disponível em: https://my.pblworks.org/resource/blog/interdisciplinary_projects_3_protocols_for_finding_curricular_connections. Acesso em: 17 maio 2023.

FINLEY, T. *The science behind classroom norming.* 2014. Disponível em: https://www.edutopia.org/blog/establishing-classroom-norms-todd-finley. Acesso em: 17 maio 2023.

FISHER, D.; FREY, N. *The formative assessment action plan:* practical steps to more successful teaching and learning. Alexandria: ASCD, 2011.

FISHER, D.; FREY, N.; HITE, S. A. *Intentional and targeted teaching:* a framework for teacher growth and leadership. Alexandria: ASCD, 2016.

FISHER, D.; FREY, N.; PUMPIAN, I. *How to create a culture of achievement in your school and classroom.* Alexandria: ASCD, 2012.

FLETCHER, A. *FireStarter youth power curriculum:* participant guidebook. Olympia: Freechild Project, 2002.

GANT, K. *What to do during student work time.* 2017. Disponível em: https://intrepidedblog.wordpress.com/2017/01/30/what-to-do-during-student-work-time/. Acesso em: 17 maio 2023.

HALLERMAN, S.; LARMER, J. *PBL in the elementary grades:* step-by-step guidance, tools and tips for standards-focused K–5 projects. Novato: Buck Institute for Education, 2011.

HAMMOND, Z. *Culturally responsive teaching and the brain:* promoting authentic engagement and rigor among culturally and linguistically diverse students. Thousand Oaks: Corwin, 2014.

JACKSON, R. *Never work harder than your students and other principles of great teaching.* Alexandria: ASCD, 2009.

JERALD, C. D. School culture: "the hidden curriculum." *Issue Brief,* Dec. 2006. Disponível em: http://files.eric.ed.gov/fulltext/ED495013.pdf. Acesso em: 17 maio 2023.

KALLICK, B.; ZMUDA, A. *Students at the center:* personalized learning with habits of mind. Alexandria: ASCD, 2017.

KANE, L. *et al. School climate and culture.* Lincoln: University of Nebraska, 2016. Student Engagement Project. Strategy brief.

KOENIG, R. *Learning for keeps:* teaching the strategies essential for creating independent learners. Alexandria: ASCD, 2010.

LARMER, J. *PBL starter kit:* to-the-point advice, tools and tips for your first project in middle or high school. 2nd ed. Novato: Buck Institute for Education, 2017.

LARMER, J.; MERGENDOLLER, J.; BOSS, S. *Setting the standard for project based learning:* a proven approach to rigorous classroom instruction. Alexandria: ASCD, 2015.

LAUR, D.; ACKERS, J. *Developing natural curiosity through project-based learning:* five strategies for the preK–3 classroom. New York: Routledge, 2017.

LEMOV, D. *Teach like a champion 2.0:* 62 techniques that put students on the path to college. San Francisco: Jossey-Bass, 2015.

MARCARELLI, K. *Teaching science with interactive notebooks.* Thousand Oaks: Corwin, 2010.

MATTOON, M. *What are protocols? Why use them?* 2015. Disponível em: https://www.nsrfharmony.org/wp-content/uploads/2017/10/WhatAreProtocolsWhyUse_0.pdf. Acesso em: 17 maio 2023.

MCCARTHY, J. *So all can learn:* a practical guide to differentiation. Lanham: Rowman & Littlefield, 2017.

MCDOWELL, M. *Rigorous PBL by design:* three shifts for developing confident and competent learners. Thousand Oaks: Corwin, 2017.

MILLER, A. *7 tips for coaching PBL teachers.* 2017. Disponível em: https://www.pblworks.org/blog/7-tips-coaching-pbl-teachers. Acesso em: 17 maio 2023.

MOSS, C.; BROOKHART, S. *Learning targets:* helping students aim for understanding in today's lesson. Alexandria: ASCD, 2012.

NEW YORK PERFORMANCE STANDARDS CONSORTIUM. *Rubrics & protocols:* performance based assessment rubrics. 2017. Experimental Science. Disponível em: https://www.performanceassessment.org/rubrics-protocols-22. Acesso em: 24 maio 2023.

OLSON, K. *Teacher as coach:* transforming teaching with a coaching mindset. 2014. Disponível em: https://oldsow.wordpress.com/2014/03/01/teacher-as-coach-transforming-teaching-with-the-a-coaching-mindset/. Acesso em: 17 maio 2023.

OSTROFF, W. *Cultivating curiosity in K–12 classrooms:* how to promote and sustain deep learning. Alexandria: ASCD, 2016.

PALMER, E. *Well spoken:* teaching speaking to all students. Portland: Stenhouse, 2011.

PROJECT MANAGEMENT INSTITUTE. Educational Foundation. *Project management toolkit for teachers.* 2016. Disponível em: https://www.pmi.org/pmi-educational-foundation. Acesso em: 17 maio 2018.

PROJECT ZERO. *Project Zero's thinking routine toolbox.* [201-]. Disponível em: https://pz.harvard.edu/thinking-routines. Acesso em: 17 maio 2018.

REBORA, A. *Making a difference.* 2008. Disponível em: www.edweek.org/tsb/articles/2008/09/10/01tomlinson.h02.html. Acesso em: 17 maio 2023.

RITCHHART, R. *Creating cultures of thinking:* the 8 forces we must master to truly transform our schools. San Francisco: Jossey-Bass, 2015.

ROLLINS, S. *Teaching in the fast lane:* how to create active learning experiences. Alexandria: ASCD, 2017.

ROTHSTEIN, D.; SANTANA, L. *Make just one change:* teach students to ask their own questions. Cambridge: Harvard Education, 2011.

SACKSTEIN, S. *Peer feedback in the classroom:* empowering students to be the experts. Alexandria: ASCD, 2017.

SCOTT, D.; MARZANO, R. J. *Awaken the learner:* finding the source of effective education. Bloomington: Marzano Research Laboratory, 2014.

SCRIVEN, M. S. *Evaluation thesaurus.* 4th ed. Newbury Park: Sage, 1991.

SEARLE, M. *Causes and cures in the classroom:* getting to the root of academic and behavior problems. Alexandria: ASCD, 2013.

SIZER, T. *Horace's compromise:* the dilemma of the American high school. Boston: Houghton Mifflin, 2004.

SLADE, S. *Classroom culture:* it's your decision. 2014.

STEELE, D.; COHN-VARGAS, B. *Identity safe classrooms:* places to belong and learn. Thousand Oaks: Corwin, 2013.

STIGGINS, R. Assessment through the student's eyes. *Educational Leadership,* v. 64, n. 8, p. 22–26, 2007.

TOMLINSON, C. A. *How to differentiate instruction in academically diverse classrooms.* 3rd ed. Alexandria: ASCD, 2017.

TOMLINSON, C. A. One to grow on: every teacher a coach. *Educational Leadership,* v. 69, n. 2, p. 92–93, 2011.

TOMLINSON, C. A.; ALLEN, S. *Leadership for differentiating schools and classrooms.* Alexandria: ASCD, 2000.

ULIASZ, K. *Inclusive special education via PBL.* 2016. Disponível em: www.bie.org/blog/inclusive_special_education_via_pbl. Acesso em: 17 maio 2023.

WERBERGER, R. *From project-based learning to artistic thinking:* lessons learned from creating an unhappy meal. Lanham: Rowman & Littlefield, 2016.

WIGGINS, G.; MCTIGHE, J. *Understanding by design.* 2nd ed. Alexandria: ASCD, 2005.

WINEBRENNER, S.; BRULLES, D. *Teaching gifted kids in today's classroom:*
strategies and techniques every teacher can use. 3rd ed. Minneapolis: Free Spirit, 2012.

WOLFE, R.; POON, J. D. *Educator competencies for personalized, learner-centered teaching.* Boston: Jobs for the Future, 2015.

WOLPERT-GAWRON, H. *How to design projects around common core standards.* 2014. Disponível em: https://www.edutopia.org/blog/how-to-design-projects-around-common-core-heather-wolpert-gawron. Acesso em: 17 maio 2023.

WOOD, D.; BRUNER, J. S.; ROSS, G. The role of tutoring in problem solving. *Journal of Psychology and Psychiatry,* v. 17, n. 2, p. 89–100, 1976.

ZWIERS, J.; CRAWFORD, M. *Academic conversations:* classroom talk that fosters critical thinking and content understandings. Portland: Stenhouse, 2011.

LEITURAS RECOMENDADAS

DOUBET, K.; HOCKETT, J. *Differentiation in the elementary grades:* strategies to engage and equip all learners. Alexandria: ASCD, 2017.

PROJECT ZERO. *Visible thinking.* c2022. Disponível em: https://pz.harvard.edu/projects/visible-thinking. Acesso em: 17 maio 2023.

RINDONE, N. K. *Effective teaming for success.* Presented at the workshop for the Kansas State Department of Education, Students Support Services, Boots Adams Alumni Center, University of Kansas, Lawrence, 1996.

Índice

A letra *f* após o número de uma página indica uma figura.

A

Alinhe aos padrões
　determine em quais padrões focar, 73-74
　exemplo de sala de aula, 67-68
　facilitadores de ensino, usando, 76-78
　mantendo o foco nos objetivos de aprendizagem, 74-75
　para a aprendizagem significativa, 70-73
　para o padrão-ouro PBL, 6
　práticas de ensino padrão-ouro, 69
　razões para, 68-69
　recursos adicionais, 68, 79
　rubrica, contínua de critérios, 181
Alinhe aos padrões dos métodos de formação
　gallery walk de questões motivadoras, 76-77
　linha do tempo, 77-78
　mapas mentais, 76, 77*f*
alunos
　ajuda no planejamento de projetos, 41-44
　autoavaliação, 112
　na estrutura para PBL de alta qualidade, xv
ambiente físico na construção da cultura, 23-27, 25*f*, 34
An ethic of excellence (Berger), 36
aprendizagem, personalizada, 4-5

aprendizagem baseada em projetos (PBL)
　benefícios, 1
　estrutura para alta qualidade, xiv-xvi
　menu de formação, 153, 154*f*, 155
　padrão-ouro, componentes essenciais para elaboração de projetos, 3*f*, 49*f*
　razões para, 1
　recursos adicionais, 2, 4, 66, 103
　reflexões do professor sobre, 177-179
aprendizes de língua inglesa, suporte para, 138-139, 140-141*f*, 143
aquário, 29
auditoria de sala de aula, 26-27
autenticidade
　em estrutura para PBL de alta qualidade, xv
　Projete e planeje, componentes essenciais, 47
autogerenciamento, encorajando, 95-96, 96*f*
avaliação formativa
　definição, 106, 122
　enfatizando, 112-115
　mapeamento, 116, 117*f*
　momento, 106
　recursos adicionais, 125
avaliação somativa
　definição, 106, 122
　formas, 122-123
　momento, 106

Avalie a aprendizagem dos estudantes
  abordagem detalhada, importância
    da, 104-105
  alcançando um equilíbrio na, 106
  atividades de formação, 124-125
  conhecimento prévio, 113-114
  esclarecendo as tarefas, 118
  estratégias de classificação, 123-124
  exemplo de sala de aula, 104
  fluxo sem interrupção, 99
  habilidades de sucesso, século 21,
    111-112
  observe e questione, 115
  para o padrão-ouro PBL, 7
  práticas de ensino padrão-ouro, 105
  recursos adicionais, 106, 125
  reflexão, encorajando, 119
  responsabilidade dos pares,
    reforçando, 118-119
  rubrica, contínua de critérios,
    182-183
  rubricas, lançando mão de, 108-111
  tarefas de referência, 114-115
Avalie a aprendizagem dos estudantes,
  avaliação formativa
    definição, 106, 122
    mapeamento, 116, 117*f*
    momento, 106
    recursos adicionais, 125
Avalie a aprendizagem dos estudantes,
  avaliação somativa
    definição, 106, 122
    formas, 122-123
    momento, 106

B
Buck Institute for Education (BIE), xvii,
  2, 39, 40

C
cadernos, interativos, 135
calendários, flexibilidade dos, 98
calendários de projetos, 53-57*f*
Causes and cures in the classroom
  (Searle), 155-156
centros de projeto, digitais, 92
CIESE, 45
ClassDojo, 97
clientes, envolvidos em projetos, 60
colaboração
  ferramentas tecnológicas para, 96-97
  na estrutura para PBL de alta
    qualidade, xvi
coleta de dados, 35
comemorações, 29, 173
companhias da Era da Informação, xi
conhecimento prévio, avaliando,
  113-114, 142
Construa a cultura
  começando devagar, 31-34
  exemplo de sala de aula, 11-13
  facilitadores de ensino, usando,
    34-36
  importância para PBL, 13-14
  papel do aluno na, 15
  papel do professor na, 15
  para o padrão-ouro PBL, 6
  práticas de ensino padrão-ouro, 14
  recursos adicionais, 12, 36
  rubrica, contínua de critérios,
    180-181
  tempo e esforço na, 15
Construa a cultura, estratégias
  ambiente físico, 23-27, 25*f*, 34
  crenças e valores fundamentais,
    compartilhando, 16-18, 36
  foco dos, 15
  normas compartilhadas, 18-23, 19*f*,
    36
  protocolos e rotinas, 27-31, 35
Construa a cultura, métodos de formação
  coleta de dados, 35
  ghost walk, 34
  observações informais, 35-36

construção de capacidade, xiv
contratos, trabalho em equipe, 89, 90*f*
Creating cultures of thinking (Ritchhart), 34, 36
crenças e valores, compartilhando na construção da cultura, 16-18, 36
criatividade
    recursos adicionais, 92-93
    suporte, 147
critérios de sucesso, transparência em, 107-111, 110*f*
crítica e revisão em Projete e planeje, 48
Cultivating curiosity in K-12 classrooms (Ostroff), 176
cultura, moldando toda a escola, 13. *Ver também* Construa a cultura
cultura de aprendizagem, xiii
cultura de sala de aula. *Ver* Construa a cultura
Culturally responsive teaching and the brain (Hammond), 36
curiosidade, recursos adicionais, 156, 175

D

dar notas, avaliação formativa *versus*, 112
Developing natural curiosity (Laur & Ackers), 156
dever de casa, gravações em vídeo como, 100
diários, 112
diferenciação
    à medida em que é necessário, 99
    para inclusão, 139, 142
    recursos adicionais, 156
Differentiation in middle school (Doubet & Hockett), 156
Differentiation in the elementary grades (Doubet & Hockett), 156
discussões
    básicas, 167-169
        estruturando para inclusão, 142
do "punho aos cinco dedos", 146

E

elaboração do projeto. *Ver* Projete e planeje
Edmodo, 97
emprego
    baseado em projetos, xi
    contrato, crescimento no, xi
    habilidades exigidas, xi–xii
e-NABLE, 44
encontros matinais, 29-30
Engaje e forme
    comemorações, 173
    exemplo de sala de aula, 157-160
    no lançamento do projeto, 163-167
    o meio confuso, 169-172
    para padrão-ouro PBL, 7
    práticas de ensino padrão-ouro, 160-161
    recursos adicionais, 158, 175
    reflexão, 173
    rubrica, contínuo de critérios, 184
ensino baseado em projetos
    compatibilidade com a aprendizagem personalizada, 4-5
    condições necessárias para, xiii-xiv
    mudança para, 4
    necessidade de, xii-xiii
    práticas para PBL padrão-ouro, 5*f*, 6-7, 180-186
equidade, planejando para, 61-62
equilíbrio na avaliação, 106, 116-119
escolha
    forneça na formação, 153
    Projete e planeje, componentes essenciais, 48
    voz dos alunos e, 48, 153
especialistas
    consultando com, 50-51, 58, 59
    feedback de, 121-122
espírito de equipe, construindo, 34

Estratégias de avaliação da aprendizagem
dos estudantes
   avaliação, 116-119
   avaliação formativa, enfatize,
      112-115
   critérios de sucesso, transparência
      sobre, 107-111, 110*f*
   equilibre o individual e a equipe,
      115-118
   feedback de múltiplas fontes,
      encoraje, 119-122
estratégias de inclusão
   combine sabedoria, 139
   conhecimento prévio, usando, 142
   diferencie o ensino, 139, 142
   discussões, estruturando, 142
   estratégias de aprendizagem,
      modelando, 142
   forme equipes, 142
   metas IEP, incorporando em
      projetos, 142
   ofereça oficinas e miniaulas, 143
   recursos visuais, 143
   tecnologia, potencializando, 143
   vocabulário, ensinando previamente
      em busca da inclusão, 143
estratégias de inclusão da aprendizagem
   baseada em projetos (PBL)
   aproveite o conhecimento prévio,
      142
   combine sabedoria, 139
   diferencie o ensino, 139, 142
   ensine previamente vocabulário-
      -chave, 143
   estruture discussões, 142
   forme uma equipe, 142
   incorpore metas IEP aos projetos,
      142
   introduza recursos visuais, 143
   modele as estratégias de
      aprendizagem, 142
   ofereça oficinas e miniaulas, 143

   potencialize a tecnologia, 143
estratégias para dar notas, 123-124
estruturas escolares, reelaboradas e
   reinventadas, xiii
eventos iniciais, 163-167
exigentes cordiais, 171-172, 172*f*
Exploração crítica, 151

F

facilitadores
   capazes, 161-162, 169
   professores como, 161-163, 170-171
fechamentos, 29
feedback
   das palestras, 120-121
   de múltiplas fontes, 119-122
   dos colegas, solicitando, 119-120
   especialista, encorajando, 121-122
   gallery walks para, 28-29
   recursos adicionais, 125
feedback dos colegas
   recursos adicionais, 125
   solicitando, 119-120
ferramentas para colaboração, 96-97
ferramentas tecnológicas baseadas na
   nuvem, 97
*From project-based learning to artistic
   thinking* (Werberger), 92-93

G

G Suite for Education, 97
gallery walk, 28-29, 76-77
gargalos, removendo, 98-99
gerenciamento de atividade. *Ver* Gerencie
   as atividades
gerenciamento de projetos. *Ver* Gerencie
   as atividades
gerenciamento do tempo, 98
Gerencie as atividades
   exemplo de sala de aula, 80-81
   facilitadores de ensino, usando,
      101-102

gerenciamento do tempo, 103
métodos de formação, 101-102
na estrutura para PBL de alta
qualidade, xvi
para a PBL padrão-ouro, 6-7
práticas de ensino padrão-ouro,
81-82
recursos adicionais, 81, 103
rubrica, contínuo de critérios, 182
Gerencie as atividades, aproveitando ao
máximo o tempo de aprendizagem
diferencie quando necessário, 99
gargalos, removendo, 98-99
intervalos, construindo nos, 100
inverta a sala de aula, 100
modelo de oficina, integrando o,
100-101
prazos finais, usando, 98
reflexão, encontre tempo para, 100
siga o fluxo, 99
tarefas de referência, 98
tempo de trabalho em grupo, use
estrategicamente, 99
torne os calendários flexíveis, 98
Gerencie as atividades, ferramentas de
tecnologia baseadas na nuvem, 97
para colaboração, 96-97
pontos-chave, 102
quadros de aviso digitais, 97
rastreadores de projeto, 97
sala de aula digital, 97
wikis, 97
Gerencie as atividades, trabalho em
equipe
aproveitando ao máximo, 82-86,
85*f*
contratos, 89, 90*f*
exemplos do mundo real,
destacando, 89-90
misture as dinâmicas, 91
modele os comportamentos
desejados, 89

papéis, atribuindo, 86-87, 88*f*
para um início forte, 89
pontos-chave, 102
recursos adicionais, 103
reflexão, encorajando, 91
registros, iniciando e parando com,
91
responsabilidade, encorajando, 89
gestos para reforçar normas, 20
ghost walk, 34
Google Classroom, 97
gravações em vídeo como dever de casa,
100
guia de aprendizagem do estudante
amostra, 187-191
recursos adicionais, 9, 132
guias de planejamento de equipes,
147-148

H

habilidades de apresentação, suporte,
147-150, 151*f*
habilidades de autogerenciamento,
147-149, 170
habilidades de comunicação
recursos adicionais, 156
suporte, 147
habilidades de resolução de problemas,
fornecendo suporte, 147
habilidades de sucesso, suporte, 145-149
habilidades do século XXI, avaliando,
111-112
How to create and use rubrics for
formative assessment and grading
(Brookhart), 125
How to differentiate instruction in
academically diverse classrooms
(Tomlinson), 157

I

Identity safe classrooms (Steele &
Cohn-Vargas), 36

ideias de projeto, onde encontrar boas
  atualize unidades antigas, 40-41
  conecte-se com a cultura popular, 42
  construa a partir de seus interesses, 43
  elabore em conjunto com os alunos, 43-44
  ensine a partir das manchetes, 42
  escute os alunos, 41-42
  pegue emprestado, em seguida adapte, 39-40
  responda às solicitações, 42-43
iEARN, 44
impacto, planejando para, 61-62
iniciador de sucesso, 11-12
iniciadores de frases, 25
inovação, cultura da inovação, xiii
intervalos, construindo nos, 100
Introduction to student-involved assessment for learning (Chappuis & Stiggins), 125
investigação
  fornecendo suporte, 151-152
  Projete e planeje, componentes essenciais, 47

L

Leaders of their own learning (Berger, Rugan & Woodfin), 125
Learning for keeps (Koenig), 176
Learning targets (Moss & Brookhart), 78
linha do tempo, 77-78
listas de verificação de estratégias para Gerencie as atividades
  autogerenciamento, encorajando, 95-96, 96f
  centros de projetos digitais, 92
  ferramentas e rotinas, 91-95
  gerenciamento do tempo, 98
  listas de verificação (*checklists*), 93
  murais do projeto, 92-93
  mural do processo, 101-102
  organizadores gráficos, 93
  pasta do projeto, 92
  tecnologia, integrando, 96-97

M

Make just one change (Rothstein & Santana), 157
mapas de avaliação de projetos, 116, 117f
mapas mentais, 76, 77f
meio confuso
  em Engaje e forme, 169-172
  evidência de, 26
melhora contínua, compromisso com, xiv
membros do painel, engajando em projetos, 60
mentores, engajando nos projetos, 60
metas IEPs, incorporando aos projetos, 142
métodos de formação. *Ver também* Engaje e forme
  Alinhe aos padrões, 76-78
  Avalie a aprendizagem dos estudantes, 124-125
  coleta de dados, 35
  Construa a cultura, 34-36
  gallery walk de questões motivadoras, 76-77
  Gerencie as atividades, 101-102
  ghost walk, 34
  linha do tempo, 77-78
  mapas mentais, 76, 77f
  observações informais, 35-36
  Projete e planeje, 62-64
Microsoft 365, 97
miniaulas para inclusão, 143
modelando
  comportamentos desejados, 89
  estratégias de aprendizagem para inclusão, 142
modelo de *workshop*, integrando o, 100-101

Monuments Project, 96-97, 150
murais de projetos, 24, 25f, 92-93, 169
mural de processos, 101-102

N

Never work harder than your students and other principles of great teaching (Jackson), 103
Newsela, 132
normas compartilhadas, utilizando na construção da cultura, 18-23, 19f, 36

O

observações, informais, 35-36
organizadores gráficos, 93, 143
Out of Eden Walk, 45

P

Padlet, 97
padrões. *Ver também* Alinhe aos padrões
 poder, 68
 prioridade, 68
 projetos iniciais, 31-34
 recursos adicionais, 2
palestras, 163
palestras, substituídas por vídeo, 100
papéis, trabalho em equipe, 86-87, 88f
pasta do projeto, 92, 110-111
PBL for 21st century success (BIE), 103
PBL in the elementary grades (BIE), 65
PBL starter kit (BIE), 65
PBworks, 97
Peer feedback in the classroom (Sackstein), 125
perguntas
 básicas, 148, 152, 166-167, 167f
 de formação para professores, 173-174
 motivadoras, 166-167, 167f
 Projete e planeje, componentes essenciais, 47
 recursos adicionais, 151-152, 156

Planejando para a compreensão (2ª ed) (Wiggins & McTighe), 79
prazos finais, 98
Prioritizing the common core (Ainsworth), 79
problemas
 autênticos, 59
 engajando outros adultos, 59-60
produto
 na estrutura para PBL de alta qualidade, xv-xvi
 Projete e planeje, componentes essenciais, 48-49
professores
 como exigentes cordiais, 171-172, 172f
 como facilitadores, 161-163, 170-171
 questões de formação para, 173-174
Project Management Toolkit for Teachers (Project Management Institute Educational Foundation), 103
Projete e planeje
 calendários do projeto, 53, 54-57f
 consulta com especialistas, 50-51, 58, 59
 detalhe em, 51-53
 equidade, planejando para, 61-62
 exemplo de sala de aula, 38, 48-50
 facilitadores para ensino, usando, 62-64
 ferramentas tecnológicas, 58
 flexibilidade em, 51-53
 impacto, planejando para, 61-62
 início, 39
 para uma PBL padrão-ouro, 6
 práticas de ensino padrão-ouro, 46
 projetos renovadores, 64-65
 recursos, 58-59
 recursos adicionais, 39, 66
 reutilizando projetos, 64-65
 rubrica, contínuo de critérios, 181

Projete e planeje, componentes essenciais
   autenticidade, 47
   crítica e revisão, 48
   investigação contínua, 47
   problema ou questão desafiadora, 47
   produto público, 48-49
   reflexão, 48
   voz e escolha dos estudantes, 48
Projete e planeje, encontrando as ideias dos projetos
   atualize unidades antigas, 40-41
   conecte-se à cultura popular, 42
   construa a partir de seus interesses, 43
   elabore em conjunto com os alunos, 43-44
   ensine a partir das manchetes, 42
   escute os alunos, 41-42
   pegue emprestado, em seguida adapte, 39-40
   responda às solicitações, 42-43
Projete e planeje, juntando-se a um projeto existente
   CIESE, 45
   e-NABLE, 44
   iEARN, 44
   Out of Eden Walk, 45
protocolo de crítica, 28-29
protocolo *groups of increasingly larger size* (GOILS), 146
protocolo ver/pensar/questionar, 92-93, 164
protocolos de discussão, 30
protocolos de perguntas, 152
protocolos e rotinas
   aquário, 29
   comemorações, 29
   empregando, 91-95
   estratégias de Construa a cultura, 27-31, 35
   estratégias de Gerencie as atividades, 91-95

final da aula, 30
   para reuniões eficazes, 94-95
   protocolo de crítica, 28-29
   protocolo "do punho aos cinco dedos", 146
   protocolo *groups of increasingly larger size* (GOILS), 146
   protocolos de discussão, 29
   protocolos de perguntas, 152
   reflexões, 29
   rotina pergunte a três colegas antes de mim, 95
   rotinas de fechamento, 29
   rotinas de raciocínio, 29
   suporte à aprendizagem dos alunos, 145-146, 151-152
   ver/pensar/questionar, 92-93, 164
públicos
   envolvido nos projetos, 60
   feedback de, 120-121

Q

quadros brancos, mini, 99
quadros de avisos, digital, 97

R

rastreadores de projetos, 97
Real-world projects (Boss), 66
recursos visuais, inclusão e, 143
reflexão
   ao final do projeto, 173
   dos professores sobre PBL, 177-179
   em Projete e planeje, 48
   encontre tempo para, 100
   encorajando, 91, 119
   na estrutura para PBL de alta qualidade, xvi
   perguntas pós-projeto, 176-177
   Projete e planeje, componentes essenciais, 48
   protocolos e rotinas, 29

registros, iniciando e parando com, 91
regras *versus* normas, 18
Reinventing project based learning (Boss & Krauss), 103
resolvendo o caso, 33
responsabilidade
    colegas, reforçando, 118-119
    encorajando, 89
Right Question Institute, 151-152
Rigorous PBL by Design (McDowell), 125
rotina pergunte a três colegas antes de mim, 95
rotinas de raciocínio, 29
rubricas
    como ferramentas de aprendizagem, 109-111
    criação conjunta, 109
    lançando mão na avaliação, 108-109
    recursos adicionais, 125

S

sabedoria, combinando em busca da inclusão, 139
salas de aula
    ambiente físico, 23-27, 25*f*, 34
    centradas nos alunos, hábitos para, 27-31
    digitais, 97
    encontros matinais, 29-30
    flexíveis, 23-24
    invertidas, 100
    murais do projeto, 24, 25*f*, 92-93, 169
    rotinas de fechamento, 29
    rotinas do final da aula, 29
School climate change (DeWitt & Slade), 37
Setting the Standard for Project Based Learning (Larmer, Mergendoller & Boss), 2
Siga o fluxo, 99
sinais com as mãos para reforçar as normas, 20
sites do Google, 97
Slack, 97
So All Can Learn (McCarthy), 134-135, 157
Student at the center (Kallick & Zmuda), 66
suporte à aprendizagem do professor, 152-153, 154*f*, 155
suporte à aprendizagem dos alunos
    alinhando aos objetivos de aprendizagem, 137-139
    aprendizes de língua inglesa, 138-139, 140-141*f*, 143
    exemplo da sala de aula, 127-128, 130-132
    Grande Aventura da Califórnia, 129-130
    guia de aprendizagem do estudante, usando, 132-133
    habilidades de sucesso, 145-149
    importância do, 128-130
    oportuno, 143-144, 170
    padrão-ouro de práticas de ensino, 130
    para o padrão-ouro PBL, 7
    protocolos e rotinas, 145-146, 151-152
    raciocínio disciplinar, 150-153
    recursos adicionais, 128, 155-156
    rubrica, contínuo de critérios, 183-184
suporte à aprendizagem dos alunos, diferenciando
    conteúdo, 134-135
    processo, 135
    produto, 136-137
    recursos adicionais, 133
suporte à aprendizagem dos alunos, estratégias de diferenciação
    cadernos interativos, 135

estações de aprendizagem, 134
fornecendo opções aos alunos, 135, 136
suporte oportuno, 143-144, 170
suportes para substituir, combinar, adaptar, modificar, dar um novo uso (SCAMPER), 148

T

tarefas, esclarecendo, 118
tarefas de referência, 98, 114-115
Tasks before apps (Burns), 103
Teaching gifted kids in today's classroom (Winebrenner & Brulles), 156
Teaching in the fast lane (Rollins), 175
técnica de formulação de perguntas (Right Question Institute), 151-152
tecnologia
    integrando, 96-97
    para inclusão, 143
tempo de aprendizagem, aproveitando ao máximo
    diferencie quando necessário, 99
    gargalos, removendo, 98-99
    intervalos, construindo nos, 100
    inverta a sala de aula, 100
    modelo de oficina, integrando o, 100-101
    prazos finais, usando, 98
    reflexão, encontre tempo para, 100
    siga o fluxo, 99
    tarefas de referência, 98
    tempo de trabalho em grupo, use estrategicamente, 99
    torne os calendários flexíveis, 98
tempo de trabalho em grupo, usando estrategicamente, 99
The art of coaching (Aguilar), 175
The formative assessment action plan (Fisher & Frey), 125
ThingLink, 50, 58
trabalho em equipe
    atividades para um começo forte, 89
    atribuindo papéis, 86-87, 88*f*
    contratos, 89, 90*f*
    destaque exemplos do mundo real, 89-90
    encoraje a responsabilidade, 89
    misture a dinâmica, 91
    molde os comportamentos desejados, 89
    obtendo o máximo do, 82-86, 85*f*
    para inclusão, 142
    reflexão, encorajando, 91
    registros, iniciando e concluindo com, 91
    rotina para reuniões eficazes, 94-95
transparência em critérios de sucesso, 107-111, 110*f*
Trello, 97

U

usuários de produtos, engajando nos projetos, 60

V

vídeo musical *lip dub*, 33
visão, xiii
vocabulário, ensinando previamente em busca da inclusão, 143

W

Well spoken (Palmer), 157
wikis, 97
workshops para inclusão, 143